Fay Weldon · Der Mann ohne Augen

Fay Weldon

Der Mann ohne Augen

Stories

Aus dem Englischen von
Sigrid Ruschmeier

Verlag Antje Kunstmann

Die Geschichten *Der Mann ohne Augen, Krankhafter Haarausfall, Angel, in aller Unschuld, Schau zurück, wenn du nach vorn schaust, Wochenende* sind aus dem Band *Watching me, watching you* entnommen (1981), *Die Schrekken der Landstraße, Und dann mach das Licht aus, Nichts ist von Dauer, Im Großen Krieg, Geburtstag, Auf dem Lande, Wer?* aus *Polaris* (1985), *Kommt alle her* aus *Leader of the Band* (1988) und *Ein Umzug aufs Land* aus *Moon over Minneapolis* (1991).

Ein Umzug aufs Land wurde von Sabine Hedinger ins Deutsche übertragen, alle anderen Stories übersetzte Sigrid Ruschmeier.

Erste Auflage 1991 · Erstes bis fünftes Tausend · Umschlaggestaltung: Michel Keller, München · Gesamtherstellung: Clausen & Bosse, Leck · ISBN 3-88897-052-0

Inhalt

Der Mann ohne Augen

Edgar, Minette, Minnie und Meg. Abends setzen sich drei hin und spielen Monopoly: Edgar, Minette und Minnie. Meg, die erst fünf ist, schläft oben allein in dem hinteren kleinen Schlafzimmer, wo die Rosen von der Veranda hoch unter dem Dach entlangwachsen und ihre dunklen Köpfe zutraulich durch das offene Gitterfenster stecken. Edgar und Minnie, Vater und Tochter, sitzen sich am Tisch gegenüber. Beide, er im besten Alter und sie beinahe ein Teenager, sind schon von der Feriensonne gebräunt, in schmalen Gesichtern leuchten blaue, ungeduldige Augen, dunkelrotes Haar glänzt hell von dem schönsten Sommer, den die Küste von Kent seit, wie es heißt, 1951 erlebt – als gönne ein gnädiger Gott dem armen, gedemütigten England einmal wieder einen Abglanz Seines Lächelns. Minette, Edgars Frau, sitzt an der Küchenseite des Tischs. Der Stuhl mit der hohen Rückenlehne mit den Sprossen, der am nächsten zur Veranda steht, bleibt leer. Edgar sagt, er ist unbequem. Minnie verwaltet die Bank. Minette teilt die Grundstückskarten aus.

So lassen sie sich in diesen Ferien allabendlich am Tisch nieder und übernehmen die ihnen zugewiesenen Aufgaben. Sie tun es fast schweigend, denn Edgar ist nicht auf Gequatsche erpicht. Wer ist das schon? Außerdem könnte Meg aufwachen und aus Angst, etwas zu verpassen, darauf bestehen mitzuspielen.

Wir sind doch wie eine glückliche Familie, denkt Minette zufrieden und würfelt. Von der Sonne glänzt Minettes Gesicht rosa, und ihre Nase schält sich. Edgar findet Hüte am Strand affektiert (genaugenommen eine Beleidigung für die Großzügigkeit der Natur), also zahlt Minette jedes Jahr bereitwillig die Strafe, die die

Sommerferien ihrem hellen Teint und ihrem feinen, fusseligen Haar auferlegen. Auch ihr Mund ist geschwollen, und ihre roten Arme und Beine sind steif und voller Mückenstichbeulen. Meg ist die Tochter ihrer Mutter und hat deren Schwierigkeiten mit der Sonne geerbt; am zweiten Abend hatte sie sogar so was wie einen Sonnenstich, den Edgar, vermutlich zu Recht, der Tatsache zuschrieb, daß Minette ihr auf der Herfahrt hinten im Auto eine Ohrfeige gegeben hat.

»Glühende Wangen«, sagte er beim Anblick seines erhitzten, fiebrigen Kindes. »Du solltest deine Neurosen wirklich nicht an deinen Kindern auslassen, Minette.«

Und das sollte Minette natürlich auch nicht. Edgar hat recht. Die arme kleine Meg. Meg, einem Kind von fünf, sollte man durchaus verzeihen, wenn es, volle fünf Stunden auf dem Rücksitz eines Autos eingepfercht, unleidlich und weinerlich wird; und der erwachsenen Minette neben ihr sollte man durchaus nicht verzeihen, daß sie böse, wütend, nervös und unmütterlich wird und mit Schlägen reagiert. Minette hätte sie ablenken können, müssen: hätte singen können, hätte »Das ist der Daumen, der schüttelt die Pflaumen« und »Kommt ein Mäuschen, will ins Häuschen« spielen können, irgend etwas, egal was, nur nicht schlagen. Glühende Wangen. Natürlich glühen sie. Megs vor Aufregung über das gemeine Verhalten ihrer Mutter: und Minettes bestimmt vor Kummer und Scham.

Edgar meinte, es sei besser, unterwegs nicht anzuhalten, und ohnehin sei kein Kaffee, den man an der Autobahn kriegt, es wert anzuhalten. Es sei sowieso immer nur Pulverkaffee, kein richtiger. Warum hatte Minette keine Thermosflasche mitgenommen, wollte er wissen, als sie wagte, eine Pause vorzuschlagen. Weil wir keine Thermosflasche *besitzen*, wollte sie in ihrer unmöglichen Laune schreien, weil du immer sagst, sie seien total überteuert, weil du immer sagst, daß ich den Verschluß kaputt mache; und ich will ja auch gar nicht wegen des Kaffees anhalten, du solltest anhalten, um unsere Existenz, unsere Bedürfnisse anzuerkennen – aber sie konnte sich noch rechtzeitig bremsen. Das roch nach

Streit, und wenn einer von Edgar und Minettes seltenen Streits ausbricht, erschüttert das die ganze Umgebung, von den Kindern ganz zu schweigen. Gut gemacht, Minette.

»Wie gut, daß wir nicht nach Italien gefahren sind«, sagt Edgar an dem Abend, als Meg Fieber hat und er die genaue Dosis Kinderaspirin abmißt, um die von der Mutter verletzte, fiebrige Wange zu kühlen; die genaue Dosis steht auf der Rückseite der Packung (und obwohl Minettes Arzt ihr geraten hat, das Vierfache der angegebenen Menge zu verabreichen, wenn sie will, daß es wirkt, hütet sie sich, es zu erwähnen), und er löst es in Wasser auf und gibt es Meg löffelweise, obwohl Minette weiß, daß Meg es viel lieber saugt, »wenn eine halbe Stunde englische Sonne ihr das anhaben kann«.

Edgar, Minette, Minnie und Meg. Ab nach Italien, zum Zelten, jeden Sommer in den letzten sechs Jahren, sogar, als Meg noch ein Säugling war. Mailand, Venedig, Florenz, Pisa. Was für eine Sinnlichkeit, was für Reichtümer, Herrlichkeiten der Landschaften und Städte. In diesem Jahr hatte Minette die Pässe erneuern lassen und neue Schlafsäcke gekauft, die fehlenden Plastikteller und -becher ersetzt, die Gasflaschen überprüft und darauf gewartet, daß Edgar das Datum enthüllte, normalerweise gegen Ende Juli, an dem er seine ethnographische Galerie einem Assistenten übergab und sie sich und das Zelt im Auto verstauten, ganz die heile Familie, und quasi spontan ins große Unbekannte aufbrachen; aber dieses Jahr ging Ende Juli vorüber und die erste Augustwoche, und Edgar sagte immer noch nichts, und Minettes Arbeitgeber verrieten eine gewisse ungläubige Unruhe angesichts Minettes offensichtlichen Mangels an Entscheidungskraft, und wahrhaftig erst am 6. August, nach einer gespielten Geistesabwesenheit, die vom 31. Juli bis zum 5. August währte, sagte Edgar: »Wir können uns selbstredend nicht leisten, ins Ausland zu fahren. Das Geschäft ist auf einem Tiefpunkt. Du hast doch hoffentlich kein Geld für unnötige Ausrüstungen vergeudet?«

»Nein, natürlich nicht«, sagt Minette. Minette belügt Edgar

häufig: das ist eine der Eigenschaften, die Edgar am wenigsten an ihr mag. Bei dieser Lüge fühlt sich Minette aber sicher. Edgar wird gewiß nicht die Plastikteller zählen; und wahrscheinlich vermag er auch nicht zwischen einem alten, klumpigen marineblauen Schlafsack und einem neuen, nicht klumpigen zu unterscheiden. »Wir haben aber doch das Geld dafür beiseite gelegt«, sagt sie vorsichtig, hoffnungsvoll.

»Mach dich nicht lächerlich«, sagt er. »Wir können es uns nicht leisten, mit dem Auto bis an die nächste Straßenecke zu fahren, von Venedig ganz zu schweigen. Seit letztem Jahr ist es eh nur wieder ein paar Zentimeter abgesunken, unter dem Gewicht der Scheiße ebenso wie dem der Touristen. Es ist zu deprimierend. Alles ist zu deprimierend.« Oh, Venedig, auf Wiedersehn, Venedig, Stadt des Reichtums und der Unbeschwertheit, der menschlichen Schwäche, glorreich unter schwefligem Firmament. Auf Wiedersehn, Venedig, sagt Minette innerlich, ich habe dich so geliebt. »Also fahren wir dieses Jahr überhaupt nicht in Urlaub?« erkundigt sie sich. In ihren Augen brennen Tränen. Sie glaubt ihm nicht. Sie ist müde, erschöpft von der Arbeit. Sie ist Werbetexterin. Er macht doch sicher nur Witze. Das tut er oft. Morgen früh wird er was ganz anderes sagen.

»Fahrt ihr in Ferien, wenn ihr wollt«, sagt er am Morgen. »Ich kann nicht. Ich kann mir dieses Jahr keinen Urlaub leisten. Du hast anscheinend allen Sinn für die Realität verloren, Minette. Das liegt an deiner absurden Arbeit.« Und natürlich hat er recht. Die Zeiten sind schwer. Die Inflation macht Gewinne und Gehälter zu einem Witz. Edgar, Minette, Minnie und Meg müssen sich den Zeiten anpassen. Eine Werbeagentur ist nicht gerade bekannt dafür, daß sie die Wahrheit propagiert. Diejenigen, die in Werbeagenturen arbeiten, leben in Phantasiewelten hinsichtlich ihrer eigenen Bedeutung im großen Plan der Dinge und ihres Platzes in einer Gesellschaft, die sie in Wahrheit verachtet. Minette hat Glück, daß jemand mit seiner Integrität und seinem Geschmack sich mit ihr abgibt. Dieses Jahr kein Urlaub. Sie wird das zurückgelegte Geld für einen Bausparvertrag verwenden, obwohl die jährlichen Zinsen niedriger als die jährliche Inflationsrate sind. Sie findet sich ab.

Aber am nächsten Tag kommt Edgar nach Hause und hat ein Ferienhaus in Kent gebucht. Ein Wunder. Es gehört Freunden von ihm, denen jemand abgesagt hat. Der pure Zufall. Aber typisch für das Glück, das Edgar immer hat. Wenn Edgar eine Minute zu spät am Bahnhof ist, fährt der Zug zwei Minuten später.

Heute, am Freitag, sind Edgar, Minette, Minnie und Meg hier, haben sich in diesem herrlichen ländlichen Paradies eines kleinen Weilers in Kent eingerichtet, in einem reetgedeckten Häuschen aus solidem Stein, über den dreieckigen Dorfanger fliegen tief die Mauersegler, der starke Geruch nach Bauernhof mischt sich mit dem Duft der irrsinnig roten Rosen an der Tür und der Levkojen im Garten, sie sind müde und zufrieden nach einem Tag am Strand, die Sonne schien, und der sanfte, blaue Kanal leckte an den glatten Steinen.

Meg schläft unruhig. Der Abend ist heiß und gewittrig, unheilschwanger. Bei der Inflation erscheint das Monopolygeld nicht mehr so phantastisch wie früher. Minette macht Edgar gegenüber eine entsprechende Bemerkung.

»Wenn du meinst«, sagt er. Minette hat kürzlich eine Gehaltserhöhung bekommen. Edgar ist selbständig, gehört den neuerdings verarmten Schichten an.

Sie würfeln darum, wer anfängt. Minette würfelt eine Zwei und eine Drei. Minnie, Tochter ihres Vaters, würfelt eine Fünf und eine Sechs. Minnie ist zwölf, ein freundliches, taktvolles Kind, das seine Mutter genau beobachtet, seinen Vater anbetet. Minnie ähnelt ihm.

Edgar wirft einen Sechserpasch. Edgar wählt seine Figur und fängt an.

Edgar, Minette, Minnie und Meg.

Edgar gewinnt beim Würfeln immer. Edgar wählt immer als erster seine Figur, die rote. Edgar gewinnt das Spiel immer. Minnie wird immer zweite. Minette immer letzte. Meg schläft immer. Der Stoff, aus dem die Ferien sind.

In Wahrheit langweilt Minette Monopolyspielen. Sie spielt Minnie zuliebe, um was mit ihr zusammen zu machen, und Edgar zuliebe, weil er es so erwartet. Edgar gewinnt gern. Wer nicht?

Edgar würfelt einen Pasch, landet auf der Pentonville Road und kauft sie für 60 Pfund. Minette händigt ihm die Karte aus; Minnie nimmt sein Geld entgegen. Edgar würfelt noch einmal, landet auf der Northumberland Avenue und kauft sie. Minnie würfelt, landet neben ihrem Vater auf der Euston Road und kauft sie für 100 Pfund. Minette landet auf Einkommensteuern, zahlt 200 Pfund an die Bank und kichert, teils aus Nervosität, teils wegen der Lächerlichkeit des Schicksals.

»Du hast es wirklich raus, Minette«, sagt Edgar völlig ernst. »Aber ich weiß nicht, ob das zum Lachen ist.«

Minette hört auf zu lachen. Das Spiel geht schweigend weiter. Minette landet im Gefängnis. Oben murmelt und grummelt Meg unruhig im Schlaf. In der Ferne hört Minette Donnergrollen. Die Fenster sind offen und die Vorhänge nicht zugezogen, damit Edgar sich Nacht und Natur nahe fühlen und seine Ferien so recht genießen kann. Die tiefschwarzen Fensterrechtecke, die sich gegen die weißen Wände abzeichnen wie auf einer Kinderzeichnung, machen Minette Angst. Was ist draußen? Hier drinnen, hat sie das Gefühl, haben ihre Worte ein Echo. Das Klappern der Würfel ist laut und aufgeladen mit einer Bedeutung, über die sie lieber nicht nachdenken will. Hört noch jemand zu und beobachtet sie?

Meg schreit auf. Minette erhebt sich. »Ich gehe mal zu ihr«, sagt sie.

»Sie hat überhaupt nichts«, sagt Edgar. »Mach keinen Aufstand.«

»Vielleicht hat sie Angst«, sagt Minette.

»Wovor?« fragt Edgar drohend. »Wovor sollte sie denn Angst haben?« Minettes viele Ängste, besonders im Urlaub, ärgern ihn, und die Vorstellung, daß es in der Natur etwas Bedrohliches gibt, macht ihn wütend. Da er selbst Einsamkeit und Stille liebt, hat er mit Stadtbewohnern, die Angst davor haben, keine Geduld. Seiner Meinung nach sind Minette und Meg von Natur aus Städter, während er und Minnie die Seele, die Geduld, die charakterliche Reife der Landbewohner haben, auch wenn sie in der Stadt leben müssen.

»Es ist ziemlich heiß. Das Zimmer ist ihr nicht vertraut«, beharrt Minette.

»Das Zimmer ist wunderschön«, sagt Edgar kurz und bündig. »Aber sie träumt wahrscheinlich schlecht.«

Meg ist wieder still und Minette erleichtert. Wenn Meg schlecht träumt, ist es natürlich Minettes Schuld, erstens, weil sie Meg eine Ohrfeige gegeben hat, und zweitens, ganz grundsätzlich, weil sie ein Kind mit einer solchen Städternatur geboren hat, das unter Sonnenbrand und Sonnenstich leidet.

»Meg heißt sie«, sagt Minette, »und mäkelt immer rum.«

»Genau wie ihre Mutter«, sagt Edgar. »Minette, du hast beim letztenmal, als du im Gefängnis warst, vergessen, 50 Pfund zu bezahlen, deshalb muß du jetzt drinbleiben, bis du einen Pasch gewürfelt hast.«

»Kann ich nicht in dieser Runde bezahlen?«

»Nein, kannst du nicht«, sagt Edgar.

Sie haben das Heft mit den Regeln verloren. Wenn etwas im Haus verlorengeht, ist es Minettes Schuld, deshalb ist es nur gerecht, daß Edgars Spielregeln akzeptiert werden. Minette bleibt im Gefängnis.

Meg heißt sie und mäkelt immer rum. Edgar hat seinen Kindern die Namen gegeben, nicht Minette. Das Kinderkriegen brachte ihr Urteilsvermögen durcheinander, sie wurde unerträglich, sagte Edgar jedenfalls, und sie glaubte es bereitwillig, wenn sie sich abmühte, ihre Kleinen unter Edgars abwechselnd gleichgültigen und tadelnden Blicken zu stillen, die Naht ihr wehtat und sie versuchte, sich für einen Namen zu entscheiden, und es nicht konnte, denn alle Namen, die Minette gefielen, gefielen Edgar nicht. Während sie noch nach einem Kompromiß suchte, nannte sie ihre Erstgeborene aus Bequemlichkeit immer Mini – so ein winziges, wunderschönes Baby –, und als Edgar überraschend mit der Geburtsurkunde zurückkam, stand da der Name Minnie drauf, und Minette schnappte vor Schreck nach Luft, und alles, was Edgar sagte, war: »Aber ich dachte, *du* wolltest es, *du* hast sie doch so genannt, der Staat wartet nicht ewig, daß *du* dich entscheidest; ich hab den ganzen Morgen in der Bude da verbracht und sollte eigentlich in der Galerie sein; ich bin erschöpft. Kannst du für überhaupt nichts dankbar sein? Bemüh dich lieber, das Kind dazu zu bringen, daß es nachts durchschläft, bevor ich wahnsinnig werde.« Hm, was konnte sie sagen? Oder tun? Es blieb bei Minnie. Minnie Maus. Aber irgendwie paßte der Name zu ihr, oder jedenfalls wuchs sie über ihn hinaus, ein schönes, liebevolles Kind, Liebling ihres Vaters, ihrer Mutter auch.

Minette benutzt Minnie wie gute Katholiken die Heiligen – als vermittelnde Instanz.

Minnie, frag mal, was dein Vater zum Frühstück will. Minnie, frag deinen Vater, ob wir heute einen Ausflug machen.

Als Meg geboren wurde, fühlte sich Minette stärker und besser. Aus irgendeinem Grund war Edgar umgänglich und liebevoll. (Minette hatte ihren Job verloren; sie war wieder schwanger, aus Versehen – na gut, sie hatte die Pille vergessen –, und es war schwer gewesen, sich um die sechsjährige Minnie zu kümmern, mit dem Haus, der Einkauferei, dem Saubermachen und der Berufstätigkeit noch dazu: von der Wäsche gar nicht zu reden. Sie hatte keine Waschmaschine, weil Edgar der Meinung war und zweifellos zu Recht, daß Haushaltsmaschinen laut, teuer und letztendlich nicht einmal arbeitssparend sind. Etwas mußte wegfallen, und das war Minettes Job, gerade noch rechtzeitig, bevor sie durchdrehte. Die Galerie ging gut, und wegen Minettes Verdienst mußte Edgar natürlich höhere Steuern zahlen. Das glaubte er jedenfalls. Sie versuchte ihm zu erklären, daß sie getrennt besteuert wurden, aber das schien er nicht zu hören, geschweige denn zu glauben.) Wie dem auch sei, als sie im Wochenbett saß, ihre Hand in Edgars, endlich einmal glücklich, entspannt, arbeitslos – er hatte ganz recht, die Arbeit überanstrengte sie, und wozu das alles – so eine sinnlose, asoziale Arbeit mit so oberflächlichen, jeder Mode hinterherrennenden Pseudotypen – und über den

Namen des neuen Kindes Witze machte, sagte sie, hör dir ihr Mäkeln an. Vielleicht sollten wir sie Meg nennen. Meg heißt sie, mäkeln tut sie. Die unvorsichtige Minette. Und Edgar stand eine Woche später mit der ausgestellten Geburtsurkunde da. Megan.

»Herrgott, Weiber«, schrie er. »Bist du verrückt? *Du* hast gesagt, du wolltest Meg. Ich habe *dich* beim Wort genommen. Ich habe getan, was *du* wolltest.«

»Das hab ich *nicht* gesagt.« Sie weinte, schwach von der Geburt, der Aufregung, dem plötzlichen Entzug seiner Freundlichkeit, seiner Geduld.

»Soll ich etwa Zeugen bringen?« Er war wütend. Ein Jahr später wurde sie wieder schwanger. Sie ließ abtreiben. Sie schaffte es nicht. Edgar ging davon aus, daß sie es nicht schaffte, obwohl er es nie sagte, also trug sie die Last der Entscheidung, sie allein. Aber selbstverständlich hatte er recht. Sie schaffte es nicht. Sie arrangierte alles selbst, fuhr allein mit dem Taxi zur Klinik, kam am nächsten Tag mit dem Taxi zurück. Edgar bezahlte die Hälfte.

Edgar, Minette, Minnie und Meg. Das langte eigentlich.

Dann ging Minette einmal in der Woche zu einem Psychotherapeuten. Edgar sagte, sie solle; sie wäre sonst unerträglich. Ein-, zweimal ließ sie das Essen anbrennen – »wie feindselig du bist«, sagte Edgar und kochte danach alle Mahlzeiten selbst (im Haushalt und beim Kochen war er genauso gut wie Minette, wenn nicht besser), ohne sich darum zu kümmern, ob es irgend jemandem schmeckte, bekam oder paßte. Trotzdem, er wußte eben, was am besten war. Minette, Minnie und Meg stellten sich glänzend darauf ein. Er kochte vorzüglich, wenn man sich einmal an Knoblauch an allem, von Eiern bis Fisch, gewöhnt hatte.

Minette fing schnell wieder an zu arbeiten. Nun, von Edgar konnte man schwerlich verlangen, daß er den Psychotherapeuten bezahlte, und weil sich die Kosten für Strom und Gas sogar in einem Haushalt ohne Haushaltsgeräte verdoppelt hatten, kam ihr Verdienst überaus gelegen. Bald bezahlte Minette alle Kosten für den Haushalt – und wurde befördert. Sie wurde Teamleiterin und hatte zwanzig Leute unter sich. Mit Kunden, Geschäftsleuten,

Künstlern und Textern, Sekretärinnen, Assistenten ging sie lokker und selbstbewußt um. Verglichen mit Edgar und zu Hause waren alle und alles leicht. Aber das war nur zu erwarten gewesen. Edgar war das wirkliche Leben. Werbeagenturen – und darin hatte Edgar recht – sind Scheinwelten. Man macht die Augen zu, schnippt mit den Fingern, und presto, da ist man, in voller Lebensgröße. (Das heißt, wenn man die richtige, oberflächliche, seichte Haltung hat, damit es genau so läuft.) Und natürlich sind Angestellte und Kontakte zu manipulieren und zurechtzubiegen wie Puppen in einem Puppenhaus. Minettes Erfolg überraschte Edgar nicht. Der war nur zu erwarten gewesen. Und sie vergaß immer, das Licht auszumachen, und sie drehte immer die Zentralheizung zu weit auf, weil sie aufreizend empfindlich gegen Kälte war.

Selbst heute abend, an diesem heißen, schwülen Abend mit Temperaturen von immer noch fast dreißig Grad, Wetterleuchten am Horizont und entferntem Donnergrollen, fröstelt sie.

»Ist dir etwa kalt?« erkundigt er sich. Er kauft ein Grundstück von Minnie. Er ist im Besitz beider »Du-kommst-aus-dem-Gefängnis-frei«-Karten, und die Bank hat sich zu seinen Gunsten um 200 Pfund geirrt. Minnie spielt wunderbar, ist ihrem Vater beim Verhandeln vollauf gewachsen. Minette ist schon wieder im Gefängnis.

»Es ist bloß so dunkel draußen«, sagt sie leise.

»Natürlich ist es dunkel«, sagt er. »Wir sind auf dem Land. Du vermißt die Stadt, nicht wahr.« Das ist ein Vorwurf, keine Feststellung.

Das Haus liegt an einem Hügel: oben und unten Moor, es unterbricht einen natürlichen Pfad vom Gipfel des Hügels zum Tal. Die hinteren und vorderen Fenster sind offen, damit die Unterbrechung möglichst geringfügig bleibt und sich alle Mächte, die von Hügelkuppen in Täler strömen, durch das Haus und seine Bewohner einen Weg bahnen können. Den Verdacht hat Minette jedenfalls. Wie kann sie aber so was sagen? Sie, die Städterin, das Finstere, die zwischen Edgar und dem Licht seiner Erwartungen steht, seiner Empfindsamkeit gegenüber den natürlichen Mächten des Lebens, die zwischen der Erde und ihm fließen.

Edgar hat einen grünen Daumen, zweifellos. Sie müßten die Tomaten auf der Fensterbank seiner Galerie in der Museum Street sehen. Was für ein Triumph!

»Können wir die Fenster nicht zumachen?« fragt sie.

»Wozu?« will er wissen. »Willst *du*, daß die Fenster zu sind, Minnie?«

Minnie zuckt die Schultern. Sie ist damit beschäftigt, das Hotel ihres Vaters auf der Northumberland Avenue zu umgehen; ihr ist es egal. Minnie ist kämpferisch und konkurrenzbetont. Edgar, der sich selbst ganz anders wahrnimmt, staunt darüber.

»Warum willst du die Nacht ausschließen?« fragt Edgar.

»Will ich gar nicht«, protestiert Minette. Aber sie will es doch. Doch, bestimmt. Oben bewegt sich Meg und wimmert: Minette möchte zu ihr gehen und die Fenster schließen und die dunklen Rosenköpfe davon abhalten, zu nicken und von Kummer zu flüstern, aber wie kann sie das? Minette ist mit Würfeln dran. Ihre Hand zittert. Wieder eine Fünf. Ereignisfeld. Du gewinnst 10 Pfund, den zweiten Preis in einem Schönheitswettbewerb.

»Nicht mit einer Nase in diesem Zustand«, sagt Edgar und lacht. Minnie und Minette lachen auch. »Und dem Sonnenbrand im Gesicht, wie Meg. Es ist aber erfreulich, daß es noch so was wie natürliche Gerechtigkeit gibt.«

Ein Donnerschlag zerschneidet die Luft; eine Sekunde, zwei Sekunden, drei Sekunden – und da leuchtet der Blitz im Zick-Zack bis hin zu den eichenbestandenen Hügelketten vor dem Haus.

»Ich liebe Stürme«, sagt Edgar. »Er kommt hierher.«

»Ich geh mal eben und mache Megs Fenster zu«, sagt Minette.

»Es geht ihr vollkommen gut«, sagt Edgar. »Hör auf, dir Sorgen zu machen, und bleib um Gottes willen mal aus dem Gefängnis. Du verbreitest eine gedrückte Stimmung, Minette. Das Spielen macht überhaupt keinen Spaß, wenn man der einzige ist, der Hotels hat.« Die hat Edgar nämlich reichlich, obwohl Minnie das Spielfeld rauf und runter Häuser in Besitz nimmt.

Minette landet auf einem Gemeinschaftsfeld. Zahle 20 Pfund Strafe für zu schnelles Fahren oder ziehe eine Ereigniskarte. Sie zieht eine Ereigniskarte. Bezahle 150 Pfund Schulgebühren.

Die Luft bleibt trocken und ruhig. Obwohl Donner und Blitz gespenstisch krachen, bleiben sie entfernt, auf der anderen Seite der Hügel. Leise knirschend geht die Haustür ganz von selbst auf. Kein Hauch eines Windes – es ist heiß und trocken wie in einem Backofen.

»Uuh«, kreischt Minnie, angenehm erschreckt.

Minette kriegt vor Angst einen trockenen Mund und starrt in die Schwärze hinter der Tür.

»Ein Besucher«, schreit Edgar. »Immer hereinspaziert«, und er gestikuliert, als heiße er den unsichtbaren Gast willkommen, steht auf, zieht einladend den leeren Stuhl mit der hohen Lehne am Ende des Tischs zurück. Endlich steht das Haus offen, wem auch immer – was auch immer hereinkommen möchte auf seinem Weg von der Spitze zum Fuß des Hügels.

Minettes Mund bleibt offen: in ihren Augen blankes Entsetzen. Edgar sieht es, lächelt verächtlich.

»Nicht, Daddy«, sagt Minnie. »Es ist gruselig.« Aber jetzt ist Edgar nicht mehr zu bremsen.

»Hereinspaziert«, sagt er wieder. »Fühlen Sie sich wie zu Hause. Torkeln Sie doch nicht so. Nur weil Sie keine Augen haben.«

Minette ist aufgestanden. Monopolygeld, vom ersten stürmischen Windschwall hochgehoben, fliegt im Zimmer herum. Minnie rennt halb lachend, halb in Panik hinterher.

Minette zerrt am unbeweglichen Arm ihres Mannes.

»Hör auf«, fleht sie ihn an. »Mach keine Witze. Hör auf.« Keine Augen. Oh, Edgar, Minette, Minnie und Meg, was für eine Blindheit ist jetzt unter euch? Was für eine Bedrohung eurer Existenz? Jede Menge Donnerschläge krachen, scheint es, direkt über ihren Köpfen: das elektrische Licht wird trüb, Flächenblitze und Zick-Zack-Blitze erzielen einen Effekt wie Stroboskoplampen in einer Diskothek, der Kosmos gebärdet sich regelrecht vulgär, die Blitze sausen und hüpfen an den weißen Wänden entlang, und jetzt wehen mit dem Wind dicke Regentropfen durch Türen und Fenster.

»Mach sie zu«, kreischt Minette. »Ich hab's dir doch gesagt. Schnell, Minnie, komm und hilf –«

»Reg dich doch nicht so auf. Was ist denn los? Ein bißchen Regen. Du hast doch sicher keine Angst vor Stürmen?« fragt Edgar und bleibt stehen, wo er ist, bewegt sich nicht, hilft nicht: wie ein großer Baum, der sich einem Wolkenbruch entgegenstemmt. Endlich einmal achtet Minette nicht auf ihn und schafft es mit Minnie, die Tür und die Fenster zu schließen. Der Regen verändert sich, er dringt sofort durch und kommt einem in die Augen; ihre Gesichter und Kleider sind schon naß. Minnie rennt in Megs Zimmer, um auch dort die Fenster zuzumachen. Edgar steht immer noch da, lächelt, starrt aus dem Fenster auf den wunderbar zerrissenen Himmel. Erst dann, als er lächelt, wird Minette klar, was sie getan hat. Sie hat das Ding, die Person ohne Augen, mit ihrer Familie eingeschlossen. Selbst wenn es gehen will, freiwillig auf seinem Weg hinunter ins Tal treiben würde, es kann nicht.

Minette rennt, um die Hintertür zu öffnen. Edgar folgt langsam und neugierig.

»Warum machst du die Hintertür auf?« erkundigt er sich, »nachdem du vorher darauf bestanden hast, alles andere zu schließen? Du verhältst dich sehr merkwürdig, Minette.«

Die Nässe, die Dunkelheit, der Krach, die Angst machen sie mutig.

»Du bist derjenige, der sich merkwürdig verhält. Ein Mann ohne Augen!« stellt sie fest, kurz und knapp; so ist sie manchmal im Büro, tadelt Unfähigkeit, sorgt für Vernunft und Gerechtigkeit.

»Das muß man sich mal vorstellen, einen Mann ohne Augen

hereinzubitten. Welcher Landbewohner würde so was tun? Du weißt absolut gar nichts, nichts über Menschen, das Land, die Natur. Nichts.«

Ich weiß mehr als er, denkt sie in diesem irren Ausbruch von Hochmut. Auch wenn ich in einer Werbeagentur arbeite. Auch wenn ich lieber eine Zentralheizung habe, als Kohlen trage, und Tiefkühlpizza lieber esse als frische Makrele, ich gestehe aber der Welt ihre Würde zu. Mir ist nämlich bewußt, daß ich vieles nicht weiß, vieles nicht verstehe, und dir absolut nicht. Mein Körper bewegt sich mit den Gezeiten, blutet mit dem Mond, verbrennt in der Sonne: ich, Minette, ich bin ein armer, vergänglicher Teil der Menschheit: ich gehorche Gesetzen, die ich nur vage verstehe, aber ich bin mir bewußt, wenn man ihnen trotzt, wird man bestenfalls mit einer Katastrophe, schlimmstenfalls mit dem Tode bestraft.

Ein Ding ohne Augen. Ja. Der Taniwha. Der Taniwha kriegt dich, wenn du nicht aufpaßt! Das blicklose, stolpernde Ungeheuer des Buschs, fängt kleine Kinder, die in es hineinstolpern, verschlingt Gehirn, Knochen, Augen, alles. An der wilden australischen Küste, die mein Mann nicht als Land betrachtet, die aus Sand, Küste und Palmwäldern und nicht aus einem Schachbrett von Feldern und Reet besteht, lauerte ein blindes, augenloses Ding. Dort lebt der Taniwha. Der Taniwha kriegt dich, wenn du nicht aufpaßt! Das schrie die kleine Minette in Megs Alter ihren kindlichen Feinden auf Geheiß ihres Vaters zu. Das macht ihnen Angst, sagte er, immer voller Ermahnungen und Fürsorge. Dann hören sie auf, dich zu ärgern, und lassen dich in Ruhe. Minettes Vater, groß wie ein Baum, Beine wie Pfähle. Die Arme der kleinen Minette umklammerten sie bis zum Ende und wurden schließlich auseinandergerissen, damit er frei war, sie zu verlassen, sie dem Taniwha zu überlassen. Der Taniwha kriegt dich, wenn du nicht aufpaßt. Wenn du es anderen wünschst, was passiert dir dann? Geschieht dir recht, ätsch, bätsch!

»Du weißt absolut gar nichts«, wiederholt sie jetzt. »Welcher Mensch vom Land sitzt bei Dunkelheit mit offenen Fenstern da und lädt unsichtbare Fremde ein? Besonders solche, die blind sind.«

Hm, Edgar ist wütend. Natürlich ist er das. Er starrt sie kalt an. Dann geht Edgar durch die Hintertür in den Regen, der jetzt in Böen, nicht mehr sturzflutartig fällt, und schmeißt sich auf den Rücken ins Gras, das Gesicht den aufgewühlten Himmeln zugewandt, die Arme ausgebreitet, trinkt den Krach, den Regen, den Wind, die Natur, ist eins mit dem in Aufruhr befindlichen Universum.

Minnie stellt sich neben ihre Mutter an die Tür.

»Was macht er?« fragt sie nervös.

»Er ist eins mit der Natur«, bemerkt Minette Minnie zuliebe beiläufig und ruhig. »Er wird leider sehr naß werden.«

Regen verwandelt sich zu Hagel, knallt gegen das Haus wie Maschinengewehrgeschosse. Edgar stürzt zurück in die Sicherheit des Hauses, stellt sich in die Küche und trocknet sich die Haare mit dem Geschirrtuch, schweigend, wütender als je zuvor.

»Können wir nicht weiter Monopoly spielen?« sagt Minnie flehentlich von der Tür her. »Bitte, Mum? Das Geld ist nur ein bißchen feucht. Ich habe alles wieder eingesammelt.«

»Erst, wenn dein Vater den Stuhl wieder so zurückgestellt hat, wie er war.«

»Welchen Stuhl, Minette?« fragt Edgar, dermaßen wütend über seine Frau, daß er sie sogar direkt anspricht. Der Rest der Ferien ist dahin, das weiß sie.

»Den Stuhl mit der hohen Lehne. Du hast etwas aus der Nacht hereingebeten, damit es sich darauf setzt«, schreit Minette durch das Lärmen der Natur, denn das macht den Kohl jetzt auch nicht mehr fett, »stell ihn wieder dahin, wo er war.«

Edgar sagen, was er zu tun hat! Frechheit!

»Du bist wahnsinnig«, sagt er ernst. »Warum bin ich dazu verdammt, wahnsinnige Frauen zu heiraten?« Edgars erste Frau Hetty ist nach einem Jahr Ehe in eine Nervenklinik gegangen und nie wieder aufgetaucht. Sie war wirklich eine sehr schwierige Frau, laut Edgar.

Wahnsinnig? Was ist wahnsinnig in einer wahnsinnigen Welt? Wahnsinniger als der Würfel, der Minette ins Gefängnis schickt, immer und immer wieder, und Edgar auf die Jagd um das Spielfeld, um Geld zu horten, Grundbesitz, Macht: und Minnie, die versucht, zwischen beiden Schritt zu halten, aber immer näher bei ihrem Vater als bei ihrer Mutter. Minnie, Edgar dicht auf den Fersen, die Verhaltensweisen für ihr ganzes Leben erlernt.

Wie dem auch sei, Edgar geht wahrhaftig zu dem Stuhl mit der hohen Lehne, der immer noch zurückgeschoben für den unsichtbaren Gast dagestanden hat, und stellt ihn an seine ursprüngliche Stelle, im rechten Winkel zum Tisch.

»Hört mit diesem Spuk auf«, schreit Minnie, »ihr alle beide!«

Minette will sagen: »Und jetzt sag ihm, daß Es gehen soll –«, aber ihr Mund spricht die Worte nicht aus. Das würde Es zu sehr anwesend machen. Es anzuerkennen ist gefährlich; es verleiht dem Unkörperlichen etwas Körperliches.

Edgar dreht sich zu Minette um. Edgar lächelt, wie ein vernünftiger Mensch aufmunternd einen wahnsinnigen anlächelt. Und obwohl er schon ganz naß ist, nimmt er Minettes Regenmantel vom Haken und rennt durch den Wind, um nachzusehen, ob die Autofenster richtig geschlossen sind. Minette ist stolz auf ihren Bonnie-Cashin-Regenmantel. Er hat einhundertundzwanzig Pfund gekostet, Edgar hat sie aber erzählt, daß er fünfzehn Pfund fünfzig, herabgesetzt von dreiundzwanzig Pfund, gekostet hat. Sie war damit noch nie richtig im Regen und fürchtet um seine Unversehrtheit. Sie kann Edgar nicht bitten, ihn nicht zu tragen. Er würde sie fassungslos unfreundlich ansehen und sagen: »Aber ich dachte, es wäre ein Regenmantel. Wenn es ein Regenmantel ist, warum kann ich ihn dann nicht im Regen benutzen? Oder hast du mich angelogen? Ist es eigentlich gar kein Regenmantel?«

Ehrlich, da ist ihr schon lieber, der Mantel läuft ein. Es war eh albern, dieses Kleidungsstück zu kaufen: Edgar hatte ganz recht. Hm, hätte recht gehabt, wenn er es gewußt hätte. Minette fragt sich manchmal, warum sie soviel lügt. Ihr wird schwindelig.

Der Stuhl am Kopfende des Tisches scheint leer zu sein. Der

Mann ohne Augen ist nicht mehr im Haus. Edgar, den Mantel über dem Kopf, ist durch den Regendunst zu sehen, er stolpert an der vorderen Hecke entlang zum Auto. Wird ihn ein Blitz treffen? Wird er tot umfallen? Nein. Wenn die Autofenster offen sind, wessen Schuld ist es? Ihre, Minnies?

»Vielleicht könntest du mal darauf achten, daß Meg die Autotür hinter sich zumacht.« Ihre Schuld, als Megs Mutter. »Und warum hast du sie nicht geweckt? Das ist ein wunderbarer Sturm.«

Und er geht nach oben, um Meg eine bessere Mutter zu sein, als Minette es je sein kann, weckt seine widerstrebende, schlaftrunkene Tochter, damit sie das Gewitter sieht, er nimmt sie aufs Knie und erklärt ihr dabei die Eigenschaften und die Funktion der elektrischen Entladung: jetzt ignoriert er Minettes Anwesenheit vollkommen. Wenn er wütend auf sie ist, was er die meiste Zeit ist, weil so viele ihrer Einstellungen und Behauptungen ihn bis aufs Blut reizen, tut er einfach so, als existiere sie nicht.

Edgar, Minette, Minnie und Meg beobachten vereint einen Sturm von einem Ferienhaus aus. Familienglück.

Das Gewitter zieht durch: bald ist es wie Geschützfeuer, es blitzt und kracht auf der anderen Seite der Hügel. Das Licht geht aus. Irgendwo ist eine Stromleitung unterbrochen. Keiner kreischt, nicht einmal Meg: es wird nur auf einmal dunkel. Aber oh, wie dunkel es auf dem Land wird.

»Hm«, sagt Edgar, »wo sind die Streichhölzer? Die Kerzen?«

Ja, wo nur? Zitternd tastet sich Minette erfolglos durch ihr stilles, verhextes Haus. Wie blöde von Minette, die wußte, daß ein Gewitter aufzog, die (doch sicher!) wußte, daß Gewitter auf dem Land Stromunterbrechungen auf dem Land bedeuten, und die vorher nicht nachgesehen hat, wo Kerzen und Streichhölzer liegen. Edgar findet sie; er wußte die ganze Zeit, wo sie waren.

Sie gehen ins Bett. Edgar und Minette begegnen sich auf der Treppe. Er schweigt. Er spricht nicht mit ihr. Sie spricht mit ihm.

»Hm«, sagt sie, »du hast Glück gehabt. Er hat nur die Lichter ausgemacht. Der Mann ohne Augen.«

Er macht sich nicht die Mühe zu antworten. Was kann man einer wahnsinnigen Frau schon Sinnvolles sagen?

Die ganze Nacht schläft Edgar, so weit wie möglich von ihr abgewandt, auf der anderen Seite des Doppelbettes, von ihr weg, sogar im Schlaf abweisend. So, weit von ihr entfernt, wird er die nächsten vier oder sogar fünf Tage schlafen. Minette liegt ungefähr eine Stunde lang wach und driftet schließlich in einen betäubenden, wenig erholsamen Schlaf.

Morgens ist sie munter und lächelt den Kindern zuliebe, ihre Stimme flötet munter und falsch wie die einer Lady aus Kensington in der Lebensmittelabteilung bei Harrods. Als sie vor dem Frühstück den Boden fegt, vermeidet sie das Tischende und den Stuhl mit der hohen Lehne. Der Mann ohne Augen ist weg, aber irgend etwas hängt noch in der Luft.

Edgar macht das Frühstück. Vor den Kindern ist er ihr gegenüber förmlich, wenn sie allein sind, schweigt er, taub für Minettes heitere Worte. Bald schweigt sie auch. Er verziert einen Teller Rührei mit Butterblumen und beschwört die Kinder, sie zu essen. Minette erinnert sich vage, daß Butterblumen giftig sind: sie murmelt etwas in der Richtung, und Edgar zuckt sichtbar zusammen. Sie sagt nichts mehr.

Natürlich passiert den Kindern nichts. Sie muß sich falsch erinnert haben. Zum Mittagessen plant Edgar Omelette, Butterblumensalat und Brennesselsuppe. Das macht Spaß, sagt er. Vom Land leben, wie wir es bald alle müssen.

Minnie und Meg kichern, lachen und schreien, umklammern die Brennesseln fest. Wenn man sie fest anfaßt, brennen sie nicht. Minette kichert und lacht auch, um ihren Kindern Gesellschaft zu leisten; in ihrem Herzen sitzt ein Schmerz. Sie lieben ihren Vater. Er liebt sie.

Nach dem Essen – Omelette aus herrlich schmeckenden frischen Landeiern (das Eiweiß fällt aber flach und schlapp in die Schüssel, und Minette weiß, daß sie mindestens zehn Tage alt sind, sie weiß aber auch, daß sie besser nichts sagt), Butterblumensalat und gekochte Brennesseln, fast wie Spinat – erzählt Edgar den

Kindern, daß man den Nachmittag auf dem Cumber Hill verbringen wird, wo die Überreste einer Siedlung aus der Eisenzeit sind. Meg weint ein bißchen, fürchtet sich vor einem Berggipfel voll lebendiger Eisenzeitmänner, aber Minnie erklärt ihr, daß es dort nichts gibt – nur ein paar Klumpen und Hubbel auf der feuchten Wiese, Grabhügel und alte Ausgrabungen und einen schönen Rundblick, und vielleicht finden sie ein, zwei Feuersteine.

»Warum gehen wir denn dann dahin?« fragt Meg, aber keiner antwortet. »Müssen wir laufen? Sind da Kühe? Ich hab eine Blase.«

»Meg heißt sie, mäkeln tut sie«, läßt Edgar fallen. Aber was kam zuerst, fragt sich Minette.

Achtlos gibt sie Minnie und Meg gekaufte Kekse. Edgar protestiert. Künstlicher Zucker, Fabrikscheiße, ruiniert die Zähne, die Verdauung, die Einstellung. Was ist sie bloß für eine Mutter?

»Aber sie haben Hunger«, will sie sagen und sagt es nicht, weil sie die Antwort schon auswendig kennt. Wie können sie hungrig sein? Sie haben doch gerade erst zu Mittag gegessen.

Im Auto wird erst Meg schlecht, dann Minnie. Beiden wird leicht schlecht, und fein säuberlich kotzen sie aus dem Autofenster. Edgar hält nicht an. Er sagt: »Du hättest ihnen die Kekse nicht geben sollen. Ich wußte, daß das passieren würde«, aber er fährt tatsächlich langsamer.

Edgar, Minette, Minnie und Meg. Kekse, Butterblumen und gekochte Brennesseln. Alles zusammen geht nicht.

Wenn man den Cumber Hill mit dem Auto umfährt, ist er wild und schön: eine kahle, mit Rasen bedeckte Bergkuppe, noch naß vom Regen der letzten Nacht, eine natürliche Festung, die Hänge fallen steil von dem breiten Gipfel ab, wo jetzt Schafe weiden; wegen der Grabhügel ist er ganz holperig. Hier lebten Familien, starben, waren traurig, waren glücklich, wehrten Eindringlinge ab, gingen zugrunde: hinterließen etwas von sich, etwas Nichtfaßbares unter einem schweren Himmel.

Edgar parkt das Auto fast einen halben Kilometer von dem Fußweg entfernt, der über steinige Äcker zum Hügel und den

Trampelpfaden führt, die die Befestigungen umsäumen. Es wird ein langer Spaziergang werden. Minnie weigert sich, mit ihnen zu gehen. Sie will im Auto sitzenbleiben und warten und Radio hören. Eine Natursendung über das Verhalten der Bussarde, versichert sie ihrem Vater.

»Ein paar Stunden sind wir aber sicher unterwegs«, warnt Minette.

»So lang? Es ist doch bloß ein kleiner Berg.«

»Es gibt aber bestimmt eine Menge interessanter Sachen. Vielleicht Feuersteine. Sogar Fossilien. Willst du wirklich hierbleiben?«

Minnie nickt, ihre Augen kalt vor einer gewissen inneren Entschlossenheit.

»Wenn sie nicht mitgehen will, Minette«, sagt Edgar, »will sie nicht. *Sie* verpaßt was.«

Das ist Edgars erste direkte Bemerkung gegenüber Minette am heutigen Tage. Minette freut sich, lächelt, legt ihre Hand auf seinen Arm. Edgar ignoriert diese Geste. Hat sie wirklich geglaubt, sein Unbehagen würde sich so schnell verflüchtigen? Ihre mangelnde Einsichtsfähigkeit wird es lediglich verlängern.

Die Spazierstöcke liegen hinten im Auto – Minette hat einen knorrigen Ast von einem Obstbaum, Edgar den traditionellen Schlehdornstock (antik, mit einem geschnitzten Hundekopf als Knauf, Minette hat ihn anläßlich seines zweiundvierzigsten Geburtstages gekauft, und zwar für zwanzig Pfund, um, wie er sagte, fünf Pfund zu teuer), und Minnie und Meg haben kräftige, mittellange Äste von irgendeinem namenlosen gewöhnlichen Baum. Edgar händigt Meg ihren Stock aus, ergreift seinen eigenen und geht los. Minette nimmt ihren und geht hinterher. Soviel dazu, wenn man in Ungnade gefallen ist.

Edgar hebt sich leuchtend von den gedämpften Farben des Hügels ab – eine große, langbeinige Gestalt; er schreitet in orangefarbenen Ferienhosen und rotem Hemd einher, springt von Hügelchen zu Hügelchen, Fels zu Fels, der schwarze Stock schlägt gegen Brennesseln und Disteln und Stechginster. Meg trottet neben ihm her, mit stämmigen Beinen, im marineblauen Anorak, sie ist ein untersetztes, robustes, begeisterungsfähiges kleines Wesen, stolpert ständig über ihren Stock, lehnt es aber ab, ihn aus der Hand zu geben.

Bald fällt sie zurück und geht neben ihrer Mutter her, die, was Brennesselstiche und Kuhfladen betrifft, mitfühlender ist als ihr Vater. Megs Hand liegt trocken und fest in Minettes Hand. Minette bezieht einen gewissen Trost daraus. Bald ist Edgar, von Megs Anwesenheit befreit, so weit vor ihnen, daß er nur noch gelegentlich in Sicht kommt als dunkle Gestalt, die über einen Erdwall hüpft oder hinter einer Mauer oder einem Baum hervorspringt.

»Ich sehe keine Eisenmänner«, sagt Meg. »Nur Brennesseln und Schafsmist. Und Kuhfladen, immer da, wo ich hergehe. Aber Kühe sehe ich nicht. Die sind wahrscheinlich unsichtbar.«

»Die Eisenmänner sind vor langer Zeit gestorben.«

»Warum sind wir dann hierher gekommen?«

»Um über die Dinge nachzudenken.«

»Was für Dinge?«

»Die Vergangenheit, die Gegenwart, die Zukunft«, erwidert Minette.

Ein Wind erhebt sich, bläst ihnen feucht ins Gesicht. Die Sonne geht unter; die Hügel verlieren das bißchen Farbe, das sie hatten. Alles ist grau, die Farbe der Depression. Der Winter kommt, denkt Minette. Wieder eine Jahreszeit vorbei. Tiefhängende Wolken treiben über die Hügel, liegen in nebligen Schwaden vor ihnen. Minette kann weder vor sich noch hinter sich etwas sehen. Sie hat Angst: Edgar ist nirgendwo zu erblicken.

»Vielleicht sind wilde Kühe da«, sagt Meg, »wo wir nichts sehen können.«

»Warte«, sagt Minette zu Meg, »warte«, und will eigentlich vorlaufen, um Edgar zu suchen und ihn mit zurückzubringen; aber da taucht Edgar wie auf ihr Kommando, in Hörweite, auf, er beschreitet einen parallelen Pfad zu ihrem, der ihn auf einen anderen Rundweg zu den darunterliegenden Befestigungswällen bringt.

»Ich bringe Meg zurück zum Auto«, ruft sie.

Er blickt sie erstaunt an. »Warum?«

Er wartet ihre Antwort nicht ab: er klettert über eine Bodenerhebung und ist verschwunden.

»Weil«, will sie hinter ihm herrufen, »weil ich vierzig bin und allein und Angst habe. Weil gestern meine Periode angefangen hat und ich Schmerzen habe. Weil mein älteres Kind allein in einem Auto in Nebel und Regen sitzt und mein jüngeres schaudernd vor Angst und nörgelnd allein auf einem nebligen Hügel steht und sich vor unsichtbaren Dingen und der Kälte fürchtet. Weil ich mich, wenn ich eine Minute länger hierbleibe, verirre und für immer und ewig hier wandern werde. Weil auf diesem Hügel Schlachten geschlagen worden sind, Familien, die glücklich waren, gestorben sind und etwas hier zurückgeblieben ist, mit dem verglichen der Taniwha, das blinde Ungeheuer aus dem weit entfernten Dschungel, den weißen, weiten Küsten, ein Ausbund an Wohlwollen ist.«

Minette sagt nichts: er ist sowieso weg.

»Komm, wir gehen zum Auto zurück«, sagt sie zu Meg.

»Wo ist es?« erkundigt sich Meg folgerichtig.

»Wir finden es.«

»Kommt Daddy nicht?«

»Er kommt später.«

Etwas von Minettes Hast überträgt sich auf Meg: oder eine stärker werdende Furcht vor dem Ort selbst. Meg geht auf dem Rückweg voraus, ohne zu zögern, ohne zu klagen, durch die Brennesseln, über Felsen, sie meidet den Stacheldrahtzaun, hält sichere Distanz zu den Kühen, die nun doch leibhaftig da sind, eingepfercht auf der anderen Seite des Zauns.

Die Vergangenheit. Minette führte in Megs Alter ihre weinende Mutter über einen verlassenen Strand zu einem verlassenen kleinen Haus. Minettes Vater, der Urverlasser. Der Mann ohne Augen für Minettes Kummer, die Verzweiflung ihrer Mutter. Die kleine Minette, ihre Arme umschließen die Beine ihres Vaters fest, werden am Ende von Erwachsenenarmen entschlossen auseinandergerissen. Wessen Arme? Sie weiß es nicht. Ihr Vater geht mit jemand anderem fort, weg von der jammernden Minette, seiner Tochter, weg von der weinenden Mutter, seiner Frau. Später stellt man fest, daß Minette einen Finger gebrochen hat. Der Vater kommt nie zurück. Von da ab Sonntagsausflüge, nur sie beide, Minette und ihre Mutter, tapfer bemühen sie sich um ein gemeinsames Vergnügen, aber was nützt ein dreibeiniger Stuhl, der nur zwei Beine hat? So sind sie nämlich.

Die Gegenwart? Nebel, Wolken vor ihnen, hinter ihnen; der Wind bläst ihr ihr Elend ins Gesicht zurück. Minette und Meg stolpern, halten einander aufrecht. Die Wolken teilen sich. Da ist die Straße: da ist das Auto. Nur noch ein paar hundert Meter. Da ist Minnie, wahrscheinlich im Halbschlaf, sicher.

»Endlich wieder an heimatlichen Gestaden!« schreit Minette, lächerlich, und bei dieser Rückkehr zur Normalität, wie überraschend auch immer, setzt Meg sich auf die Erde und weigert sich, noch einen Schritt zu gehen, und sie muß ins Auto zurück gebeten, beschwatzt und gelockt werden.

»Wo ist Daddy?« beschwert sich Minnie. Das ist der immer wiederkehrende Aufschrei ihrer Kinder. Das und: »Hast du was, Mum?«

»Wir waren müde und sind zurückgegangen«, sagt Minette.

»Er braucht bestimmt noch lange. Wie immer.«

Minette sieht auf die Uhr. Halb fünf. Sie sind eineinhalb Stunden weggewesen.

»Sechs Uhr würde ich sagen.« Edgars Spaziergänge dauern normalerweise drei Stunden. Besser sich damit abzufinden als immer verkrampft zu warten.

»Was sollen wir machen?«

»Radio hören. Lesen. Denken. Reden. Warten. Hier ist es doch sehr schön. Ein schöner Ausblick.«

»Den genieße ich schon seit drei Stunden«, sagt Minnie resigniert. »Na, gut.«

»Aber ich hab Hunger«, sagt Meg. »Kann ich ein Eis am Stiel haben?«

»Du Blödmann», sagt Minnie zu ihrer Schwester. »Du blödes Babychen.«

Außer leeren Straßen, Hügeln, Nebel ist nichts zu sehen. Minette kann nicht Auto fahren. Edgar meint, als Autofahrerin wäre sie eine Gefahr für sich und andere. Wenn ein Dorf in der Nähe wäre, würde sie mit den Kindern hinlaufen und Tee trinken, aber weit und breit ist nichts. Sie und Minnie studieren die Karte und entdecken diese traurige Tatsache. Glücklicherweise entdeckt Meg einen Ameisenhaufen. Minnie und Minette spielen »Ich sehe was, was du nicht siehst«. Quietschvergnügt und beschäftigt steht Minette in voller Lebensgröße zwischen ihren Kindern und der Verzweiflung.

Fünf Uhr. Edgar erscheint, taucht leuchtend aus dem Nebel auf, aus einer unerwarteten Richtung, lächelt zufrieden.

»Wunderbar«, sagt er. »Warum um alles in der Welt bist du zurückgegangen, Minette?«

»Mum hatte Angst vor den Kühen«, sagt Meg.

»Deine Mutter hat vor allem Angst«, sagt Edgar. »Ich fürchte, sie steht mit der Natur nicht auf gutem Fuß.«

Sie packen sich wieder ins Auto, und los geht's. Edgar fängt an zu singen. »Ein Hund kam in die Küche.« Alle fallen ein. Eine glückliche Familie. Eine Tasse Tee, denkt Minette. Wie gern hätte ich jetzt eine Tasse unanständigen Tee, einen Teller dickmachender Brote, noch einen mit lächerlichen Zuckergußtörtchen in einer der gemütlichen Teestuben mit Balken, von denen es in den Dörfern in Kent so viele gibt. Wie lange hat Minette schon keinen Tee mehr getrunken? Wie viele Jahre?

Edgar mag keinen Tee – hält es für falsch, zwischen den Mahlzeiten zu essen. Tee ist eine Droge, sagt er: er ist der Untergang der Engländer: es ist eine lachhafte Substanz, ein falsches Aufputschmittel, hat absolut keinen Nährwert, die Gerbsäure setzt sich an den Magenwänden fest. Tee! Minette, willst du eine Tasse Tee? Natürlich nicht. Edgar hat recht. Minettes Mutter ist an Magenkrebs gestorben, nach einer Million tröstlicher Tassen. Vielleicht haben sie Tee getrunken, anstatt miteinander zu schlafen? Das

Singen hört auf. Hinten im Auto bleibt Minette stumm; weint bald darauf stumm, als Meg erschöpft eingeschlafen ist. Die letzte Nacht war nicht ungestört.

Die Zukunft? Wie die Vergangenheit, wie die Gegenwart. Kleine Mädchen, die ihre Väter verlieren, weinen ihr ganzes Leben lang. Gemein, Edgar für ihre Tränen die Schuld zu geben: kein Zweifel, für sie ist immer Edgar der Grund dafür. Das sagt er oft genug. Meg und Minnie sollen ihren Vater nicht verlieren, dazu ist sie fest entschlossen. Minette weint jetzt und für immer, damit Minnie und Meg lachend aufwachsen – obwohl ihr Lachen, wenn sie zurückblicken werden, ganz bestimmt einen Beiklang von Mitleid, bestenfalls, und von Hohn, schlimmstenfalls, haben wird. Für eine Mutter, die so lebte wie ihre. Minnie und Meg, es bleibt ihnen erspart, verstehen zu müssen.

Ich gehöre zu der verlorenen Generation, denkt Minette, eine unter Millionen. Ich komme zwischendurch, tilge das Elend der Vergangenheit, um die Zukunft nicht zu verderben. Tot ginge es mir besser, aber da ich gezwungenermaßen lebe, kann ich mich genausogut nützlich machen. Sie singt leise für die schlafende Meg, plaudert munter mit Minnie.

Edgar, Minette, Minnie und Meg. Alles bleibt beim alten.

Als Meg an dem Abend im Bett ist und Minnie das Monopolyspiel aufgebaut hat, setzt sich Edgar instinktiv in den Stuhl mit der hohen Lehne, und Minette spielt Monopoly, glückliche Familie, mit dem Mann ohne Augen.

Krankhafter Haarausfall

Es ist 1972. »Papperlapapp«, sagt Maureen. Alle anderen sagen »Scheiße« oder »Fuck«, aber Maureens Outfit besteht derzeit aus viktorianisch gemustertem Musselin und verlangt ein entsprechendes Vokabular. »Papperlapapp. Wenn Erica sagt, die kahlen Stellen sind wegen Derek, lügt sie. Es ist krankhafter Haarausfall.«

»Ich frage mich, was schlimmer ist«, murmelt Ruthie mit ihrer sanften Stimme, »einen Mann zu haben, der einem nachts die Haare ausreißt, oder krankhaften Haarausfall.«

Ruthie trägt ein schwarzes Satinkleid mit Fransen, das genau ein halbes Jahrhundert alt ist und durch das sich, leider! Ruthies Rippen deutlicher abzeichnen als ihre Brüste. Ruthies kleine Tochter Poppy (mit vier zu alt für den Kindergarten und zu jung für die Schule) trägt ein langes weißes (hm, gelbliches) Baumwolldamenunterkleid, das einen hübschen Kontrast zu dem dunklen Schwarz ihrer Mutter bildet.

»Der Gatte kann sich mit einem bißchen Mühe wenigstens bessern«, sagt Alison, »krankhafter Haarausfall nicht. Eines Morgens wacht man mit einer einzelnen kahlen Stelle auf und einen Monat später, siehe da, ist man völlig kahl. Dagegen kann man nichts machen.«

Alison, füllige Mutter dreier Kinder, ist vernünftig genug, ein geblümtes Laura-Ashley-Kleid zu tragen, das ihre Rundungen verbirgt.

»Vielleicht ganz interessant«, bemerkt Maureen, »sich der Sache über den Glatzkopf zu nähern. Man müßte die Vergangenheit hinter sich lassen und sich auch modisch voll ins Raumzeitalter stürzen, damit wäre man aber nicht im Einklang mit dem Zeitgeist.«

»Du bist der Zeitgeist, Maureen«, murmelt Ruthie erwartungsgemäß. Alle sind sich einig, daß Ruthies simple Lobhudelei für Maureen zwar nett, aber auch peinlich ist.

Andererseits sind auch alle einhellig der Meinung, daß Erica Bisham mit den kahlen Stellen eine damenhafte, aber blöde Kuh ist.

Maureen, Ruthie und Alison arbeiten in Maureens Etablissement nicht weit von der Kings Road. Hier trifft Maureen, wie sie es dem Glamour ihrer Position als Begründerin von Mauromania schuldig ist, die Medien, verkündet ihre Ansichten, beantwortet Telefonanrufe, diktiert Sekretären (!), wählt Stoffe aus und stellt sie zusammen, begutachtet Entwürfe und trifft, ganz allgemein, die vielfältigsten Entscheidungen – wenn auch womöglich nicht mehr so vielfältig, wie sie es in den mittleren und späten Sechzigern gewöhnt war, als die Welt jung und reich und wild war.

Maureen ist vierzig, man würde sie aber nie dafür halten. Sie trägt einen großen Hut am Tage (und auch in der Nacht, stellt man sich vor), der ihr nervöses Gesicht in Dunkel hüllt und ihren immer noch hübschen Teint bewahrt. Maureen führt ein reiches Leben. Einst ließ sie ihr Schamhaar grün färben, damit es zu ihren Fingernägeln paßte – das jedenfalls tat ihr Gatte Kim einer erwartungsvollen (ja, das waren noch Zeiten) Welt kund: kurz danach ließ sie sich von ihm scheiden, sie hatte im fünften Monat das Kind von ihm verloren. Gerüchte wollten wissen, daß der Kopf des Fötus grün herauskam, und ihr Hausarzt vom Staatlichen Gesundheitsdienst weigerte sich, sie weiterhin zu behandeln, und sie mußte doch Privatpatientin werden – sie mit ihren marxistischen Anschauungen.

Das war 1968. Wenn der Staat ins Schleudern gerät, laß ihn schleudern. Je eher, desto besser. Steigt aus, alle! Mauromania *magnifique*! Und auf und davon geht Maureens Gatte Kim mit dem Au-pair-Mädchen – einem Mädchen mit gebärfreudigem

Becken und großem Busen, mit normal lockig-krausem Schamhaar, wenn auch mit einem Stich ins Rötliche.

Trotzdem war es eine gute Ehe gewesen, wie Ehen so laufen. Und wie sie laufen, so hören sie auch wieder auf. So drückte Maureen sich jedenfalls auf dem Weg vom Familiengericht nach Hause (sechs Schlafzimmer, sechs Bäder, vier Salons, amerikanische Küche, Patio, Südkensington) gegenüber der Presse aus. Als sie ihr Publikum ein gutes Stück hinter sich gelassen hatte, weinte Maureen im Taxi ein bißchen, teils wegen des Schocks und des Kummers, hauptsächlich aber vor Verwirrung, daß ihr geliebter Kim – Kim, der die Kleinfamilie so verachtete, der so oft gesagt hatte, er und sie sollten sich scheiden lassen, um eine wirklich offene Zweierbeziehung zu führen –, daß Maureens Kim es mit der Scheidung von Maureen so eilig hatte, weil er Maureens Au-Pair-Mädchen heiraten wollte, bevor das Baby kam. Kim und Maureen waren fünfzehn Jahre verheiratet gewesen. Kim war Kevin aus Liverpool gewesen, bevor er das Licht oder jedenfalls den Guru erblickte. Maureen war immer einfach nur Maureen aus Hoxton gewesen. Ostlondon: das war sie während der Entstehung, des Aufstiegs und des Triumphs von Mauromania geblieben. Das machte ihren Charme aus. Das Mädchen von nebenan, das es geschafft hat.

Maureen hat Lebenserfahrung: Nachdem sie auch mit einem Psychiater verheiratet war, der sich mit ihrem ganzen Geld und dem gemeinsamen Haus aus dem Staub gemacht hat, weiß sie mittlerweile, daß es klug ist, darauf zu achten, was die Leute tun, und nicht darauf zu hören, was sie sagen. Hm, das will gelernt sein. Ruthie und Alison, ihre (nominellen) Partnerinnen von Anfang an und beide ungefähr zehn Jahre jünger, hören bescheiden und respektvoll auf Maureen.

»Eins kann ich euch sagen«, sagt Maureen jetzt, als sie purpurfarbene Federn äußerst wirkungsvoll mit smaragdgrünem Satin zusammenstellt, »wenn ich Derek wäre, würde ich Erica garantiert zu Tode prügeln. Stellt euch vor, ihr müßtet euch diese weinerliche Stimme Nacht für Nacht anhören. Das einzig Blöde ist, daß er zu vornehm geworden ist. Er wird nie den Mut dazu aufbringen. Er verleugnet seine Herkunft und so weiter. Das bringt nichts.«

Maureen kennt Derek seit den alten Zeiten in Hoxton. Sie waren zusammen evakuiert worden und nachdem sie aus der Starvation Hall in Felixstowe zurückgekommen waren – einer Public School für Jungen, die man für die Kinder der besseren Kreise für nicht sicher genug hielt, sehr wohl aber für die Kinder aus dem East End –, gingen sie immer in denselben Bunker.

»Das sind eh nur Ericas Phantasien«, sagt Ruthie, bestens informiert. »Irgendwelche schrecklichen sexuellen Phantasien. Sie *will*, daß er sie verprügelt, deshalb trottet sie durch London und sagt, er tut es. Der arme Derek. Das kommt davon, wenn man im alten Stil in die englische Oberschicht heiratet. Sie muß bald fünfzig sein. Sie hat so ein Gesicht, das immer zerschlagen aussieht.«

Ihre Stimme verläppert sich. Eine kleine Gesprächspause entsteht.

»Hm«, sagt Alison.

»Das ist der Alk«, sagt Maureen entschieden. »Der arme blöde Derek. Was hat er da für eine Nervensäge geheiratet.« Derek war Maureens Sandkastenliebe. Was für eine romantische, platonische Idylle! Ein-, zwei-, dreimal hätte sie ihn fast geheiratet. Das erste Mal vor ganz, ganz langer Zeit, vor Kim, vor überhaupt jemandem, als Derek auf dem Hoxtoner Markt aus einer Schubkarre Bücher verkaufte. Dann wieder nach Kim und vor dem Professor, Derek machte mittlerweile teure Fotos der Schicki-Mikkis und Erfolgreichen – da tauchte aber Erica in Dereks Bett auf, langbeinig, arrogant, wunderschön, mit dem klaren und organisierten Gesicht eines Models und der sanften Stimme eines Mädchens, das seine Schuluniform bei Harrods gekauft hat, und das war's dann. Nicht, daß Derek Maureen tatsächlich einmal gebeten hat, ihn zu heiraten; nicht, daß sie je zusammen im Bett gewesen waren: sie kannten einander und die jeweiligen Bettgefährten des anderen einfach nur so gut, daß der eine wußte, was der andere dachte, fühlte, hoffte. Beide aus Hoxton. Ostlondon: Derek, Maureen, und ganze Heerscharen andere. Was war an diesem spezifischen Stück East End dran, könnte man sich fragen, daß es während einer Periode weniger Jahre eine solche Anzahl außergewöhnlicher Kinder hervorbrachte, solch einen Ausbruch menschlicher Kreativität im Schreiben, Malen, Design, in der leichten Muse? Sollte es die Welt verändern? Fast konnte man auf die Idee kommen, Gott habe es für ein Experiment ›Intensives Talentezüchten‹ auserwählt. Mauromania, von Gott gesandt.

Und dann gab es ein drittes Mal in den späten Sechzigern, als sich Derek und Erica für kurze Zeit trennten – gegen Dereks Wunsch hatte sich Erica die Gebärmutter entfernen lassen; aber während dieser zwei Wochen, in denen alles drin gewesen wäre – ihr Geschäft blühte, ihre Muster waren weltberühmt, Mauromania war ein Markenzeichen, mit dem sich selbst modische junge Königinnen (na ja, dem Königshaus angehörige Damen) hervortaten, sie war unermeßlich reich –, ausgerechnet in diesen beiden besonderen Wochen verliebte sich Maureen ganz klassisch Hals über Kopf in Pedro; nein, kein Fischer, aber auch nicht übel – Italiener, jung, mit offenem Hemd, glutäugig, Designer. Später sickerte allmählich durch, daß Pedro Maureen als Mittel benutzte, alle Models, weiblich und männlich, umzulegen (Maureen war auch ins Herrenbekleidungsgeschäft eingestiegen). Sie erfuhr es natürlich als letzte, und als sie es erfuhr, war Derek schon wieder in Ericas Armen (oder sonstwo). Eine jämmerliche Episode. Maureen verbrachte sechs Monate in einem Kurhotel bei einer Trauben- und Braunen-Reis-Diät. Nach dieser Zeit war Mauromania pleite, der Geschäftsführer aus einem Fenster im zehnten Stock gesprungen, und die erboste Mutter einer Angestellten hatte gegen Maureen persönlich Strafanzeige erstattet, weil sie ein Bordell unterhalte. Es war alles ziemlich irrational. Wenn die Angestellte – eine exzellente Näherin, ein Mädchen, das von zu Hause weggelaufen war und aussah wie zwanzig, aber erst dreizehn war, wie sich dann herausstellte – sich den Tripper zugezogen hatte, während sie in ihren Diensten stand, war das ihre Schuld? Vernünftigerweise entschied der Richter, daß es nicht ihre Schuld war und daß der völlige Zusammenbruch britischer Wohlanständigkeit mitnichten Maureen in die Schuhe geschoben werden konnte. Die Gerichtskosten beliefen sich auf mehr als 12 000 Pfund: das Haus auf dem Lande und die Stallungen mußten zu einem Spottpreis verkauft werden. Es war ein katastrophales Jahr.

Und wer war in dieser Zeit da und hielt Maureens Hand? Keiner. Alle, so schien es, hatten genug eigene Probleme. Und die ganze Zeit blutete Maureens armes Herz für Pedro mit dem lächerlichen Namen und den Glutaugen, der sich längst verabschiedet hatte, lachend, die Streptokokken wogten in seinem Schlepptau. Und von all den alten Freunden und Verbündeten blieben nur Ruthie und Alison hängen, zwei vertraute Gesichter in einem Meer sich ständig ändernder Menschen, die mit jedem Tag jünger wurden und Jahr für Jahr hungriger, nicht nach Spaß, Mode und Aufregung, sondern nach Geld, Aufstieg, Sicherheit und Anerkennung.

Einmal streikte die Belegschaft sogar, vor der Werkstatt gingen sie mit Plakaten auf und ab, die die Arbeitszeiten und die Löhne bekanntgaben, und wurden von Maoisten, Frauenbewegten und Gewerkschaftlern unterstützt, die alle um ihre phrasendreschende Ergebenheit buhlten, eine winzige Nachricht zu einem kollosalen Medienwitz aufblähten und sich nicht einmal bemühten, Maureens Seite der Geschichte zu hören – Absentismus, Drogenabhängigkeit, handwerkliche Pfuscharbeit, stockender Absatz, geringere Gewinne.

Aber Ruthie brachte überraschend Poppy zur Welt, in der schwarzgoldenen Damentoilette (nur für Kunden – es war auch gut, daß es nicht die Angestelltentoilette war, wo der Gips bröckelte und die alten Wasserbehälter an der Wand einem auf den Kopf fielen, wenn man an der Kette zog), und das munterte alle auf. Die Geschäfte blühten wieder, die Angestellten beruhigten sich in dem Maße, wie die Arbeitslosigkeit anstieg. Poppy, aus Mauromania geboren, war der Liebling aller, aller Maskottchen. Ihr Vater, erst siebzehn, saß gerade zwei Jahre ab, die Polizei hatte ihn wegen Haschischhandel drangekriegt. Allzuschlecht ging es ihm dabei nicht – er machte Abitur und kriegte die Zulassung zur Universität, was er draußen nicht geschafft hätte, aber es bedeutete, daß die arme, kleine Poppy ohne die Fürsorge eines Vaters auskommen und Ruthie allein fertigwerden mußte. Ruthie, die mit den Rippen.

Alison hatte unterdessen halbwegs entschuldigend Hugo geheiratet, einen eher bürgerlichen, soliden Schauspieler, der an die Rechte der Frauen glaubte, sie kriegten drei Kinder und wohnten in einem gemütlichen Haus mit Garten in Muswell Hill: Alison war sogar in der Elternvertretung! Hugo war häufig arbeitslos, aber Hugo und Alison schafften gemeinsam, daß es lief und sogar gut lief. Jetzt meint Hugo, Alison solle um eine Gehaltserhöhung bitten, aber Alison möchte nicht. Das ist das Dumme, wenn man für eine Freundin arbeitet und nur auf dem Papier Partnerin ist.

»Wir wollen nicht mehr über Erica Bisham reden«, sagt Maureen. »Es ist doch immer wieder nur das gleiche.« Also tun sie es auch nicht.

Aber ein paar Wochen später um Mitternacht, als Maureen, Ruthie und Alison Überstunden machen, um einen Auftrag rechtzeitig fertigzukriegen – was damals häufig vorkam (und für Hugo, Alisons Ehemann, höchst enervierend war) –, klopft es an die Tür. Erica, natürlich. Wer sonst würde so unterwürfig an die Tür klopfen? Andere schreien »Hallo« oder »Frieden!« und kommen rein. Erica lächelt nervös und falsch; ihr gelbes Haar absonderlich bis zum Geht-nicht-mehr; an manchen Stellen buschig, an anderen spärlich. Kann sie denn keine Perücke tragen? Sie trägt ein biederes Nachthemd von Marks & Spencer, das zu tragen nicht einmal Ruthie einfallen würde, weder im Haus noch außerhalb des Hauses. Hinten ist es voller Blutflecken. (Die Menstruation ist noch nicht so in Mode gekommen, daß man sie so demonstrativ zeigen kann, obwohl man des langen und breiten darüber reden kann.) Ein starker Geruch strömt von ihr aus. Nach was? Alkohol oder Nagellack? Sie trinkt also wieder. (Während einer langen Phase der Arbeitslosigkeit steuerte Hugo, Alisons Mann, auf Alkoholismus zu, drehte aber glücklicherweise auch wieder ab, und der Geruch nach Nagellack, Aceton, war ein Warnzeichen für eine nervöse, überarbeitete Leber, die unfähig war, mit dem Azetaldehyd, dem hochgiftigen Produkt der Verarbeitung von Alkohol, fertigzuwerden.)

»Kann ich mich setzen?« fragt Erica. »Er hat mich ausgeschlossen. Spreche ich komisch? Ich glaube, ich habe einen Zahn verloren. Unter den Rippen tut mir alles weh, und mir ist schlecht.« Sie starren sie an – diese betrunkene, zerzauste, lästige Frau.

»Er«, sagt Maureen schließlich. »Wer ist er?«

»Derek.«

»Du wirst Ärger kriegen, Erica«, sagt Ruthie, etwas freundlicher als Maureen, »wenn du rumläufst und schlimme Sachen über den armen Derek erzählst.«

»Ich wäre nicht hierhergekommen, wenn ich woanders hätte hingehen können«, sagt Erica.

»Du mußt doch Freunde haben«, bemerkt Maureen, als ob sie sagen wollte, zähl uns nicht dazu, wenn du welche hast.

»Nein.« Erica klingt verzweifelt. »Er hat seine Freunde bei der Arbeit. Ich habe anscheinend keine.«

»Ich frage mich, warum«, sagt Maureen kaum hörbar; und dann: »Ich lasse dir ein Taxi kommen, Erica. In diesem Zustand solltest du nicht draußen rumlaufen.«

»Ich bin nicht betrunken, wenn du das meinst.«

»Wer ist das schon jemals?« seufzt Ruthie und näht gnadenlos weiter. Bis ein Uhr noch vier Blusen. Dann, Gott sei Dank, ins Bett.

Klein-Poppy ist auf einem Haufen orangefarbener Straußenfedern eingeschlafen. Sie sieht phantastisch aus.

»Wenn Derek dich verprügelt«, sagt Alison, die manch Samstagabend gesehen hat, wie ihr Vater ihre Mutter verprügelte, »warum gehst du dann nicht zur Polizei?«

»Das hab ich einmal gemacht, und sie haben mir gesagt, ich soll nach Hause gehen und mich anständig benehmen.«

»Oder verläßt ihn?« Alisons Mutter hat Alisons Vater verlassen.

»Wo könnte ich hingehen? Wovon könnte ich leben? Das

Kind? Ich fühl mich nicht gut.« Erica schwankt. Alison stellt einen Stuhl unter sie. Erica sitzt mit gespreizten Beinen da, den Kopf gebeugt. Ein Paar Tropfen Blut fallen auf den Boden. Aus Ericas Mund oder woher sonst? Maureen sieht es nicht, kümmert sich nicht darum. Maureen ist am Telefon und ruft Funktaxis an, ohne Erfolg.

»Ich versuche, ihn nicht zu provozieren, aber ich weiß nie, worüber er sich als nächstes aufregt«, murmelt Erica. »Heute abend war es Tampax. Er hat gesagt, nur Huren benutzten Tampax. Er hat es rausgerissen und mich getreten. Seht.«

Erica zieht ihr Nachthemd hoch (Erica hat keine Unterhosen an) und entblößt ihre intimen Körperteile auf höchst schändliche, schamlose Weise. Ihre Oberschenkel sind innen blau und fleckig, aber, lieber Gott, sie ist schließlich bald fünfzig.

Wie sieht man, oberschenkelmäßig, mit beinahe fünfzig aus? Maureen wird es am ehesten wissen, und sie sagt nichts. Und Ruthie – sie hofft, daß sie nie so alt wird. Fünfzig!

»Die Frau ist verrückt«, brummelt Maureen. »Vielleicht hole ich besser den Irrenarzt als ein Taxi?«

»Gott sei Dank schläft Poppy.« Die arme Ruthie ist in einem schockartigen Zustand.

»Du kannst mit mir kommen, Erica«, sagt Alison. »Gott weiß, was Hugo sagen wird. Er haßt Ehekräche. Er sagt, wenn du dich einmischst, fangen beide an, auf dich einzudreschen.«

Erica versucht ein freudloses Lachen. Hinter ihr tritt mysteriöserweise ein Kind hervor. Sie ist acht, untersetzt, unscheinbar und blaß, hat einen spießigen Schlafanzug an.

»Mama?«

Ericas Kopf fährt hoch; das Blut auf Ericas Lippen wird von Ericas Handrücken weggewischt. Ericas Rücken strafft sich. Erica lächelt. Ericas Stimme ist völlig normal, damenhaft.

»Hallo, Liebling. Wie kommst du hierher?«

»Ich bin hinter dir hergegangen. Papa war zu wütend.«

»Er wird schnell wieder lieb sein, Libby«, sagt Erica munter. »Das ist immer so.«

»Wir gehen doch nicht nach Hause? Laß uns bitte nicht nach Hause gehen. Ich will Papa nicht sehen.«

»Widerliche Ziege«, sagt Maureen leise, »sie hat sogar sein eigenes Kind gegen ihn aufgehetzt. Der arme, blöde Derek. Sie hat doch überhaupt nichts. Man muß sie sich doch jetzt nur anschauen.«

Denn Erica ist aufgestanden, streicht Libbys Haar glatt, murmelt etwas, lacht.

»Arme, blöde Erica«, bemerkt Alison. Zum erstenmal widerspricht sie Maureen und zweifelt dann auch noch an deren Klugheit. Und nachdem sie sich so würdevoll erhoben hat, wie ihre plumpe Figur und die Baumwollvolants es erlauben, nimmt sie Erica und Libby mit nach Hause und bringt sie für die Nacht im Gästezimmer des gemütlichen Hauses in Muswell Hill unter. Hugo ist nicht allzu erfreut. »Deine schicken kaputten Freunde«, sagt er. Und: »So eine Frau würde sogar ich jederzeit zu Tode prügeln.« Und: »Das arme Kind da reinzuzerren: das schreit zum Himmel.« Er ist aber nett zu Libby und ruft Derek an, um ihm zu sagen, daß sie gesund und munter ist, und paßt auf sie auf, während Alison Erica zum Arzt bringt. Der Arzt schickt Erica ins Krankenhaus, und das Krankenhaus nimmt sie zur Untersuchung und weiteren Behandlung auf.

»Wozu die Mühe?« erkundigt sich Hugo. »Das weiß doch jeder, daß sie verrückt ist.«

Abends kommt Derek in seinem Ferrari den ganzen weiten Weg nach Muswell Hill, um Libby abzuholen. Er ist ein attraktiver Mann: klug und verständnisvoll, väterlich und sanft. Genau richtig, geht es Alison durch den Kopf, für Maureen.

»Das tut mir alles sehr leid«, sagt er. »Ich liebe meine Frau aufrichtig, aber sie hat ihre Probleme. In ihrem Charakter gibt es eine dunkle Seite – ihr könnt euch das nicht vorstellen. Eine tiefe innere Gewalttätigkeit – die sich natürlich in dieser Art von Verhalten manifestiert. Sie ist zutiefst psychophren. Ich mache mir solche Sorgen um das Kind.«

»Die Klinik hat sie aufgenommen«, sagt Alison leise. »Und

zwar nicht in die psychiatrische Abteilung, sondern in die Chirurgie.«

»Dann ist es bestimmt wieder ihre Narbe von der Gebärmutterentfernung«, sagt Derek. »Die kleinste Balgerei – sie flippt ganz schön aus, und ich muß sie um ihrer eigenen Sicherheit willen zurückhalten –, und die Narbe geht auf. Das ist symptomatisch für ihre innere Kaputtheit, fürchte ich. Sie sagt sogar selber, daß die Narbe aufgeht, damit ihre aufgestaute Bosheit raus kann. Was ich nicht zulassen kann, ist die Art und Weise, wie sie die arme kleine Libby da mit reinzieht. Sie hetzt das Kind gegen mich auf. Gott weiß, was ich tun werde. Na ja, wenigstens kann ich mich in meiner Arbeit vergraben. Du bist Schauspieler, Hugo, hab ich gehört.«

Hugo bietet Derek was zu trinken an, und Derek bietet (na ja, mehr oder weniger) Hugo eine Rolle in einem neuen Rock-Musical im West End an. Alison besucht Erica im Krankenhaus.

»Erica hat was an der Leber, aber das ist heilbar: ein paar Monate Übelkeit, mehr nicht. Sie hat einen Backenzahn verloren, und sie wurde an der Vagina genäht«, sagt Alison am nächsten Tag zu Maureen und Ruthie. Der Auftrag mit den Blusen wurde nie fertig – mit weiteren Aufträgen sieht's schlecht aus. Aber wenn die Angestellten nicht mehr so loyal sind und unbezahlte Überstunden machen, was kann man da anderes erwarten? Die Partnerinnen (nominell) können nicht alles machen.

»Wer hat das gesagt?« erkundigt sich Maureen skeptisch. »Die Klinik oder Erica?«

»Na ja«, ist Alison gezwungen zuzugeben, »Erica.«

»Du bist so naiv, Alison.« Maureen klingt ganz schön wütend. »Erica macht ihr kaputtes Maul auf, und schon hat sie gelogen. Die Narbe von der Gebärmutterentfernung hat sich nur wieder geöffnet, das ist alles. Kein Wunder. Sie ist nymphomanisch: tagein, tagaus läßt sie Derek nicht in Ruhe. Sie hat eine Hurenseele. Der arme Mann. Er ist schon ganz durcheinander von allem. Wer wäre das nicht?«

Derek lädt Maureen zum Mittagessen ein. Abends will Alison

Erica im Krankenhaus besuchen, aber Erica ist weg. Die Schwester sagt, oh ja, ihr Mann hat sie abgeholt. Sie hatten sie nicht so zeitig entlassen wollen, aber Mr. Bisham machte so einen vernünftigen, liebevollen Eindruck, daß sie meinten, er könne sich ebensogut um seine Frau kümmern, und zu Hause ist es doch immer am schönsten, nicht wahr? War es *der* Derek Bisham? Ja, das hatte sie sich schon gedacht. Die arme Mrs. Bisham – in was für einer schrecklichen Welt leben wir, wenn eine anständig verheiratete Frau nicht einmal über die Straße gehen kann, ohne daß sie von Fremden brutal angegriffen und sexuell belästigt wird.

Es ist 1974.

Winter. Ein kalter Wind weht, ein noch eisigerer wird kommen. Eine wahnsinnige Regierung zwingt dem Land eine Dreitagewoche auf. Streiks, Energieknappheit, Stromausfälle. Maureen, Ruthie und Alison arbeiten bei Kerzenlicht. Alle drei tragen Kunstpelze – alte Bestände, unverkäuflich. Poppy ist bei Ruthies Mutter, da ist sie jetzt meistens. Sie hat angefangen zu schielen, und der Arzt meint, sie muß mindestens achtzehn Monate lang eine Brille mit einem verklebten Glas tragen. Ehrlich gesagt, Ruthie kann es nicht ertragen, ihre Tochter so zu sehen. Ruthies Mutter, eine prosaische Natur, eine Frau, die ihre Kleider bei C&A »Übergröße« kauft, scheint sich nichts daraus zu machen.

»Wenn der Ölpreis steigt«, sagt Maureen verdrossen, »was passiert dann mit den Preisen für synthetische Stoffe? Und überhaupt, was passiert dann mit Mauromania?«

»Wird einen Aufschwung erleben«, sagt Alison, »die Reichen bleiben uns treu.«

Maureen sagt nichts. Neuerdings hat Maureen oft schlechte Laune. Sie hat schmerzhafte Probleme mit ihren Zähnen und kommt damit anscheinend schlechter zurecht als mit den Problemen mit den Angestellten (überbezahlt), Materialien (nicht zu kriegen), Lieferterminen (unmöglich), Absatzmöglichkeiten (ungewiß), Kosten (explodieren), Profiten (fallen), Investitionen (nichtexistent). Und der Schnee hat das Penthausdach ruiniert, und etliche Tausender müssen aufgewendet werden, um es neu zu decken. Ihre Freunde kommen und gehen: sie scheinen jünger zu werden und gefühlloser. Zuweilen hat Maureen das Gefühl, sie behandeln sie als Witzfigur. Sie fragen sie nach den Sechzigern, als sei es ein anderes Zeitalter: nach Mauromania, als sei es ein Fossil aus vergangenen Zeiten – aber es ist doch sicher immer noch ein Label, das etwas zählt, Devisen einbringt und ihr eigentlich eine gewisse Anerkennung verschaffen sollte. Die Beatles haben den Orden des Britischen Empire gekriegt; warum Maureen von Mauromania nicht? Wegwerfklamotten für Wegwerfleute?

»Ruthie«, sagt Maureen. »Du wirst nachlässig. Du hast die Taschen verkehrt herum aufgesetzt, und es ist das Musterstück. Das hält die ganze Chose auf. Ach, zum Teufel. Was soll's.«

»Hörst du noch was von Erica Bisham?« fragt Ruthie Alison, mehr, um Maureen zu ärgern, als daß sie es wirklich wissen will. »Wandert sie immer noch mitten in der Nacht durch die Gegend?«

»Hugo arbeitet neuerdings viel für Derek«, sagt Alison bedachtsam. »Von Erica spricht er aber nie.«

»Der arme Derek. Was für ein Schicksal. Eine Frau mit krankhaftem Haarausfall. Wahrscheinlich hat sie mittlerweile eine totale Platte. Erstklassige Rache, möchte ich mal behaupten.«

»Mit krankhaftem Haarausfall hatte es nicht das geringste zu tun«, sagt Alison. »Derek hat ihr einfach nur jede Nacht büschelweise Haare ausgerissen.« Alisons eigene Ehe läuft nicht sonderlich gut. Hugo hat die Hauptrolle in einem von Dereks endlos laufenden Stücken im West End bekommen. Das Showbusiness verzehrt seine Gedanken und seinen Ehrgeiz. Die jugendlich-naive Hauptdarstellerin ist in Hugo verliebt und sagt das auch in Quizsendungen und in den Sonntagsbeilagen der Zeitungen. Sie ist minderjährig. Alison fühlt sich alt, gelangweilt und langweilig.

»Heutzutage glaube ich alles«, sagt Ruthie. »Sie muß ihn grauenhaft provozieren.«

»Ich weiß nicht, was du gegen Derek hast, Alison«, sagt Maureen. »Vielleicht magst du einfach keine Männer. In dem Fall hast du in einem Modehaus nichts zu suchen. Ruthie, hier ist schon wieder eine Tasche verkehrt.«

»Mir ist schlecht«, sagt Ruthie. Ruthie ist wieder schwanger. Ruthies Gatte ist aus dem Gefängnis herausgekommen und exakt zwei Wochen bei ihr gewesen: dann nach Istanbul geflogen, um Marihuana zurück ins Land zu schmuggeln. Und erwischt worden. Jetzt schmachtet er in einem türkischen Gefängnis. »Was soll bloß aus uns werden?«

»Wir müssen ein Gefühl für Schwesterlichkeit entwickeln«, sagt Alison, »mehr nicht.«

Um drei Uhr morgens geht Alisons Türklingel. Es ist Wahlnacht, und Alison sieht sich die Ergebnisse im Fernsehen an. Hugo sieht sie sich (vermutlich) woanders an, mit der jugendlichen Naiven, die jetzt volljährig ist, was irgendwie das Vergnügen trübt. Es sind Erica und Libby. Ericas Nase ist gebrochen. Mit nunmehr zehn übernimmt Libby die Verantwortung. Beide sind in ihren Schlafklamotten. Alison bezahlt den Taxifahrer, der das Trinkgeld nicht annehmen will.

»Was für eine Welt«, sagt er.

»Ich wußte nicht, wo ich sonst hingehen sollte«, sagt Libby. »Wohin er ihr nicht folgen würde. Letztes Mal, als wir hier waren, habe ich mir die Adresse aufgeschrieben. Ich dachte, vielleicht könnte ich sie mal brauchen.«

Das ist das Ende von Alisons Ehe und das Ende von Alisons Job. Hugo, dessen zukünftige Karriere weitgehend von Dereks Wohlwollen abhängig ist, sagt, entweder hast du Erica im Haus oder mich. Alison sagt: »Ich will Erica im Haus haben.« »Du alte Lesbe«, sagt Hugo bitter. »Glaub bloß nicht, daß du die Kinder behältst, das wirst du nämlich nicht.«

Maureen sagt: »Das ist das erste und letzte Mal, daß Derek sie je geschlagen hat. Das hat er mir gesagt. Sie hat sich mit Absicht auf ihn geschmissen. Sie *wollte*, daß er ihr die Nase bricht; Alison, du Idiotin, kapierst du das nicht? Erica nörgelt ständig herum und provoziert. In aller Öffentlichkeit sagt sie schreckliche, beleidigende, verletzende Dinge zu ihm. Sie macht ihn mit Worten runter. Sie sagt, er ist impotent: ein künstlerischer Versager. Ich habe sie gehört. Alle haben sie gehört. Wenn er schließlich zuschlägt, ist sie entzückt. Ihr letzter Mann hat sie nach Strich und Faden verdroschen. Sie ist das geborene Opfer.«

Alison nahm Erica mit zu einem Armenanwalt, der – welche Überraschung – sehr effizient arbeitet und Beweise und Atteste von Ärzten und Kliniken aus ganz London sammelt, eine einstweilige Verfügung gegen Derek erwirkt, es schafft, Libby und Erica zurück ins eheliche Haus zu kriegen, und die Scheidungsformalitäten einleitet und durchführt und einen hübschen Unterhalt herausschlägt. Das dauert sechs Monate, nach deren Ablauf Ericas Gesicht den zerschlagenen Ausdruck gänzlich verloren hat.

Alison kommt am Morgen, nachdem die Einzelheiten der Unterhaltsverpflichtungen bekannt geworden sind, zur Arbeit und kriegt die Tür vor der Nase zugeschlagen. Mauromania. Die Buchstaben blättern ab. Die Tür muß gestrichen werden.

Hinter Alisons Rücken verkauft Hugo das Haus. Da wohnen Alison und die Kinder aber schon in einer Zwei-Zimmer-Wohnung mit Küche.

Schlechte Zeiten.

»Du bist ein sehr destruktiver Mensch«, sagt Maureen Alison in dem Brief, der ihr Arbeitsverhältnis offiziell beendet. »Derek hat dir nie etwas getan, und du hast sein Leben ruiniert, du hast dich in wirklich bösartiger Weise in seine Ehe eingemischt. Du hast Dereks Frau dazu ermutigt, eine durchaus gute Ehe zu beenden, und du hast sein Kind gegen ihn aufgehetzt, und damit nicht genug, du hast Derek auch noch finanziell erledigt. Erica wäre nie so rachsüchtig gewesen, wenn du sie nicht angestachelt hättest. Du hast sie vor Gericht gejagt, und wenn die Dinge einmal in den Händen von Rechtsanwälten sind, eskalieren sie, das weiß ich am besten. Gesetze haben mit natürlicher Gerechtigkeit überhaupt nichts zu tun, du Idiotin, Alison. Hugo macht sich große Sorgen um dich und meint, du solltest dich in psychiatrische Behandlung begeben. Und was mich betrifft, mir geht es total schlecht. Ich habe Freundschaft und Loyalität von dir erwartet, Alison; ich habe dich ausgebildet und beschäftigt und bin mit dir durch dick und dünn gegangen. Ich kann sagen, daß deine Vorstellung von Mauromania als exklusivem Modehaus, die ich eine Zeitlang durchgezogen habe, absolut katastrophal war, und das ist symptomatisch für dein allgemein schlechtes Urteilsvermögen. Schließlich ist dies das Zeitalter aller Menschen, die sechziger Jahre, die siebziger, die achtziger, bis hinein in das neue Jahrhundert. Mit Derek zusammen werde ich die neue Welt Mauromania betreten.«

Und immer lockt Mauromania!

Etwa einen Monat später sind Maureen und Derek verheiratet. Es ist eine Wahnsinnshochzeit, zwar ein wenig beeinträchtigt durch Ruthies Tod – sie ist mit ihrem Baby bei dem Pariser Flugzeugabsturz ums Leben gekommen; sie war auf dem Heimflug von Istanbul, wo sie versucht hat, ihren jungen Ehemann aus dem Gefängnis zu kriegen. Sie hatte es nicht geschafft. Aber auch wenn sie Erfolg gehabt hätte, wäre sie ja gestorben, und er war zu jung, um zu sterben. Bei der Beerdigungsfeier trug Klein-Poppy einen anständigen Hosenanzug von C&A, den ihr ihre Oma gekauft hatte, und keine Brille, ihre beiden riesengroßen Augen funktionierten jetzt offensichtlich gut. Sie konnte sich an Alison, die neben ihr stand und leise weinte, nicht erinnern. Weiche Betten aus orangefarbenen Federn, weit weg, eine andere Welt.

Alison war zu der Hochzeit nicht eingeladen, die ja sowieso mit dem Massenbegräbnis der Absturzopfer zusammenfiel. War auch nicht weiter schlimm. Was hätte sie tragen sollen?

Es ist 1975.

Ein langer, heißer Sommer. Alison geht an Mauromania vorbei. Alison hat wieder geheiratet. Sie ist glücklich. Sie hat nicht gewußt, daß eine so normale Alltagsfreundlichkeit existieren und andauern kann. Alison trägt wie alle anderen auch Jeans und T-Shirt. Eine neue Alltäglichkeit, gesunder Menschenverstand, eine ernsthafte Fröhlichkeit durchdringen die Zeiten. Die Brüste der Frauen schwingen frei, libertär am Tage, erotisch bei Nacht, kostet niemanden was, höchstens ein bißchen Bescheidenheit. Profit ist nicht drin.

Mauromania ist verlassen, mit Brettern verschlagen. Draußen steht eine Schubkarre, vollgeladen mit alten Lagerbeständen zu Ausverkaufspreisen. Bunte Strumpfhosen, unechte Pelze, Federn, total verrückte Kleider. Im Vorbeigehen wühlen Leute in dem Zeug herum, kaufen gelegentlich was, schauen es sich aber in der Hauptsache nur an und kichern und erinnern sich und werden ein bißchen traurig.

Als Alison hinguckt, kommt Maureen die Stufen herunter. Maureen ist mit einem ziemlich häßlichen hellgelben Seidenhemd angetan. Maureens Haar sieht komisch aus, an manchen Stellen buschig, an anderen spärlich. Maureen trägt keinen Hut mehr. Maureen beugt sich über die Schubkarre, und Alison kann die kahlen Stellen auf ihrem Kopf sehen.

»Krankhafter Haarausfall«, sagt Alison laut. Maureen sieht auf. Maureens Gesicht sieht irgendwie zerrüttet und zerschlagen aus und alt, über ihre Jahre hinaus gealtert. Maureen starrt Alison an, erkennt sie, und ihr Gesicht nimmt einen halb entschuldigenden, halb flehenden Ausdruck an. Maureen will sprechen.

Aber Alison lächelt nur heiter und leicht und geht weiter.

»Zu allem Überfluß hat Maureen leider auch noch krankhaften Haarausfall«, sagt sie zu allen, die sich zufällig nach dieser traurigen, vergessenen Figur erkundigen, die einst alles hatte – außer vielleicht ein Gefühl für Schwesterlichkeit.

Angel, in aller Unschuld

Eine bestimmte Art Frauen, die mit einer bestimmten Art Männer verheiratet sind, erleben eine bestimmte Art Unglück, das zeitlos ist: es überlebt die Jahrhunderte, durchzieht die Generationen, überträgt sich endlos von Mutter zu Tochter, ernährt sich von den nassen Augen des ratlosen Mädchens, gewinnt frische Kraft von den trockenen Augen der alten Frau, die sie werden wird – wenn sie dann auf ihre Vergangenheit zurückschaut, besteht die Liebe in ihrer Erinnerung nur aus Tränen und dem Schmerz im Inneren, den man schweigend erdulden muß, sonst hört das Herz ganz auf zu schlagen.

Da wäre es schon besser, es bliebe jetzt sofort stehen.

Angel wacht in der Nacht auf und hört feste Schritte auf dem leeren Dachboden über sich und will Edward wecken. Dazu bewegt sie ihre Hand, hält dann aber inne aus Furcht, ihn zu verärgern. Es ist leichter, nachts den alptraumhaften Horror vor Geistern zu ertragen als den ganzen Tag lang Edwards zorniges Schweigen.

Die festen, kleinen Schritte rennen von einem Punkt über dem Doppelbett aus, in dem Angel und Edward liegen (sie wach, er schlafend), bis zu einem Punkt irgendwo über der Kommode neben der Tür, sie halten kurz an, rennen dann wieder zurück, tapptapp, klick-klack. Dann kommt wieder eine Pause und das Geräusch von Zerren und Schlurfen über den Boden; und dann geht alles wieder von vorn los, einmal, zweimal, Stille. Die richtige ungestörte Stille der Nacht.

Zu wirklich, zu deutlich für Geister. Das Universum kennt keine Wunder. Alles hat eine Erklärung. Regen vielleicht? Wohl kaum. Durch die heruntergelassenen Jalousien kann Angel den Mond scheinen sehen, und in Mondnächten regnet es nicht. Dann ist es vielleicht der Regen von ein paar Tagen vorher, der sich in einer verstopften Dachrinne gesammelt hat und nun endlich auf die Tapetenrollen und die Farbtöpfe auf dem Dachboden tropft, und wegen irgendeiner akustischen Besonderheit im Haus klingt es wie Schritte. Bestimmt! Angel und Edward wohnen noch nicht lange in dem Haus. Der Dachboden ist noch nicht gestrichen, und alter Verputz fällt von den verrottenden Wänden. Früher oder später wird Edward sich darum kümmern. Er ist stolz auf seine handwerklichen Fähigkeiten, und Angel, seit einem Jahr verheiratet, hat gelernt, zu warten und zu bewundern, ihre Ungeduld zu bezähmen. Edward ist Maler – Kunstmaler, kein Anstreicher – und noch nicht lange von der Kunstakademie weg, wo er viele Preise gewonnen hat. Angel ist das glückliche Mädchen, das er liebt und geheiratet hat. Angels Vater hat das entlegene Haus auf dem Lande bezahlt, wo sie jetzt in Einsamkeit leben und Edward seine Talente entfalten kann, ungestört von der Häßlichkeit der Stadt, und Angel ist die Muse an seiner Seite. Eigentlich hat Edward das Geschenk nur widerwillig angenommen und eher um Angels als um seiner selbst willen. Angels Vater schreibt Thriller und hat ihr in ihrer Kindheit eine große Summe vermacht, um Erbschaftssteuern und die vorhersehbare Schenkungssteuer zu umgehen. Diese Tatsache hatte Angel bis zur Hochzeit vor Edward geheim gehalten. Er hielt sie für ein ganz normales Mädchen aus Chelsea, das manchmal als Sekretärin, manchmal als Kellnerin, manchmal als Malermodell jobte.

Zwischen anderen Jobs hat Angel wirklich schon mal Arbeit als Aktmodell angenommen. So hat ja Edward überhaupt zum erstenmal ein Auge auf sie geworfen; Angel saß in aller Unschuld auf ihrem Podest, helles lockiges Haar glänzte unter starken Lampen, blaugeäderte Lider schlossen sich über großen Augen, die schweren Brüste waren aufwärts gerichtet, die stoppeligen, hellen Schamhaare aufreizend und schüchtern so zwischen verschränkten Oberschenkeln verborgen, daß Angel Krämpfe kriegte und die Pose für die Studenten verdorben wurde. Sagten sie jedenfalls.

»Wenn du schon Exhibitionistin werden willst«, beschwerte sich Edward später im Café, »dann sei wenigstens nicht schüchtern dabei.« Er nahm sie mit nach Hause auf seine Bude, dieser schöne, dunkeläugige, lächelnde junge Mann, und buhlte um sie mit einer sentimentalen Platte von Frank Sinatra, die noch vom Vormieter da war, halb im Spaß, halb im Ernst sang er Liebesworte in ihr Perlenohr, sein warmer Atem darin erregte ihre Phantasie, und das gelegentliche sanfte Knabbern seiner starken Zähne an ihrem Fleisch versprach unvorstellbare Lust und unvorstellbaren Schmerz. Angel wollte sich für ihn nicht ausziehen: er wurde zornig und schickte sie ohne Fahrgeld mit dem Taxi nach Hause. Dort angekommen, borgte sie es von ihrer Mitbewohnerin. Sie weinte die ganze Nacht, und als sie am nächsten Tag auf ihrem Podest saß, hatte sie so geschwollene Lider, daß sich ein, zwei Studenten veranlaßt sahen, an der Arbeit des Vortags korrigierend herumzukratzen. Aber als Geste der Unterwerfung öffnete sie ihre Schenkel leicht und fühlte, wie sich die Atmosphäre im Studio von eisigem Haß in warmes Lob verwandelte, und wußte, daß Edward ihr vergeben hatte. Obwohl sie sich den Massen darbot, hatte Edward ihr verziehen.

»Ich habe gar nichts dagegen, daß du eine Exhibitionistin bist«, sagte Edward im Café zu ihr, »es turnt mich eigentlich eher an, aber ich habe was dagegen, wenn du schüchtern bist. Du mußt noch eine Menge lernen, Angel.« Zu diesem Zeitpunkt waren Angels Sinne so erregt, ihre Glieder so matt vor Begierde, ihr Kopf so berauscht von seinem Bild, daß sie alles getan hätte, was Edward wünschte, öffentlich oder privat. Aber er erhob sich und ging aus dem Café und überließ es ihr, die Rechnung zu bezahlen.

Angel weinte ein bißchen und ließ sich von Edwards Freund Tom trösten und mit nach Hause nehmen und ging sogar mit ihm ins Bett, wodurch sie sich vorübergehend wohler fühlte, was sie aber für immer und ewig bereuen sollte.

»Ich habe nichts dagegen, wenn du eine Hure bist«, sagte

Edward vor der nächsten Studiositzung, »aber kannst du meine Freunde nicht in Ruhe lassen?«

Es waren ganze sieben Tage erotischer Folter für Angel, bis Edward endlich die Nacht mit ihr verbrachte; mittlerweile waren ihre Oberschenkel im Studio locker geöffnet. Sollten sie doch alle glotzen. Alle. Ihr war es egal. Der Job näherte sich sowieso seinem Ende. Ihr neuer als Sekretärin in einem Rechtsanwaltsbüro begann am folgenden Montag. Gerade noch rechtzeitig, just, als sie glaubte, Leben und Liebe seien vorbei, rief Edward sich ihr wieder ins Gedächtnis. »Ich liebe dich«, murmelte er in Angels Ohr. »Exhibitionistische Schlampe, Tippse, ist mir egal. Ich liebe dich trotzdem.«

Tapp-tapp, machen oben die Schritte, fangen wieder an: Klick-klack. Wirklicher als wirklich. Nein, so klingt Wasser niemals. Was dann? Ratten? Nein, Ratten trippeln und flitzen und kratzen. In der Scheune, in der Edward und Angel in den Ferien zusammen übernachtet hatten, waren auch Ratten. Ihr Zelt war weggeflogen: sie mußten in der Scheune Zuflucht suchen. Alle vier. Edward, Angel, Tom und seine neue Freundin, Ray. Eines Nachts, als sie alle von der Kneipe zu der Scheune zurückgestolpert waren, vermißte Angel Edward, und als sie ihn im hohen Gras unter einer Eiche suchte, fand sie ihn in enger Umarmung mit Ray.

»Erzähl mir nicht, daß du zu allem Überfluß auch noch hysterisch bist«, maulte Edward. »Irrational bist du bestimmt. Schließlich bist du mit Tom ins Bett gegangen.«

»Aber das war vorher.«

Ah, vorher, so sehr vorher. Vor den Liebeserklärungen, vor dem Beiseiteschieben aller Barrieren, aller Vorsicht, dem Ausliefern des gesunden Menschenverstandes an das Vertrauen, dem Einpacken und Übergeben der Seele in die scheinbar sichere Verwahrung. Und wenn die Hände des Empfängers sich öffnen, die Finger, denen man vertraut, ihren Zugriff lockern, aus Zufall oder Absicht, ja, dann ist man besser tot.

Edward warf die Seele seiner Angel in die Luft und fing sie mit seinen gleichgültigen Händen auf.

»Wenn du aber eifersüchtig wirst«, sagte er, »na ja, dann mach ich es nicht... Willst du mich heiraten? Geht's darum? Wärst du dann glücklicher?«

Wie sähe es aus, wenn schließlich mal seine Biographie geschrieben würde? Edward Holst, der berühmte Maler, heiratet im Alter von vierundzwanzig – wen? Ein Aktmodell, eine Kellnerin, Sekretärin, Krimiautorentochter? Oder Exhibitionistin, Hure, Hysterikerin? Wählen Sie selbst. Was immer den Leser am glücklichsten macht, den Künstler in den einfachsten Termini erklärt, ergibt die erfolgversprechendste Version eines Lebens. Egal, wie grob es gestrickt ist.

»Edward hält sich gern alles offen«, sagte Tom, wollte seine Bemerkung aber nicht näher erläutern. Er und Ray waren Trauzeugen bei der standesamtlichen Trauung. Angel glaubte, sie habe gesehen, wie Edward an Rays Ohr knabberte, als sich hinterher alle, wie es sich gehört, küßten, dann dachte sie aber, sie hätte sich das nur eingebildet.

Das war sein Vorspiel zur Liebe: wenn er sich in der dunklen Wärme des Ehebetts Angel zuwandte, suchten seine Zähne ihr Ohr und knabberten das zarte Fleisch, während seine Hand langsam zwischen ihre Schenkel fuhr. Angel fing nie an, wenn sie miteinander schliefen. Nein. Angel wartete geduldig. Am Anfang hatte sie es ein- oder zweimal versucht und ihre Hand über seinen schlafenden Körper wandern lassen, aber Edward reagierte nicht nur nicht, sondern war danach tagelang kalt zu ihr, schlief sorgsam auf seiner Seite des Bettes, bis sie Buße getan hatte. Erst dann schmiegte er sich wieder warm an sie.

Edwards Liebe ließ die Blumen blühen, machte das Haus reich und warm, ließ Wasser wie Wein schmecken. Wenn Edward glücklich war, umgab er Angel mit seinem Lächeln und sanfter Bestätigung. Dann hielt er ihre Seele mit festen Händen. Sein Zorn kam unerwartet, aus dem Nichts, beziehungsweise Angel konnte nicht erkennen, woher er kam. Gestern noch erlaubte Bemerkungen, verzeihliche Fehler führten heute zum Wutausbruch. Übers Wetter zu reden, um ein unbehagliches Schweigen zu brechen, konnte zum Beweis für ein nörglerisches Naturell werden: als sie wegen seiner ersten, unerwartet bissigen Bemerkung weinte, steigerte das seine Wut nur noch mehr.

In solchen Stimmungen ging Edward immer in sein Studio und verschloß die Tür, und obwohl Angel (die rasch lernte, daß draußen vor der Tür zu weinen oder dagegen zu schlagen, jammern und schreien und protestieren seine Wut und ihre Tortur lediglich verlängerte) dann in den Garten ging und Unkraut jätete oder grub und pflanzte, als sei nichts geschehen, spürte sie, wie Edwards Zorn durch die Türritzen kroch, die Sonne verdunkelte, die Erde vergiftete; oder jedenfalls verdarb er die Beziehung ihrer Hände zur Erde, sie zitterten und machten Fehler, und nichts wuchs.

Die Jalousie wackelt. Der Mond verschwindet hinter einer Wolke. Oben tapp-tapp. Hin und her. Der Wind? Nein. Gib dich keiner Täuschung hin. Nichts von dieser Welt. Ein Geist. Ein Spuk. Eine Frau. Eine kleine, verzweifelte, geschäftige Frau, da und nicht da, hin und her, außerhalb ihrer Zeit, aus dem Grab zurück, eine Unglücksbotin, sie bringt Kummer und Verderben; die Botschaft, daß nichts ist, was es zu sein scheint, daß Gott tot ist und die Mächte des Bösen überall und nicht aufzuhalten sind. Hört Angel das oder hört sie es nicht?

Angel will trotz ihrer Angst aufs Klo gehen. Sie ist im dritten Monat schwanger. Sie hat eine schwache Blase, die sie nachts weckt, ihre Not herausschreit, und Angel, folgsam, will vorsichtig aus dem Bett schlüpfen und versuchen, Edward nicht zu wecken. Wenn Edward am nächsten Tag gut malen soll, braucht er seinen Schlaf. Selbst, wenn alles gut läuft, verdächtigt Edward Angel, daß sie sich absichtlich im Schlaf dauernd hin- und herwälzt und jammert, damit er wach wird und sich ärgert.

Angel hat Edward noch nicht erzählt, daß sie schwanger ist. Sie schiebt es immer wieder auf. Eigentlich hat sie keinen Grund zu glauben, daß er keine Kinder will; aber er hat nicht gesagt, daß er welche will, und davon auszugehen, daß Edward will, was andere Menschen wollen, ist gefährlich.

Angel stöhnt auf: sie hat Angst, sich zu bewegen, Angst, sich nicht zu bewegen, Angst zu hören, Angst, nicht zu hören. So lag das Kind Angel wach im Bett und hörte, wie seine Mutter stöhnte, Angst hatte, sich zu bewegen, Angst, sich nicht zu bewegen, zu hören oder nicht zu hören.

Angels Mutter war Schuhverkäuferin, die den neuen stellvertretenden Geschäftsführer heiratete, nachdem er sechs Wochen um sie geworben hatte. Daß ihr Mann einmal ein Vermögen machen würde, weil er Thriller schrieb, die sich millionenfach verkauften, war sowohl Doras Glück als auch ihre Tragödie. Sie lebte ja durchaus angenehm von den Unterhaltszahlungen, so, wie sie es niemals hätte erwarten können, bis sie aus Versehen an einer Überdosis Schlaftabletten starb. Danach wurde Angel von einer Geliebten ihres Vaters nach der anderen und von Au-pair-Mädchen großgezogen. Ihr Vater Terry mochte Edward, was schon etwas war, jedenfalls war er über sein Erscheinen auf der Bildfläche erleichtert. Er hatte befürchtet, daß in Angels Seele ein Funken Ängstlichkeit war: daß sie am Ende einen Rechtsanwalt oder einen Börsenmakler heiraten würde. Und Künstler waren wenigstens kreativ, und ein Künstler wie Edward Holst konnte sehr wohl reich und berühmt werden. Um den Prozeß zu beschleunigen, hatte Terry sechs Holst-Leinwände an den Wänden. Auf zweien war seine Tochter abgebildet, nackt, mit entspannt geöffneten Schenkeln, die ihre stoppeligen, hellen Schamhaare freigaben. Angel, besiegt – wie ihre Mutter besiegt worden war. »Ich liebe dich, Dora, aber du mußt verstehen, daß ich nicht *ver*liebt in dich bin.« Wie ich in Helen, Audrey, Rita, wen auch immer, verliebt bin: ab ging's zu Veranstaltungen, Partys, fort zu den literarischen Reisen, immer auf der Suche nach neuem Material und neuen Hintergründen, und immer begegnete er jemand Aufregenderem, jemand Interessanterem als einer älter werdenden Exschuhverkäuferin. Warum konnte Dora das nicht verstehen? Es war unnötig von ihr, zu leiden, die verstörte Angel an ihren besorgniserregend schlaffen Busen zu pressen. War er, Terry, wirklich der einzige, der ihr Fleisch zum Leben bringen konnte? Ihre Liebe hatte einfach etwas Kaputtes; ohne die Schönheit, die dem Lästigwerden sonst wenigstens noch Anmut verleiht.

Angel hatte die großen, traurigen Augen ihrer Mutter. Das Vorwurfsvolle darin war eingebaut. Es wäre besser gewesen, Doras Herz hätte aufgehört zu schlagen (sie dachte, das würde es: im sechsten Monat schwanger, überraschte sie Terry im Bett des Hausmädchens. Sie, Dora, die Herrin des Dienstpersonals! Was für ein Segen!) und der Embryo Angel hätte niemals das Licht der Welt erblickt.

Das Geräusch über Angel verstummt. Geister! Was für ein Unfug! Ein abgefallenes Stück Putz, das gegen irgend etwas reibt und im Wind rasselt. Was sonst? Angel schöpft wieder Mut, zieht ihre Hand vorsichtig unter Edwards Oberschenkel weg, um das Bett zu verlassen und ins Badezimmer zu gehen. Sie wird alle Lichter anmachen und rennen. Edward wacht auf; setzt sich.

»Was ist das? Was ist das, in Gottes Namen?«

»Ich kann nichts hören«, sagt Angel, in vollkommener Unschuld. Kann sie auch nicht, jetzt nicht. Jetzt muß sie es mit Edwards Ärger aufnehmen; das ist schlimmer als das an seinen Ketten rasselnde Universum.

»Schritte auf dem Dachboden? Bist du taub? Warum hast du mich nicht geweckt?«

»Ich dachte, ich hätte mir das nur eingebildet.«

Aber sie kann sie wieder hören, als ob sie es mit seinen Ohren täte. Derselbe Rhythmus quer über den Boden und wieder zurück. Schritte oder Herzklopfen. Jetzt schneller und schneller, hastig vor Schreck und Anspannung zu entkommen.

Edward, unvorstellbar mutig, schlüpft in seine Hausschuhe, greift nach einem kaputten Stück Treppengeländer (fünf Stellen allein auf dem Treppenabsatz – irgendwann bald, eines Tages wird er dazu kommen, sie zu reparieren – er will keinen Handwerker, der von Angel bezahlt und Pfuscharbeit abliefern wird) und geht auf den Dachboden. Angel folgt ihm. Er will nicht, daß sie sich im Bett verkriecht. Ihre Blase drückt. Sie sagt nichts. Wie könnte sie. Noch nicht. Bloß jetzt noch nicht. Bald. »Edward, ich bin schwanger.« Sie kann es selbst nicht glauben. Sie fühlt sich als Kind, nicht als Frau.

»Ist da jemand?«

Edwards Stimme hallt durch die drei dunklen Zimmer auf dem Dachboden. Stille. Er tastet nach dem Licht und macht es an. Leere, verlassene Zimmer. Putz fällt herunter, Latten hängen herab, Tapete blättert ab. Kaputte Dielen. Ein paar Farbdosen, ein Haufen Tapetenrollen, alte Zeitungen. Sonst nichts.

»Vielleicht waren es Mäuse«, sagt Edward zweifelnd.

»Hörst du es nicht?« fragt Angel in Todesangst. Das Geräusch hallt in ihren Ohren wider: Schritte trampeln über ein klopfendes Herz. Aber Edward hört jetzt nichts mehr.

»Spiel jetzt nicht deine Spielchen«, murmelt er und geht ins warme Bett zurück. Angel hastet vor ihm hinunter, ins Badezimmer, das Geräusch in ihrem Kopf wird schwächer. Ein paar Tropfen Urin kullern in die Kloschüssel.

Edward liegt wach im Bett: Angel spürt seine Wachsamkeit, seine wachsende Feindseligkeit ihr gegenüber, noch ehe sie wieder im Schlafzimmer ist.

»Du hast eine sehr schwache Blase, Angel«, beschwert er sich. »Noch was, was du von deiner Mutter geerbt hast?«

Noch was, was denn sonst noch? Selbstmordneigungen, Alkoholismus, Hängebusen, die Bereitschaft, verraten, verlassen und vergessen zu werden?

Von mir nicht vergessen, Mutter. Ich vergesse dich nicht. Ich liebe dich. Selbst wenn mein Körper in den Umarmungen dieses Mannes, dieses Geliebten, dieses Ehemannes aufschreit und meine Lippen Worte der Liebe, Ewigkeitsversprechungen bilden, vergesse ich dich trotzdem nicht. Ich liebe dich, Mutter.

»Ich weiß nicht, was meine Mutter für eine Blase hatte«, murmelt Angel unbedacht.

»Jetzt wirst du mich wieder die ganze Nacht wachhalten«, sagt Edward. »Ich spür es schon. Du weißt, ich bin gerade dabei, ein Bild zu beenden.«

»Ich werde kein Wort sagen«, sagt sie, und dann erfüllt sie seine Prophezeiung und hält es für angebracht zu sagen: »Ich bin schwanger.«

Schweigen. Stille. Schlaf?

Nein, ein Schlag quer über die Nase, die Augen, den Mund. Edward hat Angel noch nie geschlagen. Es war kein schwerer Schlag: er enthält ein Element von Liebkosung.

»Darüber macht man keine Witze«, sagt Edward sanft.

»Aber ich bin schwanger.«

Schweigen. Er glaubt ihr. Ihre Stimme hat Zweifel unmöglich gemacht.

»Im wievielten Monat?« Edward fragt selten nach Informationen. Es ist eine Handlung, die Nichtwissen impliziert, und Edward weiß gern mehr als irgend jemand sonst auf der ganzen Welt.

»Im vierten.«

Er wiederholt die Worte, ungläubig.

»Zu spät, um etwas zu unternehmen«, sagt Angel und weiß jetzt, warum sie es Edward nicht früher erzählt hat, und das Wissen macht ihre Stimme kalt und hart. Zu spät für die Abtreibung, die Edward bestimmt wünscht. Soviel zu den Früchten der Liebe. Liebe? Was ist Liebe? Sex, ja, das ist was anderes. Liebe kriegt Babys; Sex Abtreibungen.

Aber Angel wird Sex in Liebe umwandeln – ja, ganz bestimmt –, sie wird ihn am Hals packen, ihn würgen, bis er aufgibt und davonschleicht. Liebe! Edward fürchtet sie zu Recht, haßt sie zu Recht.

»Ich hasse dich«, sagt er und meint es. »Du willst mich kaputt machen.«

»Ich werde dafür sorgen, daß es deine Nächte nicht stört«, sagt Angel, Angel mit dem stacheligen, hellen Schamhaar, »wenn du dir deswegen Sorgen machst. Und du brauchst nicht für seinen Unterhalt zu sorgen. Das tue ich sowieso. Das heißt, mein Vater tut es.«

Wie kann sie sich unterstehen! Angel, nicht annähernd so nett, wie sie dachte. Die sanftäugige, gehässige Angel.

Klatsch, kommt die Hand wieder, härter. Angel schreit gellend; er schreit; sie bricht zusammen, kriecht auf dem Boden herum – er gibt ihr einen Fußtritt, sie bittet um Verzeihung, er spuckt seinen Haß, seine Angst aus, sie ihr Elend. Wenn das Geräusch oben immer noch zu hören ist, dann hört es jetzt niemand, hier unten ist soviel los. Das Rascheln der Nacht entlädt sich in Wahnsinn. Auf einmal ist Angel still, wimmert, liegt auf dem Fußboden; sie windet sich. Zuerst denkt Edward, sie tut nur so, aber ihre weißen Lippen und krallenartig verkrampften Finger überzeugen ihn, daß mit ihrem Körper etwas nicht stimmt, nicht nur mit ihrem Kopf. Er legt sie aufs Bett und ruft den Arzt an. Binnen einer Stunde befindet sich Angel mit dem Verdacht auf Bauchhöhlenschwangerschaft im Krankenhaus. Sie verschieben die Operation, und die Schmerzen lassen nach; so was gibt es, sie zucken die Schultern. Edward muß am folgenden Nachmittag sein Malen unterbrechen, um sie aus dem Krankenhaus abzuholen.

»Was war es? Hysterie?« erkundigt er sich.

»Kann man wohl sagen!«

»Na, du hattest einen schlechten Start, mit deiner Mutter und dem allem«, räumt er ein und küßt ihr die Nase und knabbert an ihrem Ohrläppchen. Das ist das Verzeihen; aber Angels Augen bleiben ungewöhnlich kalt. Sie bleibt im Bett, nachdem Edward es verlassen hat und zurück ins Studio gegangen ist, obwohl die Böden nicht gefegt und das Geschirr nicht abgewaschen ist. Angel sagt nicht, was ihr im Kopf herumgeht, denn sie weiß, daß es stimmt. Daß er enttäuscht ist, weil sowohl sie als auch das Baby gesund und munter zurück sind. Er hatte gehofft, das Baby würde sterben, oder wenn das nicht hinhaute, daß die Mutter sterben würde und das Baby mit ihr. Er tut so, als habe er ihr verziehen, während er sich überlegt, was er als nächstes unternimmt.

Abends kommt der Arzt, um nach Angel zu sehen. Er ist ein schlanker Mann mit einem traurigen Gesicht: sie findet seine Augen hinter den dicken Brillengläsern freundlich. Seine Stimme ist leise und sanft. Seine Frau ist wahrscheinlich glücklich, denkt Angel, und beneidet sie sogar. Irgend so eine mittelalterliche, dröge Arztfrau, beneidet von Angel! Der reichen, süßen, jungen, hübschen Angel. Der tüchtigen Sekretärin, der liebenswürdigen Kellnerin und jetzt der Frau des berühmten Künstlers! Und einmal, zwei unvorsichtige Wochen lang, Aktmodell an der Kunstakademie.

Der Arzt untersucht sie, zieht dann diskret ihr Nachthemd herunter, um ihre Brüste zu bedecken, und die Decke hoch, um ihren Unterleib zu bedecken. Wenn er mein Vater wäre, würde er sich nicht zur Unterhaltung seiner Freunde einen Akt von mir an die Wand hängen. Bis zu diesem Moment wußte Angel nicht, daß ihr das was ausmachte.

»Da drin ist alles wunderbar in Ordnung«, sagt der Arzt. »Tut mir leid, daß wir Sie so überstürzt fortgeschafft haben, aber wir dürfen nichts riskieren.«

Ah, umsorgt zu werden. Liebe. Das ist Liebe. Der Arzt zeigt noch keine Absicht zu gehen.

»Vielleicht sollte ich ein Wort mit Ihrem Mann reden«, schlägt er vor. Er steht am Fenster und sieht hinaus auf die Osterglocken und die grünen Felder. »Oder ist er sehr beschäftigt?«

»Er malt«, sagt Angel. »Sie stören ihn jetzt besser nicht. Er ist in der letzten Zeit so oft gestört worden, der Arme.«

»Ich habe in der Sonntagsbeilage etwas über ihn gelesen«, sagt der Arzt.

»Hm, erzählen Sie ihm das nicht. Er fand, daß es seiner Arbeit das Besondere nahm.«

»Fanden Sie das auch?«

Ich? Spielt, was ich denke, in irgendeinem Zusammenhang eine Rolle?

»Ich fand es sogar ziemlich einfühlsam«, sagt Angel und spürt, wie gute Laune in ihr aufsteigt. Sie setzt sich im Bett auf.

»Legen Sie sich hin«, sagt er. »Gehen Sie es langsam an. Das ist ein großes Haus. Haben Sie Hilfe? Die können Sie sich nicht leisten?«

»Darum geht es nicht. Es ist nur, warum sollte ich von einer anderen Frau erwarten, daß sie mir die Schmutzarbeit macht?«

»Weil sie es vielleicht gern macht und Sie schwanger sind, und wenn Sie es sich leisten können, warum dann nicht?«

»Weil Edward keine Fremden im Haus haben möchte. Und

was soll ich sonst mit meinem Leben anfangen? Ich kann genauso gut saubermachen wie sonst was.«

»Es ist sehr isoliert hier draußen«, sagt er. »Können Sie Auto fahren?«

»Edward braucht zum Malen Ruhe«, sagt Angel. »Ich kann fahren, aber Edward hat was gegen Frauen am Steuer.«

»Vermissen Sie Ihre Freunde nicht?«

»Wenn man heiratet«, sagt Angel, »verliert man anscheinend den Kontakt. Das geht allen so, oder?«

»Hm«, sagt der Arzt. Und dann: »Ich bin seit fünfzehn Jahren nicht mehr in diesem Haus gewesen. Jetzt ist es in einem besseren Zustand als damals. Damals war das Haus in Mietwohnungen unterteilt. Ich habe Hausbesuche bei einer netten jungen Frau gemacht, die den Dachboden hatte. Genau hier drüber. Vier Kinder, und das Dach war undicht; der Mann verbrachte seine Zeit damit, in der Dorfkneipe Cider zu trinken, und kam nur nach Hause, um sie zu schlagen.«

»Warum ist sie hier geblieben?«

»Wie können solche Frauen weggehen? Wie sollen sie es bezahlen? Wo gehen sie hin? Was passiert mit den Kindern?« Seine Stimme ist traurig.

»Vermutlich macht das Geld den Unterschied. Mit Geld ist eine Frau frei«, sagt Angel und versucht, das zu glauben.

»Natürlich«, sagt der Arzt. »Aber sie liebte ihren Mann. Sie konnte sich nicht dazu bringen, ihn so zu sehen, wie er war. Hm, das ist ja auch schwer. Jedenfalls für eine bestimmte Art Frauen.«

Ja, es ist schwer, wenn er deine Seele in sicherer Verwahrung hat und sie am Tresen, in der Kneipe oder im Bett einer anderen Frau oder auf seinen literarischen Reisen auf einem Eisenbahnsitz vergißt. Sorglos, wie er ist!

»Aber so ist es bei Ihnen nicht, oder?« sagt der Arzt ruhig. »Sie haben schließlich eigenes Geld.«

Woher weiß er denn das nun wieder? Natürlich, der Artikel in der Sonntagsbeilage.

»Das liest doch keiner«, weinte Angel, als Edward mit steinernem Gesicht von seinem ersten Durchforsten der Klatschspalten aufblickte. »Keiner merkt es. Es ist ganz unten am Ende versteckt.«

Das stimmte. »Edwards engelsgleiche Gattin Angel, Tochter des Krimi-Bestseller-Autors Terry Toms, hat den Weg nach oben geebnet, nicht nur mit dem sanften Lächeln, das unser Photograph festgehalten hat, sondern indem sie es dem aufsteigenden Talent ermöglicht, die enge, unbequeme Mansarde zugunsten eines Bauernhauses aus dem sechzehnten Jahrhundert im grünsten Gloucestershire aufzugeben. Darüber hinaus wäre es interessant, einen Gedanken daran zu verschwenden, ob ein armer Mann in der Lage gewesen wäre, die Weiß-auf-Weiß-Techniken zu entwickeln, die Holsts Werk so außergewöhnlich machen: oder ob ihn der schiere Preis der Farben heutzutage nicht daran gehindert hätte.«

»Edward, ich habe kein Wort mit dem Reporter gesprochen, kein Wort«, sagte sie, als das Eis Tage später erste Risse zeigte.

»Wovon redest du?« fragte er und wandte ihr langsam ein unfreundliches Gesicht zu.

»Von dem Artikel. Ich weiß, daß du dich darüber aufgeregt hast. Aber es war nicht meine Schuld.«

»Warum sollte ich mich über einen ordinären Artikel in einer ordinären Zeitung aufregen?«

Und das Eis bildete sich erneut, dicker als je zuvor. Aber er fuhr für zwei Tage nach London, angeblich, um seine nächste Ausstellung zu organisieren, und bei seiner Rückkehr erwähnte er beiläufig, daß er Ray getroffen habe.

Angel hatte während seiner Abwesenheit saubergemacht, gebacken und Gardinen genäht, weil sie bei seiner Rückkehr sein Herz zu erweichen hoffte; und die ganze Nacht, die er weg war, lag sie wach; die Angst, daß er sie betrog, tat so unerträglich weh, daß sie an Selbstmord dachte, wenn auch nur, um den Schmerz zu beenden. Fragen, um sich Gewißheit zu verschaffen, ging nicht. Er würde den Spieß umdrehen und es zu ihrem Problem machen.

»Warum glaubst du, daß ich mit einer anderen schlafen will? Warum bist du so schuldbewußt? Weil du es tun würdest, wenn du von mir weg wärst?«

Bitte um Brot und du kriegst Steine. Lerne Selbstgenügsamkeit: zeig nie, daß du etwas brauchst. Die kleine, zähe Angel mit dem sanften Lächeln hört nachts die Schritte einer anderen Frau und weint über den Kummer einer anderen. Hm, wer will eine Seele, die von Händen, die nur Spaß machen, hin- und hergeworfen wird, die angeschlagen und abgegriffen ist? Komm ohne sie zurecht!

Edward kehrte aus London zurück und war schlechterer Stimmung als bei seiner Abfahrt, schüttelte erstaunt und verblüfft angesichts der Backerei seiner Frau den Kopf – »Ich dachte, du hättest gesagt, daß wir nicht mehr so viele Kohlehydrate essen wollten« –, schloß sich zwölf Stunden lang in seinem Studio ein, tauchte nur einmal kurz auf, um zu sagen: »Nur eine wahnsinnige Frau würde in das Studio eines Malers Gardinen hängen oder ein blödes reiches Mädchen, das Malerehefrau spielt, und noch dazu in aller Öffentlichkeit«, schmiß ihr die neuen Gardinen in die Arme und verschwand wieder nach drinnen.

Angel hatte das Gefühl, daß ihr Gehirn langsamer arbeitete, und rätselte an der letzten Bemerkung eine Zeitlang herum, bis sie begriff, daß Edward immer noch auf dem Artikel in der Sonntagsbeilage herumritt.

»Wenn du willst, gebe ich das Geld weg«, sagte sie flehentlich durch das Schlüsselloch. »Wenn dir das lieber ist. Und wenn du nicht mit mir verheiratet sein willst, ist es mir auch recht.« Das war, bevor sie schwanger wurde.

Schweigen.

Dann tauchte Edward lachend wieder auf, sagte, sie solle sich nicht so lächerlich machen, trug sie zum Bett, und die guten Zeiten waren wieder hergestellt. Angel lief singend durchs Haus, vergaß die Pille und wurde schwanger.

»Sie haben schließlich eigenes Geld«, sagt der Arzt. »Es steht Ihnen frei, zu bleiben oder zu gehen.«

»Ich bin schwanger«, sagt Angel. »Das Baby muß einen Vater haben.«

»Und Ihr Mann freut sich auf das Baby?«

»Oh ja!« sagt Angel. »Ist das nicht ein wunderschöner Tag?«

Und wirklich wiegen sich heute die Osterglocken leuchtend unter einem klaren Himmel. Seit sie herausgekommen und aufgeblüht sind, haben sie unter dem Gewicht von Regen und Nebel ihre Köpfe hängen lassen. Ein enttäuschender Frühling. Angel hatte gehofft, das Land ringsum auf einmal voller Energie und Farbe zu sehen, aber das Leben kehrte anscheinend nur langsam zurück, kämpfte, um die Folgen der Vergangenheit zu überwinden: die für die Jahreszeit ganz untypisch kalten Winde und harten Fröste. »Oder jedenfalls«, fügt Angel unhörbar hinzu, als der Arzt schon im Gehen ist, »er *wird* sich über das Baby freuen.«

Etwa eine Woche lang hört Angel nachts keine Geräusche. In den Dachzimmern hat es Elend gegeben, und das Elend hat aufgehört. Gute Zeiten können schlechte Zeiten ungeschehen machen. Ganz bestimmt!

Edward schläft friedlich und tief: sie kriecht vom Bett zum Badezimmer, ohne ihn zu wecken. Er ist freundlich zu ihr und redet viel, eigentlich über alles, außer über ihre Schwangerschaft. Wenn nicht der Arzt dagewesen wäre und sie im Krankenhaus, könnte sie fast meinen, sie hätte sich das Ganze nur eingebildet. Edward beschwert sich, daß Angel fett wird, als ob er sich keine andere Ursache dafür vorstellen könnte als Freßgier. Sie möchte mit jemandem über Krankenhäuser, die Geburt, Babyausstattungen, Namen reden – aber mit wem?

Sie erzählt ihrem Vater am Telefon: »Ich bin schwanger.«

»Was sagt Edward?« fragt Terry zögernd.

»Nicht viel«, gibt Angel zu.

»Kann ich mir vorstellen.«

»Es gibt keinen Grund, *kein* Baby zu kriegen«, wagt Angel zu sagen.

»Ich vermute, daß er ganz gern das Zentrum der Aufmerksamkeit ist.« So direkt hat Terry Edward noch nie kritisiert.

Angel lacht. Es übersteigt ihr Vorstellungsvermögen, daß Edward je auf sie eifersüchtig, je von ihr abhängig sein könnte.

»Nett, zu hören, daß es dir gut geht«, sagt ihr Vater ernst. Seine zwanzig Jahre alte Freundin hat sich mit einem Vertreter für Landmaschinen verlobt, und obwohl sie sich erboten hat, die Beziehung auch über die Eheschließung hinaus aufrechtzuerhalten, fühlt sich Terry erniedrigt und benutzt und sieht sich gezwungen, die Liaison abzubrechen. Er betrachtet die Ehe seiner Tochter mit Edward neuerdings in einem romantischen Licht. Die jungen Bohemiens!

»Meine Tochter war Aktmodell an der Kunstakademie, bevor sie Edward Holst heiratete... Sie haben von ihm gehört? Es ist eine richtige Rembrandt- und Saskia-Affäre.« Er denkt sogar voller Liebe an Dora: wenn sie nur Verständnis gehabt, gewartet hätte, bis es sich mit dem Älterwerden von selbst erledigt hätte. Jetzt fühlt er sich alt und vollkommen in der Lage, einer ehemaligen Schuhverkäuferin treu zu sein. Wenn sie nur nicht tot und begraben wäre!

Aktmodell an der Kunstakademie. Die zwei Wochen! Warum hatte sie das gemacht? Welcher Teufel hatte ihr Uhrwerk aufgezogen und die arme Angel in die falsche Richtung laufen lassen? Genau wie bei ihrer Mutter lag es doch sicher auch in ihrer Natur, dem Pfad der Rechtschaffenheit ordentlich angezogen zu folgen.

Nachts studierte Edward jetzt immer ihren nackten Körper, küßte sie hier, küßte sie da, öffnete ihre Beine. Hm, verheiratet! Aber jetzt bin ich schwanger, jetzt bin ich schwanger. Oh, sei vorsichtig. Dieser harte Klumpen, wo früher mein weicher Bauch war. Sei vorsichtig! Ruhig, Angel. Rede nicht davon. Für dich und dein Baby ist es schlimmer, wenn du davon redest. Das weiß Angel.

Jetzt hört Angel oben von dem leeren Dachboden die Liebesgeräusche, wie sie es wohl in Hotels in fremden Ländern gehört hat. Die Vereinigungen von Fremden in einer unbekannten Sprache – nur die Schreie und das Atmen sind universell, überall zu erkennen.

Die Geräusche lassen sie eiskalt: sie erregen sie nicht. Sie denkt an die Mutter von vier Kindern, die in diesem Haus mit ihrem trunksüchtigen, gewalttätigen Mann wohnte. Hat dich das an seiner Seite festgehalten? Die Ketten fleischlichen Begehrens? War es der Gedanke an die Nacht, der dir half, die schrecklichen Gefahren des Tages zu überstehen?

Wie unwürdig, wenn es so war.

Ach, ich bilde mir das alles nur ein. Ich, Angel, halb wahnsinnig mit einer mißachteten Schwangerschaft, mit fiebrigem Kopf, und die Geschichten des Arztes heizen das Fieber noch an – ich bilde mir das alles nur ein! Muß ich doch!

Edward wacht auf.

»Was ist das für ein Geräusch?«

»Was für ein Geräusch?«

»Oben.«

»Ich höre nichts.«

»Du bist taub.«

»Was für ein Geräusch?«

Aber Edward schläft wieder ein. Das Geräusch verschwindet allmählich. Angel hört Kinderstimmen. Laß es ein Mädchen sein, Herrgott, laß es ein Mädchen sein.

»Warum wollen Sie ein Mädchen?« fragt der Arzt bei Angels viertem monatlichem Besuch in der Klinik.

»Ich würde so gern ein Mädchen anziehen«, sagt Angel vage, was sie aber meint, ist, daß bei einem Mädchen Edward nicht so – wie war das Wort? – eifersüchtig ist. Eher schwierig. Schrecklich. Ja, schrecklich.

Edward mit den leuchtenden Augen: er geht jetzt mit Angel spazieren – lange Spaziergänge auf und über Zäune, sie springen über Flüsse, hüpfen von Stein zu Stein. Der junge Edward. Sie selbst fühlt sich allmählich ziemlich alt.

»Ich bin ein bißchen müde«, sagt sie eines Abends, als sie zu einem ihrer Mondscheinspaziergänge aufbrechen.

Er bleibt stehen, verwirrt.

»Warum bist du müde?«

»Weil ich schwanger bin«, sagt sie, ganz gegen ihr eigenes Interesse.

»Fang nicht schon wieder damit an«, sagt er, als sei sie hysterisch. Vielleicht ist sie es.

In der Nacht öffnet er ihre Beine so weit, daß sie denkt, sie zerbirst. »Ich liebe dich«, murmelt er in ihr angeknabbertes Ohr, »Angel, ich liebe dich. Ich liebe dich wirklich.« Angel spürt die vertraute Woge ihrer Reaktion, die heilige Dankbarkeit, die Bereitwilligkeit zu sterben, auseinandergerissen zu werden, wenn das verlangt wird. Und dann hört es auf. Es ist weg. Hat sich verflüchtigt. Und statt dessen eine neue Stärke. Der eisige Eiszapfen einer Nicht-Reaktion, wunderbar, heiter. Nein. Das geht nicht; nicht das wird verlangt: im Gegenteil. »Ich liebe dich«, erwidert sie wie üblich; aber innerlich kreuzt sie Mittel- über Zeigefinger, bittet um Vergebung für eine Lüge. Bitte, Gott, lieber Gott, hilf mir, hilf mir, mein Baby zu retten. Nicht ich bin es, die er liebt, es ist mein Baby, das er haßt: nicht ich bin es, die ihn entzückt, sondern der Schmerz, den er mir verursacht, und das Wissen, daß er ihn mir verursacht. Er will gar nicht in mir Wurzeln schlagen: er will nur mein Baby rausreißen. Das ist doch krank. Ich muß wieder auf die Beine kommen. Schnell.

»Nicht so«, sagt Angel und kämpft sich frei – die mutige, unfreundliche, spröde Angel – und rettet ihre Beine. »Ich bin schwanger. Tut mir leid, aber ich bin schwanger.«

Edward rollt sich von ihr herunter, zieht sich zurück.

»Himmel, du kannst ein Monstrum sein. Du kannst einen wirklich impotent machen.«

»Wo gehst du hin?« fragt Angel neugierig und ruhig. Edward zieht sich an. Sauberes Hemd; Eau de Cologne. Eau de Cologne!

»Nach London.«

»Warum?«

»Wo man mich zu schätzen weiß.«

»Laß mich nicht allein. Bitte.« Aber sie meint es nicht.

»Warum?«

»Ich habe Angst. Hier allein in der Nacht.«

»Du hast nie vor etwas Angst gehabt.« Vielleicht hat er recht.

Weg ist er; das Auto bricht das Schweigen der Nacht auf, das sich dann wieder schließt. Angel ist allein.

Oben über ihr tapp-tapp. Wie auf Kommando fängt es wieder an. Hin und Her. Dahin, wo das Bett auf dem Dachboden war, zum Schrank, der einmal da war; der Koffer schabt über den Fußboden. Auf Wiedersehen, ich gehe. Ich habe hier Angst. In dem Haus spukt es. Jemand ist oben, unten. Oh, ihr Frauen überall, glaubt nicht, daß euer Elend nicht in die Wände sickert, nach unten kriecht, und wieder nach oben. Glaubt nicht, daß es je aufhört oder daß die guten Zeiten es ungeschehen machen. Das tun sie nicht.

Angel spürt, wie ihr Herz aufhört zu schlagen und wieder anfängt. Ein neurotisches Symptom, hatte der Arzt ihres Vaters einst gesagt. Es wird besser, wenn sie verheiratet ist und Kinder hat. Bei den Frauen wird alles besser, wenn sie verheiratet sind und Kinder haben. Das ist ihr natürlicher Zustand. Angels Herz hört trotzdem auf zu schlagen und fängt dann wieder an, zum Guten oder Bösen.

Angel steht auf, schlüpft in ihre offenen Hausschuhe mit den scharfen kleinen Absätzen und geht die Speichertreppe hinauf. Woher hat sie den Mut dazu? Das Licht, das aus dem Flur hereinschimmert, ist trübe. Das Geräusch auf dem Dachboden hört auf. Angel hört nur – was? – das raschelnde Geräusch von alten Zeitungen in frischem Wind. Das hört auch auf. Als ob jetzt ein Film ohne den Ton liefe. Und eine kleine, müde Frau im Nachthemd kommt auf Angel zu, die Pantoffeln sind ganz leise auf den Treppen, sie bleibt stehen, um Angel anzustarren, während Angel sie anstarrt. Ihr Gesicht ist voll blauer Flecken.

»Wie kann ich das sehen«, wundert sich Angel, jetzt hat sie keine Angst, »wo doch gar kein Licht an ist?«

Sie knipst den Schalter an, die Hand zittert, und im Licht, wie sie wußte, ist nichts zu sehen außer den leeren Treppenstufen und dem Staub darauf, keine Spuren.

Angel geht ins Schlafzimmer zurück und setzt sich aufs Bett.

»Ich habe einen Geist gesehen«, sagt sie ziemlich ruhig zu sich selbst. Dann verlangt die Angst wieder nach ihrem Recht: die Panik angesichts der Streiche, die einem das Universum spielt. Schnell, schnell! Angel zieht ihren Koffer unter dem Bett hervor – es sind immer noch Reste von Hochzeitskonfetti drin – und tapp-tapp geht sie, mit harten kleinen Schritten vom Schrank zum Bett, von der Kommode weg und wieder zurück, sie packt weniger, als daß sie rettet, birgt. Etwas aus dem Nichts!

Angel und ihre Vorgängerin retten sich gegenseitig, weil jede unfähig ist, sich selbst zu retten, und Rettung kommt irgendwie immer. Oder der Tod.

Tapp-tapp, hin und her, in den Koffer, aus dem Haus.

Die Gartentür schwingt hinter ihr auf und zu.

Angel trägt die Liebe zu einem sichereren Ort.

Schau zurück, wenn du nach vorn schaust

Am liebsten war der Geist auf den Treppen; die benutzten die Menschen rasch und nur gelegentlich, und ihre Gefühle hielten sie zwischen dem Schließen einer Tür und dem Öffnen einer anderen in der Schwebe. Meistens schlief der Geist. Er schlief gern. Aber manchmal weckte ihn das Gefühl, daß etwas Wichtiges passierte, daß Vergangenes sich herauskristallisierte oder die Zukunft ihre Schatten vorauswarf, und dann glitt er die Treppe hinunter und in das eine oder andere Zimmer, um zu sehen, was los war. Bald hatte er sich einen Trampelpfad in ein bestimmtes Zimmer im ersten Stock getreten – wie Schafe durch ständiges Hin- und Zurücktrotten einen Trampelpfad in die Wiese treten. Im Laufe der Jahre drückte sich hier eine Platane immer dichter an das Fenster und hielt Licht und Wärme ab. Die diversen Katzen, die ihr Leben in dem Haus zubrachten, gingen selten in dieses feuchte kleine Hinterzimmer und schienen das Bedürfnis zu verspüren, den Teil der Treppe, den der Geist bevorzugte, auf- und abzurasen, am Fuß der Treppe oder oben auf dem Flur saßen sie aber rundum zufrieden.

Viele Häuser haben Geister. (Es wäre komisch, wenn sie keine hätten.) Meistens schlafen sie oder wachen jedenfalls so selten auf, daß ihre Anwesenheit gar nicht bemerkt, geschweige denn als unangenehm empfunden wird. Wenn 1940 ein Glas von einem Regal fällt und 1963 sich eine Tür ganz von selbst öffnet und man 1971 ein Gefühl von Beklommenheit und am ersten Weihnachtstag 1980 Klopfgeräusche hört – wen kümmert das schon? Vier unerklärliche Vorkommnisse in einer Woche schreien nach Exorzismus – die gleiche Anzahl über vierzig Jahre verteilt schreit lediglich nach einem Schulterzucken und einem ordentlichen Drink.

Aldermans Drive 66 in Bristol. Das Haus stand seit einhundertunddreißig Jahren, und der Geist hatte geschlafen und gelegentlich geseufzt und war auf die Seite gerutscht und hatte ansonsten kaum etwas anderes gemacht als an einem ruhigen Tag eine Gardine aufgebläht, wo es doch zehn davon gab. Er hatte das Haus auf den Schultern eines Hausmädchens betreten. Sie war bei einer Seance gewesen, weil sie gehofft hatte, ihren toten Liebhaber zu erwecken, hatte aber etwas alles in allem Flüchtigeres, wenn auch wenigstens Verschlafeneres, erweckt. Das Hausmädchen war bis zu seinem Tode in dem Haus geblieben, es hatte die Hausherrin in den Selbstmord getrieben und nach geraumer Zeit den Hausherrn geheiratet, und der Geist war auch geblieben, noch lange, nachdem alle tot waren und das Haus leer; die Tapete blätterte von den Wänden, die Treppengeländer zerbrachen, und die Teppiche verrotteten auf den Böden, und überall waren Staub und Stille.

Der Geist schlief und erwachte dann von dem Geräusch von Bewegungen und verschiedenen Stimmen. Es gab jede Menge neue Leute: sie wärmten klamme Winterhände vor Gasheizungen, und der Geruch nach gekochtem Kohl und Schweiß wehte die Treppen hoch, und Erschöpfung und Gleichgültigkeit machten sich breit. In dem Hinterzimmer im ersten Stock brachte bald darauf ein Mädchen ein Kind zur Welt. Der Geist seufzte und blähte die Gardinen auf. In diesem Zimmer hatte sich die Herrin des Hausmädchens erhängt, im Gaslicht, das vom Flur her schien, warf sie einen schwingenden Schatten an die Wand. Der Geist verspürte ein Gefühl von Gerechtigkeit, oder zumindest wiederhergestelltem Gleichgewicht. Er schlief wieder ein. Das Haus leerte sich. Durch die kaputten Dachziegel sickerte der Regen in das Hinterzimmer. Ein Mann mit einer Sonde kam und bohrte in die verrotteten Dachbalken und Dielen und schüttelte den Kopf und lachte. Der Baum stieß einen Zweig durch das Fenster, und ein Spatz flog herein und fand nicht wieder heraus und starb, und nachdem Mäuse und Käfer und Fliegen mit ihm aufgeräumt hatten, bestand er nur noch aus zwei zarten weißen Knochen, die kreuzweise übereinanderlagen.

Es war 1965. Die Haustür ging auf, und ein Mann und eine Frau kamen herein, und ihre Persönlichkeiten waren so, daß der Geist sofort in Alarmzustand geriet. Der Mann hieß Maurice; er war stämmig und hatte eine warme Haut; seine Hände waren zwar dick und ungeschlacht, Arbeiterhände, aber sauber und sanft. Sein Haar war hell und dichtgelockt; er trug einen Bart, hatte große Augen und schwere Lider. Er sah das Haus an, als wäre er bereits sein Herr; als ob ihn die verrotteten Balken und das undichte Dach einen Dreck scherten.

»Wir nehmen es«, sagte er. Sie lachte. Es war ein nervöses Lachen, das ihre Angst vertuschen sollte. Sie hatte ein kleines, unzufriedenes Gesicht, das unter einer Masse krausen roten Haars fast verschwand, eine ganz schmale Taille, einen großen Busen und lange Beine: schlanke Glieder mit Sommersprossen. Ihre Finger waren lang und zerbrechlich. »Aber es ist am Zusammenbrechen«, sagte Vanessa. »Wie sollen wir uns das leisten?«

»Guck dir die Details an den Gesimsen an!« war alles, was er sagte. »Das sind garantiert noch die Originalgesimse.«

»Wahrscheinlich können wir was draus machen«, sagte sie.

Sie liebte ihn. Sie würde alles in ihrer Macht Stehende für ihn tun. Der Geist spürte irgendwo Grausamkeit: er hastete durch die Räume, wirbelte Luft auf.

»Es zieht überall«, klagte sie.

Sie sahen in das kleine Hinterzimmer im ersten Stock, und sogar ihn schauderte.

»Aus dem Zimmer werde ich nie was machen«, sagte sie.

»Vanessa«, sagte er. »Ich traue dir zu, daß du aus allem etwas Wunderbares machst.«

»Dann mache ich es wunderschön«, sagte sie laut und deutlich und steckte die Zukunft für sich ab. »Sogar das hier, für dich.«

Die Platane schabte am Fensterladen.

»Das ist nur eine Angelegenheit von ein, zwei Zweigen, die abgesägt werden müssen«, sagte er.

Eines Abends nach dem Dunkelwerden, als überall die Gerüste der Bauarbeiter und der saure Geruch nach feuchtem Gips im Treppenflur waren, breitete Maurice in dem kleinen Hinterzimmer für Vanessa eine Decke aus.

»Nicht hier«, sagte sie.

»Das ist der einzige Platz, wo es nicht staubig ist«, sagte er.

Er schlief mit ihr, sein breiter, weißer Körper bedeckte ihren schmalen, sommersprossigen ganz und gar.

»Heute ist die Scheidung durchgekommen«, sagte er.

Andere Leidenschaften zerschnitten die Luft. Der Geist spürte sie. Draußen auf dem Weg hinter dem Haus, unter der Platane, stand eine andere Frau. Ihr Gesicht war rund und lieb, ihr Haar kurz und fusselig, ihre Augen hell, bitter und naß. Im Haus schrie das Mädchen auf, und der Mann stöhnte; und das Gesicht der Beobachterin wurde leer, das Liebe verschwand daraus, das Gesicht verlor jeglichen Ausdruck, es entstand ein Vakuum, in das etwas fließen mußte. Der Geist ging mit ihr weg, auf ihren Schultern.

»Jetzt habe ich auch noch Rheuma«, sagte Anne, »das hat mir gerade noch gefehlt.« Sie sagte es im Spiegel zu sich selbst, als sie wieder zu Hause im Souterrain des Hauses in Upton Park war, wo einst sie und Maurice gewohnt und ihr Leben aufgebaut hatten. Sie mußte es zu sich selbst sagen, weil außer ihrem Kind Wendy keiner da war, dem sie es hätte sagen können, und Wendy war erst vier und lag schlafend in einem Haufen Decken auf dem Boden, ihr Gesicht und ihre Hände waren klebrig und ungewaschen. Anne schmiß einen Aschenbecher gegen den Spiegel und zerbrach ihn, und Wendy wachte auf und weinte. »Sieben Jahre Pech«, sagte Anne. »Egal, zählt sowieso keiner mehr.«

Das Liebe war verflogen: Bitterkeit trat an seine Stelle: auch sie hatte die Zukunft für sich abgesteckt.

Der Geist fand Raum an der Wand zwischen den vergitterten Fenstern des Zimmers; er richtete sich dort häuslich ein und schlummerte; zuweilen wachte er auf und begleitete Anne zu ihren mitternächtlichen Wachen im Aldermans Drive Nummer 66. Nach kurzer Zeit hatte er sich einen Trampelpfad ausgetreten und schlüpfte und schlitterte zwischen den beiden Orten hin und her und brauchte sie für den Ausflug nicht mehr. Manchmal war er hier, manchmal war er dort.

Im Aldermans Drive fand er einen gestrichenen Treppenflur und reparierte Geländer vor, aber Treppen, die immer noch nicht mit einem Teppich ausgelegt waren, und eine Katze, die aufjaulte und nach oben schoß. Der Geist bezog das kleine Hinterzimmer, und auf seinem Weg ging die Tür auf, und Schatten tanzten und schlingerten an der Wand.

Vanessa hatte Jeans an. Sie und Maurice tapezierten das Zimmer mit einer hellen, gemusterten Tapete. Sie lachten; sie hatte Leim im Haar.

»Wenn wir reich sind«, sagte sie, »mach ich so was nie wieder. Dann lassen wir das immer von Handwerkern machen.«

»Wenn wir reich sind!« Das wünschte er sich sehnlichst.

»Natürlich werden wir reich. Du wirst einen Bestseller schreiben; du bist viel besser als alle anderen. Wahres Talent setzt sich durch.«

Wenn er der Meinung war, daß sie die Natur wahren Talents mißverstand oder nicht begriff, was er instinktiv wußte, daß nämlich Popularität und Kunst unvereinbar sind, so sagte er es nicht. Er sah ihr alles nach. Er küßte sie. Er liebte sie.

»Was sind das für Schatten an der Wand?« fragte sie.

»Die sind immer hier drin«, sagte er. »Die sind von dem Baum, wenn er gegen das Fenster drückt.«

»Wir müssen ihn beschneiden lassen«, sagte sie.

»Es wär schade drum«, sagte er. »So ein wunderschöner alter Baum.«

Er schnitt eine neue Tapetenbahn zurecht.

»Wie kann der Baum Schatten werfen?« fragte sie. »Die Sonne scheint ja gar nicht.«

»Eine Sinnestäuschung durch reflektierendes Licht«, sagte Maurice. Das Messer glitt ihm aus der Hand, und er fluchte.

»Das macht doch nichts«, sagte Vanessa, als sie die zerrissene Tapete sah, »es muß ja nicht perfekt sein. Es ist bloß Wendys Zimmer. Und dann auch nur für Wochenenden. Es ist ja nicht so, daß sie die ganze Zeit hier wäre.«

»Vielleicht sollten wir beide dieses Zimmer nehmen«, sagte Maurice, »und Wendy könnte das Zimmer daneben bekommen. Das guckt auf die Häuser raus. Es hat einen schönen Ausblick und einen Balkon. Das wird ihr gefallen.«

»Mir auch«, sagte Vanessa.

»Ich will nicht, daß Wendy sich zurückgesetzt fühlt«, sagte Maurice. »Besonders nach all dem, was wir ihr zugefügt haben.«

»Was ihr passiert ist«, korrigierte Vanessa mit zusammengepreßten Lippen.

»Und sag nicht ›bloß Wendy‹«, wies er sie zurecht. »Schließlich ist sie mein Kind.«

»Das ist ungerecht! Warum kannst du nicht wie andere Leute sein? Warum mußt du eine Vergangenheit haben?«

Eine Weile lang arbeiteten sie schweigend weiter, und der Geist wand sich bleich in dem Ärger in der Luft. Dann lenkte Vanessa ein und lächelte und sagte: »Wir wollen uns nicht streiten«, und er sagte: »Du weißt doch, daß ich dich liebe.« Und das schöne Vorderzimmer wurde Wendys Zimmer, und das kleine Hinterzimmer beherbergte ihr Ehebett.

»Ich bin sicher, daß ich die Tür zugemacht habe«, sagte Vanessa kurz darauf, »aber jetzt ist sie offen.«

»Das Schloß schließt nicht richtig«, sagte Maurice. »Ich repariere es, wenn ich dazu komme. In einem Haus dieser Größe ist einfach soviel zu tun«, und er seufzte, und der Seufzer wehte durch das offene Fenster auf die Straße.

»Auf Wiedersehn«, sagte Vanessa.

»Warum hast du auf Wiedersehn gesagt?« fragte Maurice.

»Weil die Stores geflattert haben, und wer auch immer durch die Tür hereingekommen ist, ist ganz deutlich durch das Fenster wieder rausgegangen«, sagte Vanessa und dachte, sie machte einen Witz, sie war zu jung und zu schön und zu weit vom Tode entfernt, um sich an einem unsichtbaren Besucher oder etwas Ähnlichem zu stören. Der Geist wirbelte auf den jämmerlichen

Resten von Maurices Seufzer hinaus über die Dächer und die Kuppe des Hügels und hinunter nach Upton Park, wo Winter herrschte, kein Sommer, und Wendy sechs war und aus dem Bett stieg, nackte kalte Zehen auf eisigem Linoleum.

Die Beobachtungen des Geistes erfolgten nun von einer Zeit außerhalb. Vielleicht so, wie ein Mensch auf einer Eisenbahnbrücke steht und einen Zug unten vorbeifahren sieht. Dieser Mensch könnte, wenn er wollte, jeden Punkt entlang des Zuges sehen – vor sich die Zukunft, hinter sich die Vergangenheit, direkt unter sich nimmt er die Hauptsache wahr, den Übergang von der Vergangenheit in die Zukunft, die rumpelnde, lärmende Gegenwart. Der Geist behält den Blick stetig nach vorn gerichtet.

Die Uhr zeigt fünf vor neun; Anne schläft im Bett. Wendy rüttelt sie wach.

»Ich hab kalte Füße«, sagt das kleine Mädchen.

»Dann zieh deine Hausschuhe an«, stöhnt die Mutter aus dem Schlaf heraus. Ein unruhiger, wenig erholsamer Schlaf. Einst lag sie neben Maurice und hatte die Vorstellung, daß sie sich ihre Kraft aus dem schlummernden heißen Körper neben ihr holte, wie aus einer Wärmflasche für die Seele. Sie klammert sich an diese Vorstellung: Sie weigert sich zu schlafen, wie sie es als Kind getan hat, einsam, anständig und brav und sehr wohl in der Lage, sich selber warm zu halten.

»Komm ich nicht zu spät zur Schule?« fragt Wendy.

»Nein«, sagt Anne angesichts des offensichtlichen Gegenteils.

»Es ist so kalt«, sagt Wendy. »Kann ich die Gasheizung anmachen?«

»Nein«, sagt Anne. »Das können wir uns nicht leisten.«

»Papa bezahlt doch die Rechnung«, sagt Wendy hoffnungsvoll. Aber ihre Mutter lacht nur.

»Ich hab Angst«, sagt Wendy, da alles andere nichts fruchtet. Die Gardinen wehen hin und her, und das Fenster ist nicht mal auf. »Kann ich zu dir ins Bett?«

Anne macht Platz, und das Kind kriecht rein.

Ein Ei wackelt an der Tischkante zwischen den Resten Pommes frites und Tomatensauce von gestern abend, fällt runter und zerbricht. Anne setzt sich im Bett auf, vor Schreck hat sie reagiert.

»Wie ist das passiert?« fragt sie laut. Aber es ist niemand da, der antwortet, denn Wendy ist wieder eingeschlafen, und der Geist dreht sich im Kreis herum, nur ein Luftwirbel, aus den Augenwinkeln heraus zu sehen, und ihm hört sowieso keiner zu.

Noch weiter in der Zukunft, und da sitzt Vanessa im Bett, feste Brüste mit braunen Nippeln, halb bedeckt von beigefarbener Spitze. Es ist ein Messingbett, feine Filigranarbeit. Maurice trägt einen schwarzen Seidenschlafanzug. Er sitzt auf der Bettkante und öffnet seine Briefe, während Vanessa frisch ausgepreßten Orangensaft schlürft.

»Sind Schecks dabei?« fragt Vanessa.

»Heute nicht«, sagt er. Maurice ist Schriftsteller. Die Schecks flattern je nach Lust und Laune in den Briefkasten: die Rechnungen kommen in ruhigem, gleichmäßigem Rhythmus. Es ist eine Hase-und-Igel-Situation, und der Igel gewinnt immer.

»Vielleicht solltest du den Beruf wechseln«, schlägt sie vor. »Ingenieur werden oder in die Werbung gehen. Ich hasse es, wenn man sich dauernd um Geld Sorgen machen muß.«

An der Wand verrutscht ein Spiegel an der Schnur und hängt schief. Keiner von beiden merkt es.

»Ist das ein Brief von Anne?« fragt Vanessa. »Was will sie jetzt schon wieder?«

»Es ist ihre Stromrechnung«, sagt er.

»Die soll sie mit ihrem monatlichen Scheck bezahlen. Diese Forderungen schickt sie dir nur, weil sie will, daß du dich schlecht und schuldig fühlst. Sie ist eifersüchtig auf uns. Wie ich Eifersucht verachte! Was für eine fiese Ziege sie ist!«

»Sie hat ein Kind zu versorgen«, sagt Maurice. »Mein Kind.«

»Wenn ich ein Kind von dir hätte, würdest du mich dann besser behandeln?« fragt sie.

»Ich behandle dich absolut gut«, sagt er, zieht das Bettzeug weg, reibt schwarze Seide an beigefarbener Spitze, und der Spiegel fällt ganz von der Wand, sie erschrecken und halten inne.

»Dieses Zimmer muß ganz neu hergerichtet werden«, klagt Vanessa. »Der Putz ist verrottet. Von der Feuchtigkeit kriege ich Arthritis.« Wenn Vanessa die Treppe rauf- und runtergeht, spürt sie manchmal Schmerzen in den Knien.

Wendy ist zehn. Annes Zimmer ist weiß angestrichen, und auf den Stühlen sind Kissen, und die Schmutzwäsche ist im Korb verstaut und bleibt nicht mehr auf dem Boden liegen, und die Zeiten sind ein bißchen besser. Ein bißchen. Leidenschaft liegt in der Luft.

»Vanessa sagt, ich kann die ganze Woche bleiben, nicht nur am Wochenende, und vom Aldermans Drive aus in die Schule gehen!« sagt Wendy. »Bei Papa leben, und nicht bei dir.«

»Was hast du gesagt?« fragt Anne und versucht, beiläufig zu klingen.

»Ich habe gesagt, nein, danke«, sagt Wendy. »Da ist es immer so unruhig. Sie haben dauernd die Handwerker. Bumm, bumm, bumm! Und Papa schließt sich immer in seinem Zimmer ein und schreibt. Ich bin lieber hier, trotz allem. Trotz Feuchtigkeit und Zug und allem.«

Die Feuchtigkeit an der Wand zwischen den vergitterten Fenstern ist schlimmer geworden. Sie bildet eine seltsame Figur, die jeden Tag anders aussieht. Das Haus gehört Maurice. Das Dach über ihrem Kopf verrottet. Er sagt, er hat kein Geld, es reparieren zu lassen. In den Zimmern über ihnen wohnen Leute, die, vom Gesetz geschützt, so gut wie keine Miete zahlen. Woher soll er das Geld nehmen, das er braucht, um das Haus in Schuß zu halten – und warum, sagt Vanessa, sollte er?

»Wir sind Abfallprodukte des Lebens«, sagt Anne zu Wendy, und Wendy glaubt ihr, und ihr Mund wird schmal und verkniffen, anstatt fest und großzügig, wie er hätte werden können, und ihr Aussehen ist verdorben. Anne hat recht, das ist das Problem. Abfallprodukte!

»Mir tut die Schulter so weh«, sagt Anne. Sie hätte zu Hause bleiben, niemals durch die ganze Stadt laufen sollen, um sich unter die Platane an dem Weg hinter dem Aldermans Drive zu stellen und sich diese Anfälle von Eifersucht, Kummer und rasend einsamer sexueller Verzweiflung zu gestatten. Seitdem hat sie Rheuma. Aber sie fühlte nun einmal, was sie fühlte. Für seine Handlungen kann man was, für seine Gefühle nicht.

Der Geist schaut weiter voraus in die Zukunft im Aldermans Drive und findet das Bett in dem kleinen Hinterzimmer nicht mehr vor, statt dessen einen Eßtisch und brennende Kerzen und Gäste, und serviert wird Pilzcremesuppe. Die Kerzen werfen Schatten an die Wand: hierhin, dorthin. Eine Besucherin versucht sie sich zu erklären, kann es aber nicht. Sie hat eine blonde Haarmähne und blasse Haut und einen lachenden Mund, anders als Maurices andere Frauen. Sie heißt Audrey. Sie ist Schauspielerin. Maurices Haar fällt aus. Er hat Geheimratsecken und statt eines Vollbarts jetzt einen Schnurrbart, und er wirkt eher berühmt als aufstrebend. Seine Hand streichelt sanft Audreys kleine Hand, und Vanessa sieht es. Maurice fordert ihre Eifersucht heraus: er lächelt seine Frau mild und grausam an. Er wendet sich Audreys Mann zu, der achtzehn Jahre älter ist als Audrey, und sagt: »Ah, die Jugend, die Jugend!« und gibt Audreys Hand zurück, schließt die Finger des Mannes über denen der Frau, so daß bestimmt niemand Anstoß nehmen kann, und Vanessa ist über ihren eigenen Kummer verwirrt, und ihr Weinglas kippt von ganz allein um.

»Vanessa! Wie ungeschickt!« sagt Maurice vorwurfsvoll.

»Aber das war ich doch gar nicht!« sagt sie. Niemand glaubt ihr. Warum sollten sie? Sie schütten Weißwein auf den Fleck, um das Rot zu neutralisieren, und es funktioniert, und wenn kurze Zeit später jemand das Tischtuch gesehen hätte, hätte er nicht gewußt, daß überhaupt irgend etwas Ungewöhnliches vorgefallen ist.

»Wir müssen Sicherheit haben«, weint Vanessa von Zeit zu Zeit. »Ich kann diese ganze Unsicherheit nicht mehr ertragen! Du mußt mit der Schriftstellerei aufhören. Oder was anderes schreiben. Hör auf, Romane zu schreiben. Schreib lieber fürs Fernsehen.«

»Nein, du mußt aufhören, das Geld auszugeben«, schreit er. »Hör auf, das Haus aufzumotzen. Hier was verändern, da was verändern.«

»Aber ich will, daß es schön ist. Wir müssen ein Kinderzimmer haben. Ich kann das Baby nicht in eine Schublade legen.«

Vanessa ist schwanger.

»Warum nicht? Anne mußte das, und das hatte sie dir zu verdanken.«

»Anne! Kannst du Anne überhaupt nicht vergessen?« kreischt sie. »Müssen wir sie bis in alle Ewigkeit am Hals haben? Sie hat uns das Leben ruiniert.«

Aber ihr Leben ist nicht ruiniert. Das kleine Hinterzimmer wird Kinderzimmer. Das Baby schläft da. Es ist ein Junge, er heißt Jonathan. Er schläft schlecht und schreit viel, und es ist schwer, ihn zu lieben. Seine Augen folgen den Schatten an der Wand, hierhin, dorthin.

»Seine Augen sind völlig in Ordnung«, sagt der Arzt beim Hausbesuch und wundert sich über die Ängste der Mutter. »Aber er hat's auf der Brust.«

Vanessa sitzt am Kinderbett und wiegt ihr fieberndes Kind.

»For you and I –« singt sie, wie sie eben singt, wenn sie nervös ist und die Angst mit einer Melodie vertreibt, »– have a guardian angel – on high with nothing to do – but to give to you and to give – to me – love for ever – true –«

Maurice ist im Zimmer. Vanessa weint.

»Aber warum gehst du nicht wieder arbeiten?« will er wissen. »Das würde mich entlasten. Ich könnte schreiben, was ich will, und nicht, was ich muß.«

»Ich will mich selber um mein Kind kümmern«, jammert sie. »Es ist Männersache, für den Unterhalt der Familie zu sorgen. Und du bist nicht gerade William Shakespeare. Warum schreibst du keine Filmskripts? Da steckt das große Geld drin.«

Das Baby hustet. Der Arzt sagt, die Feuchtigkeit im Zimmer schadet seiner Gesundheit.

»Ich habe dieses Zimmer nie gemocht«, sagt Vanessa, als sie

und Maurice das Kinderbett hinaustragen. »Und du und ich, wir streiten uns immer da drin. Das Streitzimmer. Ich hasse es. Aber dich liebe ich.«

»Ich liebe dich«, sagt er und weiß, daß er lügt.

Der Geist blickt in die Zukunft. Der Aldermans Drive ist eine der begehrtesten Straßen in Bristol geworden, durch die erleuchteten Fenster kann man die ganze neue Farbe, das französische Küchengerät und die walisischen Anrichten sehen. Der Besitz läuft auf Maurices Namen, was vernünftig erscheint, da er das Geld verdient. Er schreibt Filme, für Hollywood.

Annes Bett wird am Tage zu einer Schaumstoffcouch: sie hat einen Kochherd anstatt eines Gasrings; die Gitter vor den Fenstern sind nicht mehr da. Die Scheiben sind aus extrastarkem Glas. Sie hat sich Telefon legen lassen. Wendy trägt Plateauabsätze und tut sich Creme auf die Pickel.

Der Geist blickt noch weiter nach vorn, und Anne hat einen Freund. Ihr gegenüber sitzt ein Mann in einem frischbezogenen Sessel. Zerbrochene Sprungfedern sind festgeklebt worden. Manchmal läßt sie ihn in ihr Bett, aber sein Fleisch ist kühl und nicht allzu fest, und sie erinnert sich an Maurices Körper, wie eine Wärmflasche in ihrem Bett, und will ihn nicht vergessen. Will nicht. Kann nicht.

»Ist es falsch, Menschen zu hassen?« fragt Anne. »Ich hasse Vanessa, und mit gutem Grund. Sie ist eine Diebin. Warum laden die Leute sie in ihr Haus ein? Begreifen sie das nicht, oder ist es ihnen einerlei? Sie hat meinen Mann gestohlen: sie hat versucht, mein Kind zu stehlen. Maurice ist niemals glücklich mit ihr gewesen. Er wollte mich nie verlassen. Sie hat ihn verführt. Sie dachte, daß er eines Tages berühmt werden würde; wie unrecht sie hatte! Er ist fertig, weißt du! Eines Tages wird er zu mir zurückkommen beziehungsweise, was von ihm übrig ist, und ich soll die Stücke aufsammeln.«

»Aber er ist mit ihr verheiratet. Sie haben ein Kind. Wie kann er zu dir zurückkommen?« Er ist ein netter Mann, ein Vertreter, bedächtig und freundlich.

»Ich war auch mit ihm verheiratet. Ich habe auch ein Kind von ihm.«

Wie stur sie ist!

»Du bist ganz besessen davon.« Allmählich wird er ärgerlich. Er ist aber schon oft genug ärgerlich gewesen und doch immer geblieben. »Solange du Maurices Geld nimmst, wirst du dich nie von ihm befreien.«

»Die paar jämmerlichen Pfennige! Was machen die schon aus? Ich lebe in Armut, während sie in Saus und Braus lebt. Er ist Wendys Vater. Er ist verpflichtet, uns zu ernähren. Er war schließlich der schuldige Teil.«

»Das Gesetz unterscheidet in Scheidungsangelegenheiten nicht mehr zwischen schuldig und nicht schuldig.«

»Na, das sollte es aber!« Sie ist wütend. »Er sollte dafür bezahlen, was er Wendy und mir angetan hat. Er hat unser Leben zerstört.«

Der Geist wird von ihren Gedanken, die sich beständig um die eigene Achse drehen, eingelullt; er döst vor sich hin; reagiert eines Morgens auf einen Verzweiflungsanfall, einen entscheidenden Schritt des Mannes, als er Annes unbefriedigendes Bett verläßt, sich leise anzieht: gehen und nie wieder zurückkommen will. Er schaut in den Spiegel, um seine Krawatte geradezuziehen, und sieht statt seines eigenen Annes Gesicht.

Er schreit auf, und Anne erwacht.

»Es tut mir leid«, sagt sie. »Geh nicht.«

Aber er geht und kommt nicht wieder.

Die Kluft zwischen dem, was sein könnte, und dem, was ist, hat ihn besiegt.

Anne hat einen Job als Kellnerin. Eine Demütigung. Maurice weiß nicht, daß sie Geld verdient. Anne hält es geheim, denn Vanessa hätte mit Sicherheit liebend gern eine Ausrede, um Annes Unterhalt zu kürzen, der ohnehin schon von der Inflation angefressen wird.

Die Maler sind wieder im Aldermans Drive. Der Geruch nach frischem Gips hält den Geist in Alarmbereitschaft. Die Tapete wird von den Wänden gerissen: hier werden Türen durchgeschlagen: dort Wände abgetragen. Die Katze wird von dem Geist gescheucht wie ein Blatt vom Wind, sucht einen Durchschlupf, findet keinen, wird in dem kleinen Hinterzimmer in die Enge getrieben, in das Tiere, wenn sie es irgendwie vermeiden können, nie gehen und in dem Schatten hin- und hertanzen und die winzigen überkreuzliegenden Knochen eines toten Sperlings unter der Holzverkleidung liegen.

»Raus hier, Katze!« schreit Vanessa. »Ich hasse Katzen, Sie nicht? Maurice liebt sie. Aber sie mögen mich nicht: dauernd haben sie versucht, mir auf der Treppe ein Bein zu stellen, wenn ich nachts nach dem Kind sehen mußte.«

»Sie waren vermutlich eifersüchtig«, sagt der Mann neben ihr. Er ist jung und hübsch, hat falsche, schlaue Augen und einen sinnlichen Mund. Er ist Maler. Das Zimmer betrachtet er mißbilligend und Vanessa spekulativ.

»Das schlimmste Zimmer im Haus«, lamentiert sie. »Es ist schon Schlafzimmer, Eßzimmer, Kinderzimmer gewesen. Nichts haut hin! Ich hoffe, als Badezimmer ist es besser.«

Er bewegt seine Hand in Richtung ihres Nackens, aber sie lacht und tritt einen Schritt zur Seite.

»Der Putz ist scheußlich feucht«, sagt er, und wie zum Beweis fallen die Gardinenstangen ganz aus der Wand und verursachen ein schreckliches Krachen und Getöse, und die Katze heult auf, und Vanessa kreischt, und Maurice kommt mit großen Schritten die Treppe herauf, um zu sehen, was los ist. Und was zwischen Vanessa und Toby in der Luft hing, verflüchtigt sich. Der Geist ergreift Annes Partei – wenn Geister Partei ergreifen.

Wie vornehm und langweilig das Haus jetzt ist! Es riecht schwach nach Chlor; das kommt von dem Swimmingpool im Keller. Die Wände im Treppenflur sind verspiegelt: ein Hausmädchen poliert auf dem ersten Absatz daran herum, aber sie sind immer ein bißchen beschlagen. Sie ist höchst verwundert, wie lange die Blumen halten, die auf der kleinen, zweihundert Jahre alten Konsole stehen; Vanessa hat sie Maurice zu seinem zweiundfünfzigsten Geburtstag geschenkt. Das Hausmädchen ist in Maurice verliebt, aber Maurice hat andere Eisen im Feuer.

Noch weiter in der Zukunft: Im Badezimmer geht irgend etwas vor. Die Badewanne ist tiefblau, und die Wasserhähne sind golden, und die Tapete rosa, aber die Schatten an der Wand tanzen immer noch hin und her.

Audrey hat Rotwein auf ihr Kleid gegossen. Sie ist noch schöner als früher. Sie ist klug. Sie ist auch nicht mehr verheiratet oder Schauspielerin: sie ist Rechtsanwältin. Das bewundert Maurice über die Maßen. Er ist der Meinung, daß Frauen sich nützlich machen sollten, nicht so sein sollten wie Vanessa. Er hat die Mädchen satt, die junges Fleisch und feuchte Augen haben und sein Bett lieben, ihn in ihrem tiefsten Inneren aber verachten. Audrey verachtet ihn nicht.

Vanessa hat vergessen, wie das geht.

Maurice hilft Audrey, ihr Kleid auszuwaschen. Seine Hände wandern hierhin und dorthin. Das ist sie gewöhnt; es macht ihr nichts aus.

»Was sind das für Schatten an der Wand?« fragt sie.

»Eine Sinnestäuschung durch das Licht«, sagt er.

»Vielleicht sollten wir Weißwein benutzen, um den Rotwein rauszukriegen«, sagt sie. »Erinnerst du dich an den Abend vor langer, langer Zeit? Das war hier in dem Zimmer, nicht wahr? Vanessa benutzte es damals als Eßzimmer. Ich glaube, an dem Abend habe ich mich in dich verliebt.«

»Und ich mich in dich«, sagt er.

Stimmt das? – Er kann sich kaum daran erinnern.

»Die ganze lange Zeit, die wir verschwendet haben«, lamentiert er, und es trifft für beide durchaus zu. Sie lieben einander.

»Mein lieber Maurice«, sagt sie, »ich kann es nicht ertragen, dich so unglücklich zu sehen. Das ist alles Vanessas Schuld. Ihretwegen schreibst du nicht mehr. Wenn sie nicht wäre, wärest du ein großer Schriftsteller, nicht nur ein Hollywood-Schreiberling! Du könntest es immer noch werden!«

Er lacht, aber er ist gerührt. Da ist was dran, denkt er. Wenn

Vanessa nicht wäre, wäre er nicht nur reich und erfolgreich, er wäre reich, erfolgreich und anerkannt.

»Vanessa sagt, in diesem Zimmer spukt es«, sagt er und sieht selbst die Schatten, endlich beinahe deutlich abgehoben, ein Körper hängt in einer Schlinge, eine ermordete Frau oder eine, die sich selbst gemordet hat. Was macht das schon? Das macht die Liebe. Die Liebe und Geister.

»Was ist los?« fragt Audrey. Sie ist blaß.

»Wir könnten von hier weggehen«, sagt er. »Das Haus verlassen. Du und ich.«

Ihre klugen, leidenschaftlichen Augen glitzern listig. Wie er sie liebt!

»Es wäre schade, das alles aufzugeben«, sagt Audrey. »Schließlich und endlich ist es dein Zuhause. Vanessa hat es nie gemocht. Wenn hier jemand weggeht, sollte sie es sein.«

Eine Woche später sind die Blumen auf dem Treppenabsatz immer noch frisch und duften. Das Tischchen, auf dem sie stehen, wird Maurice behalten – Vanessa hat es ihm ja schließlich geschenkt. Wenn man jemandem etwas schenkt, gehört es für immer und ewig ihm. Das sagt das Gesetz, sagt Audrey.

Vanessa entfernt ihre Habseligkeiten vom Badezimmerregal. Sie will nichts, was ihm gehört, nichts. Nur ein paar persönliche Sachen – Zahnbürste, Zahnpasta, Reinigungsmilch. Sie wird ihr Kind nehmen und gehen. Sie kann mit ihm nicht unter einem Dach bleiben, und er will nicht gehen.

»Du mußt einsehen, daß es für uns alle am besten so ist, Vanessa«, sagt Maurice verlegen. »Du und ich, wir sind eigentlich seit Jahren nicht mehr zusammen.«

»Und die ganze Zeit zusammen im Bett?« fragt sie. »Das war nicht zusammen? Die Essen, die Urlaube, die Freunde, das Haus? Das Kind? Nicht zusammen?«

»Nein«, sagt er. »Nicht so zusammen, wie ich mich mit Audrey zusammen fühle.« Das kann sie kaum glauben. Bisher ist sie eher schockiert als traurig. Bald wird die Traurigkeit einsetzen: aber jetzt noch nicht.

»Ich werde natürlich für dich sorgen«, sagt er, »für dich und das Kind. Ich habe immer für Anne gesorgt, oder etwa nicht? Für Anne und Wendy.« Vanessa dreht sich um und starrt ihn an, und über seiner Schulter sieht sie eine tote Frau von einem Seil hängen, aber wer weiß schon, wo die Träume anfangen und die Wirklichkeit aufhört? Gewiß, im Augenblick lebt sie in einem Alptraum. Sie sieht Maurice wieder an und sieht die Schrecken ihres eigenen Lebens, und der hin- und herschwingende Körper verschwindet langsam, wenn er überhaupt jemals da war. Die Tür geht ganz von selbst auf.

»Du hast das Schloß nie repariert«, sagt sie.

»Nein«, sagt er. »Dazu bin ich nie gekommen.«

Der Zug ist fast unter der Brücke durch. Die Vergangenheit hat die Gegenwart eingeholt, und die Gegenwart löst sich in die Zukunft auf, und die Zukunft ist fast überhaupt nicht zu erkennen.

Es ist 1980. Die beiden Frauen, Anne und Vanessa, sitzen zusammen in dem Zimmer in Upton Park. Der feuchte Fleck ist zwar wieder da, aber hinter einem der zahlreichen Poster verborgen, die die Frauen aufrufen, zu leben, sich zu befreien, zu protestieren, ihre Rechte wieder einzufordern, Lohn für Hausarbeit zu verlangen, alles Erdenkliche zu tun, nur nicht zu lieben. Das Persönliche, verkünden sie, ist das Politische. Andere Frauen gehen in dem Zimmer ein und aus.

»Selbst wenn die Gegenwart gut ist«, sagt Anne, »man kann die Vergangenheit nicht ungeschehen machen. Ich habe soviel von meinem Leben vergeudet. Wenn ich zurückschaue, sehe ich Szenen, an die ich mich lieber nicht erinnern möchte. Kleinigkeiten, Albernheiten sogar. Wendy, wie sie zu spät zur Schule kommt, ein Liebhaber, der in den Spiegel guckt. Feuchtigkeit an einer Wand. Ich habe immer geglaubt, in diesem Zimmer spukt es.«

»Das hab ich auch immer von Aldermans Drive geglaubt«, sagt Vanessa, »aber jetzt ist mir klar, was es war. Was ich gespürt habe, war mich selbst heute, wie ich zurückschaue; mich heute, wie ich mein Ich von damals beobachte, mich selbst, wie ich mich traurig daran erinnere, was ich war und nie hätte sein müssen.«

Sie sprechen über Audrey.

»Angeblich betrügt sie ihn«, sagt Anne. »Na ja, er ist fast sechzig, und sie ist fünfunddreißig. Was hat er denn erwartet?«

»Liebe«, sagt Vanessa, »wie wir alle.«

Wochenende

Um neunzehn Uhr dreißig waren sie abfahrbereit. Martha hatte alles im Auto verstaut und die drei Kinder ordentlich angezogen auf dem Rücksitz, versorgt mit pädagogisch wertvollen Spielen und Vollkornkeksen. Wenn das Auto startbereit war, machte Martin immer den Fernseher aus und kam runter, schloß das Haus ab, Haustür und Hintertür, und setzte sich ans Steuer.

Wochenende! Nur zwei Stunden Fahrt, Freitag abends, runter zum Wochenendhaus, die Rückfahrt am Sonntagabend dauerte drei Stunden. Und dazwischen die Freuden der Natur und Gäste. Wie gut hatten sie es, dachten sie, wie gut.

Freitags nahm Martha immer den Achtzehn-Uhr-zwölf-Bus nach Hause und machte Tee und belegte Brote für die Familie: dann zog sie vier Betten ab und steckte die Laken und Bettbezüge für Montag in die Waschmaschine: nahm das Landbettzeug aus dem Korb, plus die Bücher und die Spiele, plus das Essen für das Wochenende – in Abständen während der Woche erworben, damit es auf einmal nicht zu schwer war –, plus ihre eigene Mappe mit Arbeit aus dem Büro, plus Martins Zeichenutensilien (sie war Marktforscherin in einer Werbeagentur, er Designer, freiberuflich), plus Haarbürsten, Jeans, T-Shirts zum Wechseln, Jolyons Antibiotika (er litt an Erkältungen), Jennys Blockflöte, Jaspers Kassettenrecorder und so weiter – ah, das Und-so-weiter – und verstaute alles geschickt und rasch im Kofferraum. Unter der Woche konnte man nur sehr wenig in dem Wochenendhaus lassen (»Geradezu eine Aufforderung für Einbrecher«: Martin). Dann rannte Martha räumend und wischend durchs Haus, erledigte dies und das, fand die Katze bei dem einen Nachbarn und lieferte sie bei dem anderen ab, während ihre Lieben Abendbrot aßen, und normalerweise war sie stolz mit allem fertig, wenn sie ihren letzten Bissen gegessen hatten. Martin konnte gerade noch die Nachrichten auf BBC2 sehen, während sie den Abendbrottisch abdeckte und die Kinder die besten Plätze im Auto ausknobelten. »Martha«, sagte Martin heute abend, »du solltest dafür sorgen, daß Mrs. Hodder mehr tut. Sie nutzt dich aus.«

Mrs. Hodder kam zweimal die Woche zum Putzen. Sie nahm zwei Pfund die Stunde: Martha bezahlte sie von ihrem eigenen Geld: nun, der Haushalt war Marthas Bereich. Wenn Martha arbeiten ging – was ihr gutes Recht war, wie Martin einräumte, selbst wenn es nicht das beste für die Kinder war, aber das hatte Martha moralisch zu verantworten –, mußte Martha gewiß doch ihre häusliche Vertretung bezahlen. Eine Selbstverständlichkeit, auf die Martin oft laut und deutlich hinwies, in Marthas Herz war das angekommen.

»Wahrscheinlich hast du recht«, sagte Martha. Sie wollte sich nicht streiten. Martin hatte eine lange, harte Woche hinter sich und mußte jetzt fahren. Martha war vor vier Monaten wegen Trunkenheit am Steuer der Führerschein entzogen worden. Alle waren einhellig der Meinung, daß das unfair war. Martha trank selten übermäßig: schon allein deshalb, weil sie gewöhnlich zu sehr damit beschäftigt war, anderen Leuten einzuschenken oder deren Gläser abzuwaschen, als daß sie viel in sich selbst hätte reinkriegen können. Aber Martin hatte sie an ihrem Geburtstag zum Essen ausgeführt, wie es seine Gewohnheit war, und vor Erschöpfung und Aufregung war sie unvorsichtig geworden, und ehe sie wußte, wie ihr geschah, na, da stand sie vor dem Kadi, und mußte einen verbogenen Lampenmast und eine neue Motorhaube bezahlen, und der Führerschein war für sechs Monate weg.

Also mußte jetzt Martin ihr Auto zum Wochenendhaus fahren, und er war freitags immer müde, und sonntags immer schlapp und schläfrig, und sie hatte das vage Gefühl, als sei jedes Klappern und Rumsen des Motors ihre Schuld.

Martin hatte einen kleinen Sportwagen für London und für die Arbeit: er war so wunderbar wendig im Verkehr: Martha hatte einen alten Kombi, der Platz für Kinder, Picknickkörbe, Bettzeug, Essen, Spiele, Pflanzen, Getränke, tragbare Fernseher und all die Sachen hatte, wie sie anständige Leute eben für Wochenenden auf dem Lande benötigen. Der Kombi zockelte mehr vor sich hin, als daß er losschwirrte, und das machte Martin immer wütend. Er sagte selten ein harsches Wort, aber Martha, wie alle Frauen, erkannte seine Stimmung eher an dem, was er nicht sagte, als an dem, was er sagte, und daran, wie er den Kopf zurückwarf und seine fröhlichen Augen mit den Fältchen noch fröhlicher wurden und noch mehr Fältchen kriegten – und natürlich daran, wie er mit Marthas Auto umging.

»Na, los doch, du alte Klapperkiste! Mehr hast du nicht drauf? Du bist zu alt, das ist dein Problem. Hör auf zu maulen. Immer maulst du rum, es ist doch bloß ein Berg. Du bist zu breit in den Hüften. Da kommst du nie durch.«

Martha machte sich Sorgen wegen ihres Alters, ihrer Neigung, zu nörgeln, und wegen ihrer breiten Hüften. Sie nahm die Bemerkungen persönlich. War das richtig? Die Kinder merkten nichts: es war nur der witzige, gut aufgelegte, lachende Papa, der Witze über Mamas Auto machte. Mama, die erwischt worden war, als sie betrunken Auto gefahren war. Mama, die mit ihrer emsigen Geschäftigkeit eine tiefverwurzelte Melancholie verbarg. Immer so beschäftigt: geschäftig!

Martin lachte immer nur, wenn sie etwas dazu sagte, wie er mit ihrem Auto sprach, und er warnte sie davor, paranoid zu werden. »Werde nicht so wie deine Mutter, Liebling.« Marthas Mutter hatte, als sie alt wurde, geglaubt, die Menschen hätten sich gegen sie verschworen. Marthas Mutter hatte ihr Leben zurückgezogen und voller Argwohn verbracht und Marthas Kindheit zu einer eisigen und einsamen Zeit gemacht. Verglichen damit war das Leben für Martha jetzt wunderbar. Leute, Kinder, Häuser, Gespräche, das Essen, Trinken, Theater – jetzt sogar eine Berufstätigkeit. Zwischen ihr und der Feindseligkeit der Welt stand Martin – der beliebte, lockere, witzige Martin, der den Rest der Welt in seinen Bann zog.

Ah, sie war dankbar: die kleine, ernste Martha, mit ihrer Schüchternheit und ihrem Hang, langweilige Prüfungen zu bestehen – wie ihr Leben zum Blühen gebracht worden war! Außerdem drei Kinder – Jasper, Jenny und Jolyon –, alle mit Martins breiter Stirn und seinem offenen Blick und dem Selbstvertrauen, das ihrer Liebe und Sorge entsprungen war und der Arbeit, die sie, seit sie auf der Welt waren, in sie gesteckt hatte.

Martin fährt, Martha, endlich einmal, döst.

Das richtige Essen, die richtigen Worte, das richtige Spielzeug. Ärzte für die Mandeln: Zahnärzte für die Backenzähne. Schießgewehre beschlagnahmen: Fernsehen zensieren: Kreativität fördern. Farben und Papier zur Hand: Bücher auf den Regalen: Besuche bei den Lehrern. Musiklehrer. Tanzstunden. Parties. Freundinnen und Freunde zum Abendessen. Schultheater. Tage der offenen Tür. Jugendorchester.

Ein Ruck weckt Martha auf. Eine Ampel. Martin mag es nicht, wenn Martha schläft, während er fährt.

Kleidung. Oh, Kleidung! Kann dies nicht anziehen: muß das anziehen. Klamottenläden. Kleiderhaufen in Ecken: regelmäßig gewaschen, warten aber darauf, gebügelt zu werden, warten darauf, weggelegt zu werden.

Die Kleiderhaufen müssen weg, in den Wäschekorb. Martin mag keine Unordnung.

Kreativität entsteht aus Ordnung, nicht aus dem Chaos. Fünf Jahre nicht berufstätig, während die Kinder klein waren: danach kann man nur ohne die Vorteile langer Betriebszugehörigkeit wieder anfangen. Was hast du gedacht, von nichts kommt was? Wenn du Kinder hast, Mutter, dann ist das dein Lohn. Von dieser Welt ist er nicht.

Hast du genug zu essen mitgenommen? Immer schwer einzuschätzen.

Essen. Oh, Essen! Einkaufen in der Mittagspause. Alles nach Hause schleppen. Mittwochs vorkochen und einfrieren, wenn

Martin bei seinem Autoreparatur-Abendkurs ist und nicht merkt, wie nervös du bist. Martin mag es, wenn du dich abends ruhig hinsetzt. Obst, Fleisch, Gemüse, Mehl für das selbstgebackene Brot. Hm, gekauftes Brot ist voll von Chemie. Tiefgekühltes Essen, sogar selbstgekochtes, verliert den Geschmack. Dahingehend äußert sich Martin oft. Gewürze. Alle lieben Mangochutney. Aber die Kosten!

Links der Londoner Flughafen. Schaut, Kinder, schaut! Eine Concorde? Nein, du Blödmann, natürlich ist es keine Concorde. Ah, für alle alles zu sein: Kinder, Mann, Arbeitgeber, Freunde! Man kann es schaffen: ja, man kann: Super-Frau.

Getränke. Selbstgemachter Wein. Warum nicht? Aus dicken, kräftigen Holunderbeeren, in London gewachsen: und wenigstens weiß man, was drin ist. Bewahr ihn oben in den Vorratsschränken auf: massig Platz: rauf und runter die Trittleiter. Vorsicht! Rutsch nicht aus. Mach nichts kaputt.

Bloß keinen Unfall. Unfälle sind Freudsche Fehlleistungen, Mutwilligkeiten, zeugen von schlechter Laune!

Martin kann schlechte Laune nicht ausstehen. Martin mag schlanke Damen. Diät. Martin ist von seiner Sekretärin ganz schön angetan. Diät. Martin bewundert schlanke Beine und einen großen Busen. Wie kriegt man beides? Unmöglich. Aber versuch es, versuch zu sein, was du sein solltest, nicht, was du bist. Innen und außen.

Martin kommt mit Blumen und Pralinen an: entführt Martha auf Wochenendurlaube. Wunderbar! Der beste Ehemann der Welt: Schau in seine von Fältchen umzogenen, fröhlichen, sanften Augen: Da siehst du es. So, der Mund verzieht sich ein bißchen zu so was wie einen Flunsch. Macht nichts. Sieh ihm in die Augen. Liebe. Es muß Liebe sein. Du hast ihn geheiratet. *Du. Du* verdienst doch sicher wahre Liebe?

Die Ebene um Salisbury. Stonehenge. Schaut, Kinder, schaut! Mutter, wir haben Stonehenge schon hundertmal gesehen. Schlaf weiter.

Kochen! Ah, kochen. Die Leute lieben die Abendessen bei

Martin und Martha. Die Planung machst du in der Mittagspause. Wenn du den Achtzehn-Uhr-zwölf-Bus kriegst, kannst du das Fleisch anbraten, während du das Eiweiß schlägst, während du die Katze fütterst, während du den Tisch deckst, während du die Bohnen putzt, während du den Käse zurechtlegst, Ziegenkäse, Martin liebt Ziegenkäse, Martha versucht, Ziegenkäse zu mögen – oh, Bett, Schlaf, Frieden, Ruhe.

Sex! Ah, miteinander schlafen. Orgasmus, bitte. Martin wünscht es so. Gut, du doch auch. Und du willst doch nicht, daß seine Sekretärin für eine Leidenschaft sorgt, die zu entwickeln du versäumt hast. Oder? Schnell, schnell, das allumfassende Band. Liebe. Eheliche Liebe.

Sekretärin! Wahrscheinlich ein sehr gewöhnlicher Verdacht: weiter nichts. Wahrscheinlich ein Anfall von Verfolgungswahn, à la Mutter, jetzt tot und von uns gegangen.

In Frieden.

R. I. P.

Eisige, einsame Mutter, die sich von ihrem Mißtrauen leiten ließ, egal, wo es hinführte.

Bald da, Kinder. Bald im Paradies, bald im Häuschen. Eßt noch einen Keks.

Echte Rosen umranken die Tür.

Rosen. Beschneiden, Unkraut jäten, sprühen, spritzen, pflükken. Paß auf, die Dornen. Eines der wenigen harschen Worte von Martin.

»Martha, du kannst doch nicht keine Rosen wollen! Mit was für einem Menschen bin ich verheiratet! Einem Anti-Rosen-Charakter?«

Grünes Gras. Oh Gott, Gras. Gras muß gemäht werden. Erholsamer Rasen, Gänseblümchen springen auf, Butterblumen leuchten. Rosen und Gras und Bücher. Bücher.

Bitte, Martin, müssen wir die zweihundert Bücher haben, die vielen Erstausgaben aus den Zwanzigern, die du an einem deiner freien Nachmittage bei Christies im Ausverkauf gekauft hast? Bücher müssen abgestaubt werden.

Brüllendes Gelächter von Martin, Jasper, Jenny und Jolyon. Mama sagt, wir sollten keine Bücher haben: Bücher müssen abgestaubt werden!

Rosen, grünes Gras, Bücher und Frieden.

Als sie am Haus ankamen, erwachte Martha mit einem Ruck und gab einen kleinen Schrei von sich, über den alle lachen mußten. Mamas Aufwachschrei hieß es immer.

Dann mußten das Auto ausgepackt und die Betten bezogen und der Strom angeschaltet und das Abendessen gemacht und die Spinnweben entfernt werden, während Martin das Feuer anmachte. Dann das Abendessen – Schweinekoteletts in Süßsauersoße (»Schweinefleisch ist so *fade*, wenn man es nicht richtig kocht«: Martin), grüner Salat aus dem Garten oder das an grünem Salat, was die Kaninchen übriggelassen hatten (»Martha, hast du das Netz wirklich richtig darüber gemacht? Jetzt sag ehrlich!«: Martin), und Röstkartoffeln. Püree ist so pampig und gewöhnlich und Kartoffelbrei aus der Tüte undenkbar. Mit Hilfe ihrer Sternenkarte studieren die Kinder den Nachthimmel. Wunderbare Kinder, die einem so viel geben!

Dann das Abendessen wegräumen: den Teig fürs Brot zum Gehen in den Ofen: Martin schon im Bett, erschöpft vom Fahren und Feueranmachen (»Martha, wir müssen die Scheite wirklich ordentlich aufstapeln. Sagst du das bitte den Kindern, ja?«: Martin). Fegen und aufräumen: die Fernsehantenne richtig einstellen. Den Saum an Jaspers Jeans da hochnehmen, wo er ihn runtergetreten hat (»Er kann doch nicht *so* rumlaufen, Martha. Nicht mal Jasper«: Martin). Mitternacht. Gute Nacht. Am nächsten Morgen kommen Wochenendgäste. Also zu siebt beim Mittag- und Abendessen am Samstag. Zu siebt beim Frühstück am Sonntag, zu neunt beim Mittagessen am Sonntag (»Mach dir keine Umstände, Liebes. Du machst dir immer solche Umstände«: Martin). Oh Gott, die Knoblauchpresse vergessen. Das heißt zehn Minuten reiben mit der Rückseite des Löffels und Salz. Hm, wer will Knoblauch*klümpchen*? Keiner. Martins Gäste nicht. Hat Martin gesagt. Schlaf.

Colin und Katie. Colin ist Martins ältester Freund. Katie ist seine neue, junge Freundin. Janet, Colins andere, frühere Frau, war Marthas Freundin. Janet war eher so wie Martha, ruhiger als ihr Mann und farbloser. Nörgelte und nervte, fand Martin eigentlich und sagte es, und natürlich ließ sie sich gehen, fanden alle anderen. Das entschuldigte Colin zwar nicht direkt dafür, daß er sie verlassen hatte, aber die Versuchung dazu war verständlich.

Katie versus Janet.

Katie war sinnlich, schön und elegant. Sie sprach langsam und gedehnt. Sie hatte ausdrucksstarke Hände: ihre Füße waren klein und feminin. Sie hatte keine Kinder.

Janet schlurfte auf sehr platten, ziemlich großen Füßen durch die Gegend. Irgend etwas stimmte nicht mit ihnen. Sie drehten sich leicht nach außen, wenn sie lief. Sie hatte zwei Kinder. Um ehrlich zu sein, sie war langweilig. Aber Martha mochte sie: Wenn Janet sie im Haus besuchte, wusch sie ab. Nicht so, wie die meisten Gäste abwaschen – pflichtbewußt spülen und alles auf das Abtropfgestell legen –, sondern sie trocknete auch ab und räumte die Sachen weg. Und Janet machte das Bad sauber und schaffte es, daß die Kinder alle saßen, jedes Kind richtig auf einem Stuhl, sogar die kleinsten, und sie waren ruhig und zufrieden, so daß die Erwachsenen – gut, die Männer – sich weiter unterhalten und amüsieren und ihr Wochenende auf dem Land genießen konnten, während Janet ins Leere starrte, als ob sie für die Ruhe dankbar sei, ganz glücklich.

Janet tat auch was im Garten. Die Erdbeeren jäten, während die Männer auf ihrem Spaziergang waren; ihre großen Füße standen fest und platt da und zertraten manchmal eine Pflanze oder so was, aber macht nichts, oh, macht nichts. Die liebe Janet, die wußte, was los war.

Jetzt war Janet weg, und Katie war da.

Katie unterhielt sich mit den Männern und ging mit den Männern spazieren und schob ihren Aschenbecher reichlich ungeduldig zur Seite, wenn Martha versuchte, die Gläser rundherum abzuräumen.

Geschirr war langweilig, deutete Katie durch ihr Verhalten an, und häusliche Angelegenheiten waren langweilig, und jeder, der sich damit abgab, war blöde. Wie Martha. Asche sollte da liegenbleiben dürfen, wo sie war, selbst wenn es die Butter war, und Gespräche sollten nie gestört werden.

Klopf, klopf. Katie und Colin trafen um ein Uhr fünfzehn in der Nacht vom Freitag zum Samstag ein, kurz nachdem Martha ins Bett gegangen war. »Es macht euch doch nichts aus? Es war das Mondlicht. Wir konnten ihm nicht widerstehen. Ihr hättet Stonehenge sehen sollen! Wir haben euch doch nicht gestört? Wir sind ja solche Frühaufsteher!«

Martha stoppelte ein schnelles Omelettegericht zusammen. Die Eier für Samstagabend (»Martha kann so gute Omelettes machen«: Martin) (»Süße, mach eins von deinen Champignonomelettes: koch die Champignons extra, denk daran, mit Zitrone. Sonst kommt das Wasser von den Pilzen in das Ei und verdirbt alles.«) Die Champignons vom Sonntagabendessen. Aber ungastlich, was zu sagen.

Der Anblick von Colin und Katie hatte Martin wundersam wiederbelebt. Er holte die Whiskyflasche hervor. Gläser, Eis. Wasserkaraffe. Warten. Noch ein Becken voll Abwasch, wenn sie fertig sind. Zwei Uhr morgens.

»Mach das doch morgen, Liebling.«

»Es dauert nur einen Moment.« Offenes Lächeln, keine Spur von Selbstmitleid. Selbstmitleid kann allen das Wochenende verderben.

Martha weiß, wenn man das Frühstück für sieben Uhr hinkriegen will, muß das Becken frei von schmutzigem Geschirr sein. Eine Mahlzeit mit Tücken, das Frühstück. Besonders, wenn Schinken, Eier und Tomaten alle in verschiedenen Pfannen gebraten werden müssen (»Verschiedene Pfannen heißt verschiedene Geschmäcker!«: Martin).

Sie läuft im Nachthemd rum. Ja, wenn das Katie gewesen wäre – aber Martha hat so was *Praktisches*. Beruhigendes, doch, das ja; aber das knappe Nachthemd und der breite Hintern und die achtunddreißig Jahre – alles ziemlich peinlich. Martha kann es in Colins und Katies Augen sehen. In Martins auch. Martha wünscht sich, sie sähe nicht so viel in anderer Leute Augen. Bei ihrer Mutter war das genauso. Liebe, tote Mutter. Habe ich dich falsch beurteilt?

Das war das zweite Wochenende, das Katie mit Colin hier war, aber ohne Janet. Colin war Fotograf: Katie war seine Assistentin. Zuerst Colin und Janet: dann Colin, Janet und Katie; jetzt Colin und Katie!

Katie zupfte Unkraut mit Gummihandschuhen und zog versehentlich Stiefmütterchen heraus und lachte und lachte zusammen mit allen anderen, als sie auf ihren Fehler aufmerksam gemacht wurde, aber die Stiefmütterchen starben. Nun, mit den Jahren war Colin ziemlich reich und ziemlich berühmt geworden, und was will ein ziemlich reicher und ziemlich berühmter Mann mit einer Frau wie Janet, wenn Katie zur Hand ist?

An dem ersten Colin/Janet/Katie-Wochenende war Katie aus dem Badezimmer gekommen. »Ich muß schon sagen«, hatte Katie gesagt und mit sichtlichem Mißfallen ein feuchtes Handtuch in der ausgestreckten Hand gehalten; »das ist das einzige, was ich finden kann. Besteht Hoffnung auf ein trockenes?« Und Martha war losgerannt, um ein trockenes Handtuch zu holen, und hatte erstaunlicherweise eins gefunden und es Katie gegeben, die ihr ein strahlendes Lächeln schenkte und sagte: »Feuchte Handtücher kann ich nicht ertragen. Alles, nur keine feuchten Handtücher«, als ob sie, in einer Zeit, wo Personal schwer zu kriegen ist, zu einem Dienstmädchen spräche, und dann hatte Katie das ganze warme Wasser verbraucht, so daß Martha zum Abwaschen keins mehr hatte.

Das Problem war natürlich, in dem Haus überhaupt irgendwas trocken zu kriegen. Es gab nichts zum Aufhängen, und Martin hatte einen Horror vor Wäscheleinen, die die Aussicht versauen könnten. Er ackerte und schuftete die ganze Woche in der Stadt nur, um am Wochenende den Blick auf das Land zu genießen. Absurd, ihn zu verderben, indem man überall nasse Handtücher hindrapierte! Aber jetzt, wo Martha mehr Handtücher gekauft hatte, würde wohl jeder zufriedenzustellen sein. Sonntags abends nahm sie immer neun feuchte Handtücher in einer Plastiktüte mit zurück und kümmerte sich in London darum.

An diesem Samstagmorgen ging Katie sofort nach dem Frühstück zum Auto – sie und Colin hatten einen neuen Lamborghini, Katie konnte man sich schwerlich in irgend etwas Langweiligerem vorstellen – und kam zurück und winkte mit einem neuen Yves-St. Laurent-Handtuch. »Guck, ich hab mir mein eigenes mitgebracht, meine Liebe.«

Sonst hatten sie nichts mitgebracht. Kein Obst, kein Fleisch, kein Gemüse, nicht einmal Brot, und ganz sicher keine Schachtel Pralinen. Froh und munter waren sie in der vergangenen Nacht ins Bett marschiert, und aus dem Gästezimmer kamen eindeutige Geräusche. Nun, wer würde den Abwasch machen wollen, wenn er das machen konnte, aber was ist mit den Kindern? Würde es sie durcheinanderbringen? Erst Colin und Janet, jetzt Colin und Katie?

Martha äußerte Martin gegenüber leise ein paar ihrer Gedanken; er war ganz schockiert. »Colin ist mein bester Freund. Ich erwarte nicht von ihm, daß er was mitbringt«, und Martha hatte das Gefühl, sie sei geizig. »Und lieber Himmel, du kannst die Kinder nicht ewig vor Sexualität bewahren, sei nicht so prüde«, so daß Martha sich auch noch dumm vorkam. Geizig, nörglerisch und dumm.

Janet hatte Martha während der Woche angerufen. Das Haus war über ihren Kopf hinweg verkauft worden, und sie und ihre Kinder waren in eine kleine Mietwohnung verfrachtet worden. Katie versuchte Colin dazu zu überreden, daß er ihr den Unterhalt kürzte, sagte Janet.

»Es bringt einem überhaupt nichts, an materiellen Dingen zu hängen«, sagte Katie offenherzig. »Ich habe nichts. Kein Zuhause, keine Familie, keine Bindungen, keine Besitztümer. Seht mich an! Nur ich und mein Koffer mit Kleidern.« Aber Katie schien hochzufrieden mit dem Ich, und die Kleider waren atemberaubend. Katie trank eine ganze Menge und wurde witzig. Alle lachten, Martha auch. Katie war zweimal verheiratet gewesen.

Martha wunderte sich darüber, wie jemand Mitte Dreißig werden konnte und überhaupt noch nichts zuwege gebracht hatte, weder Mann noch Kinder, noch Eigentum, noch Verstand.

Martha sah die Macht, die von solcher Hilflosigkeit ausging, durchaus. Wenn Colin alles war, was Katie auf der Welt hatte, wie konnte Colin sie verlassen? Welcher Situation überlassen? Wo würde sie hingehen? Wie würde sie leben? Oh, kluge Katie.

»Meine Tasse ist schmutzig«, sagte Katie, und Martha rannte, um sie sauber zu machen, entschuldigte sich, und Martin zog die Augenbrauen hoch, guckte Martha an, nicht Katie.

»Ich wünschte, *du* benutztest Parfum«, sagte Martin zu Martha, vorwurfsvoll. Katie benutzte jede Menge. Irgendwie fand Martha nie die Zeit, welches drauf zu tun, obwohl Martin ihr eine Flasche nach der anderen kaufte. Martha sprang jeden Morgen aus dem Bett, um sich um irgendeinen Notfall zu kümmern – eine miauende Katze, ein hustendes Kind, einen kaputten Wecker, den Briefträger an der Tür –, wann sollte Martha sich Parfum drauf tun? Trotzdem ärgerte sich Martin darüber. Sie sollte mehr tun, um ihn zu bezaubern.

Colin sah gut aus und erfahren und jünger als Martin, obwohl sie ziemlich genau im selben Alter waren. »Jugend ist anstekkend«, sagte Martin in der Nacht im Bett. »So ist er, seitdem er Katie gefunden hat.« Gefunden, wie einen Schatz. Entdeckt; etwas Aufregendes und Wunderbares in der trübseligen Welt der etablierten Ehepaare.

Am Samstagmorgen trat Jasper in ein Stück Holz (»Martha, warum trägt er keine Schuhe? So geht's nicht«: Martin), und Martha fuhr mit ihm ins Krankenhaus, wo ihm ein scheußlicher Splitter entfernt wurde. Sie verließ das Haus um zehn und kam um eins zurück, und sie saßen immer noch in der Sonne und tranken, leere Flaschen glitzerten im hohen Gras. Das Gras war nicht gemäht worden. Vergeßt die Flaschen nicht! Zerbrochenes Glas heißt mehr Vormittage im Krankenhaus. Oh, reg dich nicht auf. Amüsier dich. Wie andere Leute. Versuche es.

Aber keine Kartoffeln geschält, kein Frühstück abgeräumt,

nichts. Immer noch Zigarettenkippen zwischen altem Toast, Schinkenrändern und Orangemarmelade. »Die Kartoffeln hättet ihr schälen können«, brach es aus Martha heraus. Oh, schlechte Laune! Die Ursünde. Erstaunt und mißbilligend sahen sie sie an. Auch Martin.

»Himmel«, sagte Katie. »Machen wir den ganzen Sonntagmittagessenkram am Samstag? Kartoffeln? Seit Jahren hab ich keine Kartoffeln mehr gegessen. Herrlich!«

»Die Kinder wollen das so«, sagte Martha.

Das stimmte. Die Mittagessen am Samstag und Sonntag schienen wie beruhigende Leuchttürme in ihr Leben. Samstagmittagessen: Familienmittagessen: *fish and chips* (»Selbstgemacht so viel besser als gekauft«: Martin). Sonntag. Normalerweise Rinderbraten, Kartoffeln, Erbsen, warmer, gedeckter Apfelkuchen. Oh, natürlich. *Yorkshire pudding.* Immer das Problem mit den Ofentemperaturen. Während das Fleisch langsam gart, sollte der *Yorkshirepudding* schnell garen. Wie kriegte man das hin? So wie einen großen Busen und schmale Hüften.

»Ruh du dich nur aus«, sagte Martin. »Ich mach das Abendessen, immer mit der Ruhe. Splitter kommen immer von selber wieder raus: du hättest nicht mit ihm in die Klinik fahren müssen. Laß dich vom Leben treiben, mein Liebes. In den Wellen schaukeln, so wird's gemacht.«

Und Martin lächelte Martha wie aus weiter Ferne verklärt an. Seine Hand lag auf Katies braunem Arm mit den vielen goldenen Armbändern.

»Du tust sowieso zuviel für die Kinder«, sagte Martin. »Es ist nicht gut für sie. Hier, trink was.«

Also hockte sich Martha unbehaglich auf die Stufen und trank ein Glas *Cider* und überlegte, wie sie, wenn das Mittagessen so spät war, alles aufgeräumt und das Fleisch aus der Marinade kriegte für das eher formelle Essen, das am Abend erwartet wurde. Das marinierte Lamm mußte mindestens vier Stunden bei geringer Hitze garen, und der Ofen im Häuschen war sehr klein, und man konnte ihn und den Grill nicht zusammen benutzen, und

Martin mochte seinen Fisch gegrillt, nicht gebraten. Weniger Cholesterol.

Sie äußerte sich aber nicht zu all dem. Häusliche Kleinigkeiten wie diese waren sehr langweilig, und jedes sanfte Beschweren registrierte Martin als Szene. Und eine Szene zu machen war so unangenehm.

Das war das Leben. Oder etwa nicht? Schicke Freunde in großen Autos und das Landleben und was zu trinken vor dem Mittagessen und Rosen und Vogelgezwitscher – »Trink nicht *zu* viel«, sagte Martin, und erzählte ihnen von Marthas entzogenem Führerschein.

Die Kinder hatten Hunger, also machte Martha ihnen eine Dose Würstchen mit Bohnen warm (»Martha, müssen sie diesen Scheiß essen? Können sie nicht warten?«: Martin).

Katie hatte Hunger, das sagte sie, um sich mit den Kindern zu solidarisieren. Sie war wunderbar mit Kindern – mit den meisten Kindern. Colins und Janets Kinder mochte sie nicht besonders. Das sagte sie auch, und Colin akzeptierte es. Er sah sie jetzt nur noch einmal im Monat, nicht mehr einmal in der Woche.

»Laß mich das Mittagessen machen«, sagte Katie zu Martha. »Du machst immer so viel, du Ärmste!«

Und sie zog alle die Sachen aus dem Kühlschrank, die Martha für das Picknick am nächsten Mittag weggelegt hatte – Camembert und Salat und Salami und machte in zwei Minuten einen herrlichen Tomatensalat und öffnete den Weißwein – »Nicht sehr kühl, meine Liebe. Müßte er nicht eiskalt sein?« – und hatte in erstaunlichen fünf Minuten alles fix und fertig auf dem Tisch. »Mehr brauchen wir gar nicht, Liebling«, sagte Martin. »Du bist immer so komisch mit deinen *Fish-and-chips*-Samstagen! Was könnte leckerer sein als das hier? Oder einfacher?«

Nichts, außer daß das kalte Sonntagsbuffet für neun Personen hin war und den Samstagsfisch für sieben Personen ersetzte, und könnte man den Fisch strecken? Nein. Katie hatte eine ganze Menge getrunken. Sie küßte Martha flüchtig auf die Stirn. »Komische kleine Martha«, sagte sie. »Sie erinnert mich an Janet. Janet mag ich wirklich gern.« Colin wollte nicht an Janet erinnert werden und sagte das auch. »Liebling, Janet ist eine Tatsache des Lebens«, sagte Katie. »Wenn du nur ein bißchen mehr an sie dächtest, würdest du es vielleicht schaffen, ihr weniger zu zahlen.« Und sie gähnte und streckte ihren schlanken, kinderlosen Körper und lächelte Colin mit ihrem einladenden Bösen-klein-Mädchen-Blick an, und Martin sah ihr voller Bewunderung zu.

Martha stand auf und ging weg und nahm sich einen Topf Farbe und überzog die Badezimmerwand mit weißem Lack. Sie freute sich über die weiße Fläche. Sie konnte gut anstreichen. Sie kriegte immer eine glatte, ebenmäßige Oberfläche hin. In ihren Beinen pochte es. Sie befürchtete, daß sie Krampfadern kriegte.

Draußen im Garten spielten die Kinder Federball. Sie waren schlechtgelaunt, aber erleichtert, hochzuschauen und ihre Mutter wie üblich arbeiten zu sehen: wie sie ihr Leben immer besser und schöner machte: organisierte, plante, vorausdachte, Katastrophen umschiffte, Vorbereitungen traf wie eine Glucke, herumwuselte und einen verrückt machte: Teil des normalen, langweiligen Welttheaters.

Am Samstagabend ging Katie früh zu Bett: sie erhob sich von ihrem Stuhl und streckte sich und gähnte und steckte ihren Kopf in die Küche, wo Martha Töpfe spülte. Colin hatte den Tisch abgedeckt, und Katie hatte die Servietten hübsch in ihre Falten gelegt, während Martin ins Feuer blies, um es schön hell zu machen. »Gute Nacht«, sagte Katie.

Drei Minuten später erschien sie wieder und hielt ihr Yves-St. Laurent-Handtuch vorwurfsvoll in der ausgestreckten Hand. »Oh Gott«, schrie Martha, »Jenny muß sich die Haare gewaschen haben!« Und Martha war gezwungen, Jenny aus dem Bett zu zerren und sie vor allen zurechtzuweisen, sei es auch nur, um zu demonstrieren, daß sie wußte, was rechtens war und sich gehörte. Es bedeutete, daß Jenny das gesamte Wochenende über eingeschnappt sein würde, und es bedeutete, daß sie ihr in der nächsten Woche was Gutes tun oder sie irgendwohin ausführen mußte, oder Jenny würde in der übernächsten Woche einen Asthmaanfall haben. »Du machst zuviel Wirbel um die Kinder«, sagte Martin. »Deshalb hat Jenny Asthma.« Jenny war durchaus hübsch, aber nicht umwerfend hübsch. Vielleicht war sie eine Enttäuschung für ihren Vater? So etwas würde Martin nie sagen, aber Martha hatte die Befürchtung, daß er es dachte.

Jeden Tag ein Ei und eine Apfelsine für jedes Kind. Dann würde nichts zu sehr schiefgehen. Und es war ja auch nichts schiefgegangen. Das Asthma war überhaupt nicht schlimm. Eine ruhige, entspannte Atmosphäre, sagte der Arzt. Ah, lächeln, Martha, lächeln. Das häusliche Glück hängt von dir ab. 21 × 52 Apfelsinen im Jahr. Jede mußte gekauft, getragen und geschält werden, und hinterher mußte saubergemacht werden. Und was war mit den Kartoffeln? 52 × 5 Kilo im Jahr? Martin mochte seine Kartoffeln sorgfältig geschält. Er konnte es nicht ertragen, wenn er kleine schwarze Punkte zum Mund führen mußte (»Hm, es ist doch wirklich nicht sehr schön, oder?«: Martin).

Martha träumte, sie äße Hände voll Kohlen, und es schmeckte ihr.

Samstagnacht. Martin schlief dreimal mit Martha. Dreimal? Wie potent er war und ganz klar von den Geräuschen aus dem Gästezimmer angeturnt. Martin sagte, er liebe sie. Das sagte Martin immer. Er war ein höflicher Liebhaber; er wußte, wie wichtig das Vorspiel war. Martha auch. Dreimal.

Ah, Schlaf. Jolyon hatte einen Alptraum. Jenny wurde von einer Motte aufgeweckt. Martin kriegte von allem nichts mit. Martha trottete durch das nächtliche Haus. Draußen schien der Mond. Sie setzte sich ans Fenster und starrte fünf Minuten lang in die Sommernacht und fand Ruhe, und dann ging sie rasch zurück ins Bett, weil sie am nächsten Morgen frisch sein mußte.

War sie aber nicht. Sie verschlief. Die anderen waren zu einem Spaziergang aufgebrochen. Sie hatten einen Zettel dagelassen, einen rücksichtsvollen Zettel: »Wollten dich nicht wecken. Du hast müde ausgesehen. Haben kurz gefrühstückt, um nicht soviel Unordnung zu machen. Laß alles liegen, bis wir wieder zurück sind.« Aber es war zehn Uhr, und um zwölf kamen Gäste, also räumte sie das Brot, die Butter, die Marmelade, die Löffel, das Müsli, die Milch (mittlerweile sauer) und die schmutzigen Teller ab und wischte die Flecken, die Krümel und den verstreuten Zukker weg und fegte die Fußböden und räumte schnell auf und trank schnell eine Tasse Kaffee und bereitete ein Fisch-Reis-Gericht und eine Mousse au Chocolat vor und setzte sich mitten drin hin und aß Mengen Brot und Marmelade. Breite Hüften. Die Büroarbeit in der Mappe fiel ihr ein, und sie wußte, sie würde es nicht schaffen, was dran zu machen. Martin war ohnehin der Meinung, es sei lächerlich, an den Wochenenden Arbeit mit nach Hause zu nehmen. »Es sind deine freien Tage«, sagte er immer. »Warum läßt du dich unter Druck setzen?« Martha liebte ihre Arbeit. Die mußte sie nicht anlächeln. Sie tat sie einfach.

Katie kam aufgeregt zurück und weinte. Sie saß in der Küche, während Martha arbeitete, und trank ein Glas Gin und Bitter Lemon nach dem anderen. Katie mochte Eis und Zitrone im Gin. Martha bezahlte alle Getränke von ihrem Gehalt. Es war Teil der Vereinbarung zwischen ihr und Martin – der Vertrag, gemäß dem sie berufstätig war. Alle Sachen, die den Geist aufmunterten, der ansonsten von einer berufstätigen Frau und Mutter niedergedrückt würde, mußte Martha bezahlen. Getränke, Urlaube, Benzin, Ausflüge, Süßspeisen, Strom, Heizung: sie machten immer Witze darüber. Eigentlich spielte es keine Rolle: letztendlich war es ihr gemeinsames Geld. Erstaunlich, wie Marthas Gehalt immer höher kroch, fast auf Martins Niveau. Eines Tages würde sie ihn überholen. Was dann?

Ehrlich, die Arbeit war ein Zuckerschlecken.

Egal jetzt, die arme Katie weinte. Sie hatte entdeckt, daß Colin ein Foto von Janet und den Kindern in der Brieftasche hatte. »Er hat sich gar nicht von ihr befreit. Er tut so, als ob, aber es stimmt nicht. Sie hat ihn fest am Wickel. Wegen der Kinder. Seiner Scheißkinder. Die jammerige Mary und dieses kleine Biest Joanna. Er denkt nur an sie. Ich bin nichts.«

Aber das glaubte Katie nicht. Sie wußte sehr genau, daß sie jemand war. Colin kam rein, wutschnaubend. Er nahm das Foto raus und zündete es verbissen mit einem Streichholz an. Da gingen sie in Rauch auf. Mary und Joanna und Janet. Die Asche fiel auf den Boden. (Martha fegte sie auf, als Katie und Colin weg waren. Es erschien kaum höflich, es zu tun, während sie noch da waren.) »Geh zu ihr zurück«, sagte Katie. »Geh zu ihr zurück. Mir ist es egal. Ehrlich, ich wär lieber allein. Du bist ein netter altmodischer Bursche. Mach nur. Zieh dein Ding durch. Ich zieh meins durch. Was soll's?«

»Himmelherrgott, Katie, hör auf! Sie ist nur zufällig auf dem Foto. Sie ist nicht da drauf, um jemanden zu ärgern. Ich hab ein schlechtes Gefühl wegen ihr. Im Moment macht sie ganz schön was mit.«

»Und du, Colin? Ich kann dir nur sagen, sie drückt ganz schön fest zu. Hast du nicht auch Rechte? Von mir ganz zu schweigen. Ist ein bißchen Loyalität zu viel erwartet?«

Vor dem Mittagessen waren sie versöhnt, oben im Gästezimmer. Harry und Beryl Elder kamen um zwölf Uhr dreißig an. Harry wollte sich an Sonntagen nicht hetzen lassen; Beryl quoll über vor Entschuldigungen über ihr Zuspätkommen. Sie hatten aus ihrem Garten Artischocken mitgebracht. »Wunderbar!« rief Martin. »Früchte der Erde? Wir machen eine wunderbare Suppe! Reg dich nicht auf, Martha. Ich mache sie.«

»Reg dich nicht auf.« Offensichtlich hatte Martha nicht genug gelächelt. Sie war in Gefahr, gab Martin zu verstehen, allen das Wochenende zu vergällen. Kurz danach gab es im Garten einen Notfall – eine Ulme hatte wahrscheinlich die holländische Ulmenkrankheit –, und Martha machte mit den Artischocken weiter. Der Deckel flog vom Mixer, und überall war Artischockenpüree. »Laßt uns draußen zu Mittag essen«, sagte Colin. »Weniger Arbeit für Martha.«

Martin blickte Martha stirnrunzelnd an: Ein märtyrerhaftes Aussehen in Anwesenheit von Gästen hielt er für ein unverzeihliches Vergehen.

Fröhlich trugen alle zusammen die Möbel raus, aber Martha hatte die Erfahrung gemacht, daß nie jemand half, sie wieder reinzutragen. Jolyon wurde von einer Wespe gestochen. Jasper nieste und nieste wegen seines Heuschnupfens und konnte die Papiertaschentücher nicht finden und wollte kein Klopapier benutzen (»Du hast doch sicher an die Papiertaschentücher gedacht, Liebling?«: Martin).

Beryl Elder war nett. »Herrlich, woanders zu essen«, sagte sie und nahm sich Sahne zum Nachtisch, während Martha eine Fliege von dem zerlaufenden Brie angelte (»Du hast ihn zu reif gekauft, Martha«: Martin) – »es ist eben nur, daß eine andere Frau die Arbeit hat. Aber wenigstens bin *ich* es nicht.« Beryl war auch berufstätig, als Sekretärin, um die Jungen ins Internat schicken zu können, wo sie sie lieber nicht hätte. Aber ihr Mann kam aus einer ziemlich vornehmen Familie, und sie war nur Tipse gewesen, als er sie geheiratet hatte, also war ihr Leben eine Reihe von Zugeständnissen, in der einen oder anderen Weise. Harry war kürzlich aus dem tierischen Konkurrenzkampf an der Börse ausgestiegen und Künstler geworden, hatte sich für Integrität statt Geld entschieden, aber diese Entscheidung war allein seine und konnte natürlich nicht auf dem Rücken der Jungen ausgetragen werden.

Katie fand das Reis-Fisch-Gericht ziemlich merkwürdig, spielte mit ihrer Gabel darin herum und redete über italienische Restaurants, die sie kannte. Martin lehnte sich zurück und badete in der Sonne: schrie, »Oh, das ist das wahre Leben«. Edelmütigerweise machte er den Kaffee, und der Deckel flog von der Kaffeemühle, und die ganze Küche war voll Kaffeebohnen, besonders die Reihe Kochbücher, die Martin Martha jahrein, jahraus zu Weihnachten schenkte. Wenigstens die mußte man nicht jedes Wochenende mit zurücknehmen (»Soviel Verstand haben Einbrecher nicht, daß sie die stehlen würden«: Martin). Beryl schlief ein, und Katie beobachtete sie spöttisch. Beryls Mund stand offen, und sie hatte viele Füllungen, und ihre Knöchel waren dick, und ihre Taille ging aus dem Leim, und sie vernachlässigte sich. »Ich liebe Frauen«, seufzte Katie. »Sie sehen so wunderschön aus, wenn sie schlafen. Ich wünschte, ich könnte eine Erdmutter sein.«

Beryl wachte mit einem Ruck auf und drängelte ihren Mann,

nach Hause zu fahren, was er ganz klar nicht wollte, also auch nicht tat. Beryl meinte, sie müßte zurück sein, weil seine Mutter später vorbeikommen wollte. Quatsch! Dann bemühte sich Beryl, Harry davon abzuhalten, mehr selbstgemachten Wein zu trinken, und wurde von allen ausgelacht. Er fuhr, Beryl konnte nicht fahren, und er hatte von einem früheren Verkehrsunfall eine scheußliche Narbe an der Schläfe. Macht nichts.

»Sie kann einem wirklich ein bißchen zu viel werden, die arme Seele«, lachte Katie, als sie schließlich abgefahren waren. »Ich werde nie heiraten«, – und Colin sah sie sehnsüchtig an, weil er nichts auf der Welt mehr wollte, als sie heiraten, und Martha räumte die Kaffeetassen ab.

»Oh, jetzt hör auf«, sagte Katie, »setz dich mal *hin*, Martha, du machst uns allen ein schlechtes Gewissen«, und Martin warf Martha einen haßerfüllten Blick zu, als sie sich hinsetzte, und Jenny rief sie, und Martha ging rauf, und Jenny hatte ihre erste Periode, und Martha weinte und weinte und wußte, daß sie aufhören müßte, weil das eine freudige Angelegenheit für Jenny sein sollte oder ihre ganze Zukunft wäre versaut, aber endlich einmal konnte Martha nicht aufhören.

Ihre Tochter Jenny. Frau, Mutter, Freundin.

Die Schrecken der Landstraße

Miss Jacobs, ich glaube nicht an Psychotherapie. Ich halte sie wirklich für totalen Quatsch. So, das zu sagen hat mich ganz schön Überwindung gekostet – ich bin ein eher sanfter Mensch und hasse es, wenn man mich für unhöflich hält. Ich möchte nur nicht gern hier sein und so tun, als ob: Es wäre Ihnen gegenüber unfair, nicht wahr?

Aber Piers will, daß ich zu Ihnen gehe, und natürlich mache ich es. Er wartet draußen in Ihrem hübschen Wartezimmer. Ich habe ihm gesagt, er soll gehen und wiederkommen, wenn die Sitzung beendet ist: mir passiert schon nichts, aber er möchte erreichbar sein für den Fall, daß etwas passiert. Manchmal falle ich einfach aus meinem Stuhl – verletzt habe ich mich bisher nicht. Einmal war es mit dem Gesicht nach vorn auf ein gefedertes Sofa; das zweite Mal war vertrackter – Martin war bei mir – mein kleiner Enkel, wissen Sie, Davids Junge, bislang der einzige – am Sandkasten im Park, und ich fiel einfach vornüber in den Sand. Jemand rief einen Krankenwagen, aber wirklich nötig war es nicht – mir ging's sofort wieder hervorragend. Hm, außer dieser unumstößlichen Tatsache, daß meine Beine nicht funktionieren.

Für die Ärzte bin ich ein großes Rätsel. Piers hat mich überall hingebracht – Paris, New York, Tokio –, aber das Urteil ist überall gleich: Es ist alles in meinem Kopf. Es ist eine hysterische Lähmung. Ich finde das demütigend: als ob ich absichtlich so wäre, um für andere eine Belastung zu sein. Ich bin die letzte, die für andere eine Belastung sein möchte.

Haben Sie Piers gesehen? Ist er nicht schön? Wissen Sie, er ist Mitte Fünfzig, aber er sieht so gut aus. Natürlich ist er wahnsinnig klug – hm, das weiß die ganze Welt –, und ich glaube, solche Leute sehen länger jung aus. Ich habe selber einen Abschluß in Wirtschaftswissenschaften gemacht – ungewöhnlich für eine Hausfrau in meinem Alter –, aber natürlich bin ich zu Hause geblieben, um mich Piers und den Kindern zu widmen. Eigentlich finde ich, sollten Frauen das tun. Finden Sie nicht? Warum antworten Sie auf meine Fragen nicht? Sind Sie nicht genau dazu da? Mir mich selbst zu erklären? Nein?

Ich selbst soll mich mir erklären! Oh.

Hinter jedem großen Mann steht eine Frau. Ich glaube das. Piers ist Nobelpreisträger. Ob er es ohne mich geschafft hätte? Ich glaube schon. Er hätte bloß mich nicht gehabt, nicht wahr, und die vier Kinder auch nicht. Aus allen ist etwas geworden. Als sie klein waren, war Piers ziemlich viel weg – er ist Elementarteilchenphysiker, wie Sie sicher wissen. Er mußte weg sein. Wo man einigermaßen wohnen kann, gibt es keine Zyklotrone, und irgendwie mußte das Geld ja verdient werden. Aber wir haben immer zusammen Ferien gemacht in Frankreich. Wie haben wir Frankreich geliebt! Und wie gut haben wir es gekannt. Piers ist immer gefahren, ich war die Beifahrerin; die vier Kinder waren hinten reingepackt. Heutzutage fliegen wir natürlich. Wir sind ja nur noch zu zweit, Piers und ich. Es ist schick und aufregend, und die Leute wissen, wer er ist, deshalb ist der Service gut. Die Kellner machen sich nicht soviel daraus... Machen sich nicht soviel woraus?... Ich dachte, Sie stellen keine Fragen. Ich habe über die Ferien gesprochen, von früher. Naja, solange ist's auch wieder nicht her. Wir sind gefahren, bis der Jüngste fünfzehn war; das ist Brutus, und jetzt ist er erst zwanzig. Sind das wirklich erst fünf Jahre?

Ich vermisse diese Hafenszenen im Sommer: im Morgengrauen oder in der Abenddämmerung, die Autos alle in Reih und Glied, wie sie auf die Fähre nach Hause warten: braungebrannte Familien, unbekümmert und erschöpft, nach Wochen in der Sonne. Mit unbekümmert meine ich nicht, daß sie sich um nichts mehr kümmerten – nur, daß sie sich über nichts mehr aufregten. Sie schliefen nachts in ihren Autos, um in der Schlange für die

Fähre die ersten zu sein und es war ihnen ganz egal; auf der Herfahrt wären sie durchgedreht. Die braunen Gesichter und die spröden, blonden Haare und die schmuddeligen Kinder; und die Dachgepäckträger mit den Zelten und den Wasserkanistern und den Weinkisten und den Knoblauchzöpfen. Volvos und Cortinas und VW-Busse. Unsere Autos sahen natürlich nie gut aus: Einmal sind wir sogar mit einem neuen losgefahren; aber als wir dann wieder zurückfuhren, hatte es Dellen und Beulen und Kratzer. Die Franzosen sind schreckliche Autofahrer, nicht wahr; und ihre Straßenschilder sind unmöglich.

Wie die Lähmung anfing? Das kam völlig unerwartet. Es gab keine Warnzeichen – kein taubes Gefühl, keine Schwindelgefühle, nichts dergleichen. Es war unser dreißigster Hochzeitstag. Um ihn zu feiern, wollten wir in Piers' neuem MG eine Frankreichreise machen. Er fährt einhundertachtzig in der Stunde, aber Piers fährt meistens nur neunzig – das ist die Geschwindigkeitsgrenze in den Vereinigten Staaten, wissen Sie, und er sagt, die wissen, was sie tun – für sicheres Fahren ist das die beste Geschwindigkeit, – aber er hat gern Autos, die schnell fahren können. Um im Notfall aus der Gefahrenzone rauszukommen, sagt Piers. Wir wollten die Strecke von Weymouth nach Cherbourg nehmen – normalerweise fahre ich lieber über Dover und Calais – zum einen ist die Seereise kürzer, und irgendwie, je länger die Reise durch England ist, desto eher vergißt Piers, auf der rechten Seite zu fahren, wenn wir einmal in Frankreich sind. Das ist mir aufgefallen. Aber wegen solcher Sachen streite ich nicht. Piers weiß, was er tut – ich fahre nie vom Beifahrersitz aus mit. Ich bin seine Frau, er ist mein Mann. Wir lieben uns.

Also machten wir uns auf nach Weymouth, die Taschen waren gepackt, die verschiedenen Autokarten vom Automobilclub im Handschuhfach – endlich waren sie einmal pünktlich angekommen. (Ich hatte rechtzeitig vorher eine Valium genommen – mein Herz schlägt manchmal ziemlich schnell, ich habe fast Herzflattern, wenn ich die Beifahrerin bin.) Ich hatte ein knitterfreies Kleid an – Sie wissen ja, wie das auf langen Reisen ist – man ist am Ende immer ein bißchen schmuddelig. Piers liebt Melonen und hat es gern, wenn ich ihm während der Fahrt Melonenstückchen in den Mund stecke – und Sie wissen, wie reif eine französische Melone sein kann. Piers verbringt Stunden damit, eine auf dem Markt auszusuchen. Er prüft jede einzelne, die ausliegt – Sie wissen ja, riechen und an den Enden herumdrücken, ob sie genau richtig weich ist –, bis er eine gefunden hat, die absolut perfekt ist. Manchmal geht er sogar die Obstkisten hinten an den Marktständen durch, bis er zufrieden ist. Die Franzosen finden es gut, wenn man pingelig ist, sagt er. Sie verachten einen, wenn man alles akzeptiert. Und dann muß die Melone, wenn sie nicht verderben soll, natürlich schnell gegessen werden – häufig eben auch im Auto...

Na ja, wie ich schon sagte, ich wollte gerade ins Auto steigen, als meine Beine einknickten und ich auf den Bürgersteig sank, und das war vor sechs Monaten, und seitdem bin ich nicht mehr gelaufen. Nein, auch kein Herzrasen mehr. Ich kann mich nicht daran erinnern, ob ich Herzrasen hatte, bevor ich verheiratet war – ich bin ja seit Ewigkeiten verheiratet!

Und dann gab's keine Ferien. Nur mich, gelähmt. Keine Reise durch Frankreich. Das wunderschöne Frankreich. Die Loire und die Schlösser liebe ich abgöttisch, Sie nicht? Die Kinder waren immer gern an der Westküste: diese Kiefernwälder und die langen, langen Strände und die großen Brecher am Atlantik – aber in der zweiten Augusthälfte ändern sich die Winde, und alles wird staubig und irgendwie grau. Als die Kinder klein waren, haben wir gezeltet, aber jedes Jahr wurden die Plätze reglementierter und voller mit Leuten und Pommes frites, und das mochte Piers nicht. Ihm gefiel, was er ›in der Wildnis zelten‹ nannte. In den Campingführern, die die Plätze beschreiben, ist immer ein Abschnitt über den Platz – das heißt, über den Platz, der jedem Zelt zusteht. 20 Quadratmeter ist voll: 100 qm gerade ausreichend. Piers wollte immer fünfhundert: was bedeutete, irgendwo an einem Hügel zu zelten, ohne Fernsehraum für die Kinder und ohne Pommes frites-Buden – und es bedeutete mehr Arbeit für mich, nicht, daß ich es widerwillig getan hätte: eine Ortsveränderung beim Kochen ist genauso gut wie eine Kochpause – wir hatten so wunderbare, tragbare Butangaskocher: Auf nur zwei Gasbrennern konnte man eine Mahlzeit mit drei Gängen kochen, wenn man es schlau anstellte und es nicht zu windig war. Es war nur so, daß die Kinder die Plätze, wo viele Leute waren, lieber mochten, und manchmal dachte ich schon, daß es auch besser für ihr Französisch wäre. Ein englischer Spatz und ein französischer Spatz pfeifen doch mehr oder weniger das gleiche Lied. Aber da haben Sie's, Piers liebte die Wildnis. Er vermaß immer, wieviel Quadratmeter man uns für unser Zelt wirklich gegeben hatte, und wenn das nicht mit dem übereinstimmte, was in dem Buch stand, legte er sich mit den zuständigen Leuten an. Ich erinnere mich, daß es einmal damit endete, daß Leute um zehn Uhr abends ihre Zelte ein Stück bewegen mußten, um den Platz, der uns zustand, für unser Zelt freizumachen – an dem Tag waren wir fast fünfhundert Kilometer gefahren, und Brutus war erst zwei. Es war nicht Piers' Schuld, der Zeltplatzbesitzer war schuld. Piers klopfte ihn nur raus, um ihn darauf aufmerksam zu machen, daß unser Platz nicht die Größe hatte, die er haben mußte, und er reagierte viel zu heftig. Ich war froh, daß ich am nächsten Morgen von dem Zeltplatz wegfahren konnte, das kann ich Ihnen sagen. Es war wirklich nicht Piers' Schuld; so was passiert eben. Ich war froh, daß es eh nur für eine Nacht war. Als wir abfuhren, sahen uns die anderen Camper in absolutem Schweigen zu. Das war komisch. Und Fanny schrie den ganzen Weg nach Poitiers.

Fanny war so ein weinerliches kleines Ding. Piers wollte immer gern um drei Uhr ein Picknick machen – die französischen Straßen werden um die Mittagszeit frei, wenn sich alle davonmachen, um ihr Mittagessen in sich reinzuschlingen, so daß man dann wirklich viel Zeit aufholen kann, ganz egal, wohin man fährt. Manchmal habe ich mich gefragt, wo wir nun eigentlich hin*fuhren* oder *warum* wir Zeit aufholen mußten, aber auf der anderen Seite, diese herrlichen weißen, leeren Landstraßen, pappelgesäumt, mit gleichmäßigen 90 km/h ... egal, wir kauften gegen zwölf Uhr mittags unser Essen – Wein und Pastete und langes französisches Brot und Orangensprudel für die Kinder, und dann um drei fingen wir an, einen schönen Platz zum Picknicken zu suchen. Es gibt nichts Schwierigeres! Wenn der Platz richtig ist, ist der Verkehr falsch. Einer hockt einem garantiert auf der Pelle und hupt – wie diese französischen Fahrer hupen – sie sehen das GB-Schild – sie wissen, es bedeutet, daß der Fahrer garantiert nicht daran denkt und im Kreisverkehr in die falsche Richtung fährt –, und bevor man sich versieht, ist der ideale Platz vorbei. Der ideale Platz hat eine schöne Aussicht, ein bißchen Sonne und ein bißchen Schatten, es gibt auch keine Schlangen, und ich hab gern das Gefühl, daß das Auto richtig von der Straße weg ist – besonders wenn es eine Nationalstraße ist –, obwohl Piers das nicht allzu sehr kümmerte. Einmal fuhr doch tatsächlich so ein Idiot genau in das Auto rein – er bremste nicht rechtzeitig –, aber weil Piers unser Auto im Leerlauf gelassen und nicht die Handbremse gezogen hatte oder so was Blödes, schoß er nur nach vorn, und der Schaden war nicht groß. Wie kommt es, daß andere Autos immer so glatt aussehen und irgendwie neu?

Wahrscheinlich haben die Besitzer sie die ganze Zeit in der Garage und lassen die Beulen rausklopfen und sie neu spritzen – naja, manche Leute schmeißen ihr Geld zum Fenster raus, sagt Piers immer.

Worüber habe ich geredet? Zum Mittagessen anhalten. Manchmal war es halb fünf, bis wir etwas wirklich Hübsches gefunden hatten, und gegen vier, da konnte man sich drauf verlassen, fing Fanny immer an zu schreien. Ich gab ihr Wasser aus der Pschill-Flasche – wie die Kinder kicherten – Pschill – alle Jahre wieder das schöne Gekicher – und brach ihr von dem Brot ein Stück ab, aber sie jammerte trotzdem weiter: Und Daddy stieg aus und fuhr wieder an und starrte über Hecken und fuhr ein Stück die Pfade hinunter und fand sie unmöglich und fuhr rückwärts wieder auf die Hauptstraße, und die Kinder wurden immer ganz still, außer Fanny. Sind die französischen Fahrer nicht unhöflich? Ist Ihnen das auch aufgefallen? Wenn ich zum Beispiel mal durch das

Seitenfenster auf ein vorbeifahrendes Auto guckte, starrte der Fahrer uns an. Drehte seinen Daumen fast in seinen Kopf rein oder tat so, als ob er sich mit dem Finger die Kehle aufschlitzte – und immer dieses Gehupe und Getute, und einmal hielt einer vor uns und versuchte Piers aus dem Auto zu zerren. Gott weiß, warum. Ich glaube, das ist einfach nur überschäumendes gallisches Temperament. Piers ist ein wunderbar sicherer Fahrer. Ich glaube zwar, daß er manchmal andere Fahrer behindert, so, wie er auf Kreuzungen hält – Sie wissen ja, wie verwirrend die Verkehrsschilder da sind, vor allem bei den Umgehungsstraßen in den Städten, und wie sie einen manchmal nach rechts oder links schicken, wenn es in Wirklichkeit geradeaus heißen soll. Und Piers ist Wissenschaftler – er möchte gern wissen, ob er das Richtige tut. Ich habe die Landkarten; ich tue mein Bestes: Ich präge mir ganze Kartenabschnitte ein, damit ich Bescheid weiß, wenn wir, sagen wir, auf dem Weg von Périgueux nach Issoudun durch Limoges fahren und ich blitzschnell eine Entscheidung treffen muß – in Städten dreht Piers anscheinend immer auf. Nein! Nicht die Straße nach Tulle, nicht die nach Clermont, nicht die nach Montluçon, sondern die nach Châteauroux. Nur ist die Straße nach Châteauroux nicht ausgeschildert. Hilfe! Welche Nummer? Lieber Gott, es ist die N 20! Wir werden noch sterben! Dann eben die N 147 nach Bellac und die Abkürzung über die kleinen Landstraßen nach Argenton, La Châtre... Haltet Ausschau nach dem Schild nach Poitiers. Bellac ist auf der Strecke nach Poitiers –

Wenn er nicht überzeugt ist, daß ich recht habe, hält er eben an und nimmt selber die Karte und guckt sie sich an, bevor er weiterfährt. Was in späteren Jahren bedeutete, daß man sein Vergrößerungsglas suchen mußte. Er haßte Brillen. Und Sie wissen, wie diese hochhängenden Ampeln in den kleinen Provinzstädtchen sind, unmöglich zu sehen, also beachtet sie auch keiner. Der Himmel weiß, wie diese französischen Fahrer überhaupt überleben; jede Ferien sind wir ein- oder zweimal haarscharf an einem schweren Unfall vorbeigekommen, ohne daß wir schuld waren; am Ende ging es mir doch immer besser, wenn ich Valium genommen hatte. Aber ich wollte nie, daß Piers wußte, daß ich es nahm – es hätte so gewirkt, als ob ich kein Vertrauen zu ihm gehabt hätte –, was einfach nicht stimmte. Sehen Sie doch, wie er mich hier reingetragen hat, mich in seine Arme gebettet hat, mich auf dieses Sofa gelegt hat! Ich vertraue ihm instinktiv, ich bin seine Frau. Er ist mein Mann.

Worüber habe ich geredet? Fanny jammerte immer. Sie ist nach Neuseeland gegangen, sobald sie ihr Studium beendet hatte. Ganz schön weit weg. Weiter ging's beinahe wirklich nicht mehr, fällt mir immer wieder auf. Ich weiß nicht, warum. Ich weiß, daß sie uns liebt, und ganz gewiß lieben wir sie. Sie schreibt oft. David ist Autorennfahrer. Piers und ich sind darüber sehr aufgebracht. So ein gefährlicher Beruf. Diese Autos fahren bis zu 360 km/h – und Piers haßte Schnellfahren schon immer. Angela ist Schwester in der Psychiatrie. Es heißt, sie hat wirklich eine Begabung dafür.

Ich erinnere mich daran, wie ich einmal zu Piers gesagt habe – wir waren auf dem Stadtring um Angers –, hier nach links, und ich meinte die Gabelung, auf die wir zufuhren – aber weil er eine kleine Seitenstraße erspäht hatte, fuhr er sofort nach links rüber auf die andere Fahrbahn – die war leer, weil die ganzen Autos um die Ecke waren, von den Ampeln angehalten, aber sie würden jeden Moment vorgeprescht kommen. Er kapierte, was er gemacht hatte, und hielt an, wir standen mitten auf der Hauptstraße quer. ›Dreh um!‹ kreischte ich, brach mit meiner Regel, daß ich nie vom Beifahrersitz aus fahre, und das tat er, und wir waren gerade aus dem Weg, als der erwartete Verkehrsschwall anrollte. ›Du hättest zweite links sagen sollen‹, sagte er, ›das war knapp an einer Massenkarambolage vorbei!‹ Man kann in Frankreich nicht vorsichtig genug sein. Die Fahrer sind verrückt, das weiß jeder. Und noch dazu mit den Kindern im Auto.

Aber es hat soviel Spaß gemacht. Piers wußte immer, wie er von Kellnern und Küchenchefs das Beste kriegen konnte. Er ging mit dem Kellner die ganze Speisekarte von oben bis unten durch und bat ihn, jedes einzelne Gericht zu erklären. Wenn der Kellner dazu nicht imstande war – und es ist verblüffend, wie viele Kellner nicht dazu imstande sind –, schickte er nach dem Chefkoch und fragte ihn. Manchmal wurde es ein bißchen peinlich, wenn das Restaurant gut besucht war, aber wie Piers sagte, verstehen die Franzosen was vom Essen und wissen es zu schätzen, wenn man auch was davon versteht. Ich kann mich im Handumdrehen entscheiden, was ich essen will: Piers braucht eine Ewigkeit. Wie ich schon gesagt habe, er haßt es, wenn er was falsch macht. Wir gingen immer als letzte aus dem Restaurant raus, aber Piers hält nichts davon, sich zu hetzen. Wie er sagt, a) ist es schlecht für die Verdauung und b) macht es ihnen nichts aus; sie freuen sich, daß wir zu schätzen wissen, was sie uns anzubieten haben. So viele Leute tun das nicht. Französische Kellner sind so ein rüdes Gesocks, finden Sie nicht? Sie haben immer so einen glasigen Blick. Der Himmel weiß, wie sie sind, wenn man nicht schätzt, was sie anzubieten haben!

Und dann der Wein. Piers hält viel davon, sowohl Wein als auch Essen zurückzuschicken. Ein gewisses Niveau muß gewahrt werden. Er hält nichts davon, wenn Rotwein auf diese moderne Art eiskalt serviert wird, ganz egal, wie jung er ist. Und er hält eine Flasche Wein unter acht Francs für ebenso diskussionswürdig wie eine zu dreißig. Er ist immer sehr höflich – schickt nur nach dem Weinkellner, um die Angelegenheit zu besprechen, aber natürlich spricht er kein Französisch, deshalb ergeben sich manchmal Schwierigkeiten. Beinahe ein scharfer Ton. Und dieses komische Schweigen, wenn wir das Lokal verlassen.

Und wenn am Ende unseres Hotelaufenthalts die Rechnung kam, überprüfte Piers jeden Posten zweimal. Mit den Jahren ist er ziemlich kurzsichtig geworden: Er muß ein Vergrößerungsglas benutzen. Die Kinder und ich haben oft bis zu einer Stunde im Auto gesessen und gewartet, während sie die Kosten für das heiße Wasser diskutierten und was eine vernünftige Gewinnspanne ist, und warum Feiertage einen Unterschied machen. Zugegeben, manchmal denke ich, daß Piers eine Haßliebe zu Frankreich hat. Er liebt das Land; er würde nie Ferien in Italien oder Spanien machen, nur in Frankreich – und dennoch, kennen Sie diese *Dégustation-*

Libres, die überall wie Pilze aus dem Boden geschossen sind – ›hier ist der Gusto frei‹, sagen die Kinder immer –, wo man den Wein probiert, bevor man auswählt? Piers geht rein, probiert alles, und wenn ihm nichts schmeckt – was ziemlich oft der Fall ist, – kauft er nichts. Das bieten sie doch schließlich an. *Kostenlose* Weinprobe. Er mag es, wenn ich mit ihm reingehe, mit ihm koste, damit wir unser Urteil vergleichen können, und ich sehe, wie die Begeisterung in den Augen des Besitzers erstirbt, wenn er gebeten wird, zuerst dies, dann das, dann jenes vom obersten Regal runterzuholen, und Piers schlürft und zieht die Augenbrauen hoch und schüttelt den Kopf, und dann zieht in den Augen des Geschäftsinhabers Feindseligkeit auf und dann Langeweile und dann, glaube ich, etwas, was an Hohn grenzt – und ich muß Ihnen sagen, Miss Jacobs, es gefällt mir nicht, und am Ende, jedesmal, wenn wir an einer *Dégustation-Libre* vorbeikamen und ich das Glitzern in seinen Augen sah und sein Fuß auf die Bremse latschte – er guckte nie in den Rückspiegel – es hatte gar keinen Sinn, denn der war immer so gestellt, daß er das Autodach zeigte –, nahm ich noch eine Valium – weil ich glaube, sonst hätte ich losgeschrien, ich hätte nicht anders gekonnt. Es war nicht so, daß ich Piers nicht geliebt und bewundert und ihm vertraut hätte, es war der Blick in den Augen der Franzosen.

Warum ich nicht schreie? Worauf wollen Sie hinaus? Abreaktion? Ich kenne den Begriff – meine Tochter Angela ist Schwester in der Psychiatrie, wie ich Ihnen gesagt habe, und sie macht ihre Arbeit sehr gut. Sie glauben, daß ich in der letzten *Dégustation* schließlich ein Trauma erlitten habe? Und daß ich deshalb nicht mehr laufen kann? Das würden Sie gern glauben, oder? Bestimmt sind Sie Feministin – mir ist aufgefallen, daß Sie einen Hosenanzug tragen –, und wollen gern glauben, daß alles auf der Welt die Schuld der Männer ist. Sie wollen, daß ich die Spannung und die Wut und die Angst und den Horror rausschreie? Das werde ich nicht! Ich sage Ihnen, Frankreich ist ein fröhliches Land, und wir alle haben diese Ferien geliebt und dank Piers haben wir dort ein paar wunderbare Mahlzeiten genossen und ein paar umwerfende

Weine getrunken, und was sein Fahren angeht, wir leben ja alle noch, oder? Piers, ich, David, Angela, Fanny, Brutus. Wir leben alle noch. Das muß doch etwas beweisen. Es ist nur, daß ich anscheinend nicht in der Lage bin, zu laufen, und wenn Sie jetzt so freundlich wären und Piers rufen würden, er wird mich von der Couch in den Rollstuhl heben und nach Hause fahren. Das Reden führt zu nichts. Ich liebe meinen Mann.

Und dann mach das Licht aus

In Newcastle, Neusüdwales, gibt es die höchste Gebärmutterentfernungsrate in der ganzen Welt. Dort werden gesunde Organe von eifrigen Chirurgen gerade noch rechtzeitig im Vorkrebsstadium herausgeschnippelt. Es gibt sogar ein besonderes Labor, ein besonderes Gebäude, wo die entfernten Organe in gefrorenem Zustand aufbewahrt werden, damit die Studenten sie in aller Ruhe untersuchen können. Hier, ein perfekter Eileiter! Sehen Sie sich die winzigen heranreifenden Eier an: jedes Ei die potentielle Hälfte eines menschlichen Wesens, das hätte lieben und geliebt werden können und lachen und weinen und planen und hoffen. Aber wozu ist ein halbes menschliches Wesen nutze: das alternde weibliche Organ, das weiß jeder, ist für das männliche nicht mehr reizvoll. Also zerren Sie es heraus: schnippeln, abknipsen, klammern, zunähen: pflanzen Sie ein Östrogen-Depot ein, und die Eigentümerin des Organs ist so gut wie neu: ein zuverlässiger Babysitter für die Enkel, blutet nicht mehr, hat keine Launen mehr, Hitzewellen oder den traurigen Wildwuchs von Krebs. Es ist alles im ureigensten Interesse der Gemeinschaft: die Operation verlängert das Leben. Das beweist die Statistik.

Und hier ein Dutzend gefrorener Gebärmütter! Junger Mann, junge Frau, Sie, die Sie keinen Gedanken an den Tod verschwenden; aus solch dahinschmelzendem Fleisch war Ihre Kinderstube gemacht! Vielleicht ist es genau die hier auf dem Regal? Und war der Gynäkologe einst der Liebhaber Ihrer Mutter, als Sie zehn waren und sie jung? Man kann die Organe nur zwei- oder dreimal auftauen und wieder einfrieren – dann ist das Gewebe zerstört.

Macht nichts: Es hat seinen Zweck erfüllt. Hat ein oder zwei Kinder in sich wachsen lassen und bei der Ausbildung einer neuen Generation Ärzte geholfen. Ärzte sind gute Menschen. Sie tun, was sie können. Leben müssen sie natürlich auch, und je mehr Gebärmütter, Eierstöcke und so weiter sie in einem Jahr entfernen, desto reicher werden sie und desto friedlicher grasen die Ponys ihrer kleinen Töchter auf den Steilhängen, die sich an der Küste nördlich von Sydney erheben. Gewinn und Verlust, Gewinn und Verlust! Dein Verlust ist mein Gewinn.

Tandy war selbst eine Arzttochter: geboren und aufgewachsen in Newcastle. Als Kind hatte sie ein Pony namens Toddy. Arzttöchter erleben mehr sexuelle Übergriffe von Ärzten als Töchter von Männern in anderen Berufen. Na, das ist aber mal wieder eine komische Statistik! Was kann der Blick der Arzttochter bedeuten? Was kann das Glitzern in ihren Augen sein, das nach Vergewaltigung durch die Hände solch normalerweise gutbürgerlicher Leutchen schreit? Oh, Daddy, Daddy, beachte mich doch ein wenig! Einerlei, was, einerlei, wie unwillkommen: Alles ist recht! Alles! Sollen wir das glauben?

Oder vielleicht gehen Arzttöchter häufiger zum Arzt als andere Frauen. Das wird es sein. Ärzte behandeln Mitglieder ihrer eigenen Familie üblicherweise nicht.

Als Tandy zwölf war, legte ein Kinderarzt sie auf den Rücken, schob ihr die Beine auseinander, steckte seine Hand dazwischen, riß und stocherte und erklärte, daß das plötzliche, schreckenerregende Bluten nur ein zerrissenes Jungfernhäutchen bedeute.

»Gut, daß wir in einem zivilisierten Land leben«, sagte er. »Unsere kleine Tandy hat keine blutbefleckten Hochzeitslaken mehr nötig. Es kommt vom Reiten.«

»Aber Toddy ist so ein braves kleines Pferd«, sagte Mandy, Tandys Mutter. Sie hatte große, helle Augen und eine sanfte Art, wie ihre Tochter.

»Trotzdem«, sagte der Kinderarzt, »ein plötzlicher Ruck mit gespreizten Beinen, und da passiert's. Keine Jungfrau mehr.«

Er kam manchmal zum Abendessen. Sein Haar wurde grau.

Tandy glaubte, daß er es seiner Frau erzählt hatte – einer großen Frau mit schweren Lidern –, und die hatte es bestimmt ihren Freundinnen erzählt. Keine Jungfrau mehr!

Als sie vierzehn war, freundete sich Tandy in der Schule mit einem fünfzehn Jahre alten Jungen an, John Pierce. Solche Verbindungen waren gar nicht gern gesehen. Es war ja schließlich in den Fünfzigern, und Tandy trug einen Trägerrock und einen Strohhut. Sie liebten sich, am Himmel ging rosaglühend die Sonne auf.

»Irgend etwas ist mit dem Mädchen«, bemerkte ihr Vater, der Arzt, beim Frühstück.

»Oh, mein Gott!« sagte die Mutter.

John Pierces Mutter beschwerte sich bei der Schule, Tandy Watson hindere ihren Sohn daran, seine Prüfungen zu bestehen. Die Obrigkeit hatte Tandys und Johns Zuneigung bereits observiert: wie sie Händchen hielten, sich aneinanderlehnten. In der Schule schwirrten die Gerüchte, daß sie bis zum Letzten gegangen waren. Tandys Mutters Augen weiteten sich vor Bestürzung und Furcht, als man die Polizei erwähnte: die Möglichkeit von Strafmaßnahmen. Damals erwartete man von vierzehn Jahre alten Mädchen, daß sie Jungfrauen waren, und jeder, der sie davon zu überzeugen versuchte, das zu ändern, kam ins Gefängnis.

»Du meine Güte«, sagte Tandys Vater, »das werden wir ja sehen. Mach die Beine auseinander, Mädchen.«

Das tat Tandy, auf der Patientenliege. Tandys Vater runzelte die Stirn, wurde blaß, beriet sich mit Tandys Mutter.

»Aber, Liebling«, sagte Tandys Mutter, »die Sache mit dem Pferd vor ein paar Jahren – hattest du das vergessen?«

Hatte er natürlich.

»Die gottverdammten Pferde«, sagte er. »Hast du oder hast du nicht, Mädchen?«

»Ich habe nicht«, sagte sie. »Ich habe nicht, ich habe nicht und er auch nicht.«

»Warum konntest du das nicht vorher sagen?« wollte er wütend wissen, obwohl ja keinem eingefallen war, sie vorher zu fragen. »Ich glaube dir, Mädchen. Zieh dir die Unterhosen wieder an.«

Und das tat sie, und ihre Mutter log und verkündete der ganzen Welt, daß sie eine *virgo intacta* sei, aber Tandy verlor jegliches Interesse an John Pierce und mußte jetzt immer gut überlegen, bevor sie mit ihrem Vater redete. Die Unbefangenheit zwischen ihnen war weg. Vielleicht wußte er es: Er brummelte immer halb geistesabwesend vor sich hin, wenn Tandy im Zimmer war. Tandy wollte Ärztin werden, aber ihr Vater sagte, es sei kein geeigneter Beruf für Mädchen: wer in diesem Geschäft zu tun habe, sehe zu viele schreckliche Dinge. Tandy ging zur Uni und studierte englische Literatur.

Die Uni verordnete ihren Studenten zweimal im Jahr eine ärztliche Untersuchung. Bei dem eher ältlichen Arzt mußte Tandy sich immer ganz ausziehen, damit er ihre Brüste abtasten konnte. Er untersuchte sie auch innerlich, indem er seine Hand zuerst in einen dünnen Gummihandschuh und dann in sie steckte, um an ihr herumzuquetschen und zu fummeln und zu glotzen. Und dann die rektale Untersuchung mit einem Lämpchen am Ende eines Metallrohrs. Sie schrie immer, und er sagte ärgerlich: »Entspannen Sie sich doch.« Tandy hatte den Eindruck, daß Ärzte immer reichlich ärgerlich waren. Nach der vierten dieser Untersuchungen sprach sie darüber mit ihrer Freundin Rhoda, die Brüste hatte, die nicht der Rede wert waren, und entdeckte, daß Rhoda ihre Kleider anbehalten durfte und ihre Innereien nicht untersucht werden mußten, also ignorierte Tandy danach die offiziellen Erinnerungsschreiben und überließ ihre Gesundheit dem Schicksal und nicht mehr der Wissenschaft.

Zu Hause schnitt sie das Thema Medizinstudium noch einmal an. Sie meinte, in den medizinischen Berufen sollte es mehr Frauen geben.

»Du meine Güte, Mädchen«, sagte ihr Vater, »du mußt einen Arzt *heiraten*, nicht selber einer *werden*. Eine gute Arztfrau ist für die Gemeinschaft fast so wertvoll wie ein guter Arzt.«

Tandys Mutter hatte gute Beine mit kräftigen Oberschenkeln,

weil sie immer treppauf und treppab rannte, um das Telefon abzunehmen. Und es gab auch wirklich nichts, was sie nicht über die frühen Symptome von Mumps, Masern und Windpocken wußte und wie man mit diesen Krankheiten umgehen mußte. Sie hatte eine helle, nördliche Haut und starb ziemlich plötzlich an einem Melanom, einer in Australien weit verbreiteten Krebsart. Ein Muttermal auf ihrer Hand veränderte seine Form und Größe, und ihr Mann war zu beschäftigt, um es zu bemerken, und dann war es auf einmal zu spät zum Operieren. Er war ein ausgezeichneter Golfspieler geworden und spielte in einem Wettkampf auf nationaler Ebene mit und hatte viel im Kopf. »Selbst wenn du es bemerkt hättest«, sagten seine Arztfreunde, um ihn zu trösten, denn er war sehr bekümmert, »aller Wahrscheinlichkeit nach hätte sie es nicht geschafft. Und wie alt war sie?«

Neunundvierzig, und sie näherte sich der Menopause. Besser aus dem Weg, war die unausgesprochene Meinung. Aus Gynäkologensicht geht es nach vierzig sowieso nur noch bergab, da mag man noch so viel in den Innereien einer Frau herumpfuschen. Bluten und Austrocknen und Polypen und Zysten und Rückenschmerzen – nennen Sie mir einen Krankheitszustand, die Frau hat ihn. Mit vorwurfsvollen Augen kommt sie zu Ihnen und klagt, in der ganzen Praxis hört man ihre traurige Stimme. Zum Kinderkriegen ist sie zu alt. Ihr Sinn und Zweck als Frau dahin.

Tandys Vater heiratete seine Empfangsdame, die erst neunundzwanzig war und ihn anbetete, und gründete eine neue Familie.

»Ich will Ärztin werden«, sagte Tandy immer wieder. »Meine Tochter nicht...«, sagte ihr Vater immer wieder. »Dafür bezahle ich nicht. Warum wirst du nicht Krankenschwester?«

Also wurde sie Krankenschwester. Im ersten Jahr der Ausbildung wurde sie von einem Medizinstudenten schwanger, der sich auf coitus interruptus verließ und sie aus den verschiedensten Gründen nicht heiraten konnte; und Tandy mußte abtreiben; zu der Zeit eine strafbare, eindeutig ungesetzliche Handlung. Als sie in der achten Woche war, ging sie zu einem ortsansässigen Abtreiber, einem praktischen Arzt, der dafür bekannt war, daß ihm Mädchen in Not leid taten. Er nahm kein Geld und sagte, daß er diese Operationen aus Prinzip und nicht des finanziellen Gewinns wegen durchführe: Er hielt Sex für das große emotionale und physische Allheilmittel, und verlangte, daß sie vor der Ausschabung mit ihm schlief, um den Heilungsprozeß zu beschleunigen. Sie erklärte sich einverstanden, da es ihm mehr zu bedeuten schien als ihr. Er war sehr kurzsichtig und behielt die Brille mit den dicken Gläsern während des Beischlafs auf; er sagte, das Sehen sei ebenso wichtig wie das Berühren. Er warf ihr ihren Mangel an sexueller Reaktion vor und verschob den Eingriff, bis er sie voll bei ihr hervorgerufen hatte. Er zeigte ihr obszöne Fotografien, die sie zwar nicht berührten, aber durchaus überraschten. Dann war er verpflichtet, seinen Cousin hinzuziehen, der mit ihr schlafen mußte, während er zuschaute, und sie täuschte eine überaus enthusiastische Reaktion vor, weil sie mittlerweile in der zehnten Woche war und der Eingriff mit jedem Tag gefährlicher wurde. Als er ihn schließlich durchführte, tat er das sicher, schmerzlos und freundlich, und es heilte mit erstaunlicher Geschwindigkeit. Aber sie war ja schließlich auch ein gesundes Mädchen, und wenn die Ärzte mit ihren intimen Körperteilen nicht so eine innige Beziehung gehabt hätten, wäre sie überhaupt nicht zu ihnen gegangen.

Sie qualifizierte sich als Krankenschwester und hätte Oberschwester werden können, bevor sie dreißig wurde; aber wer hätte sie dann, wie ihr Vater bemerkte, geheiratet? Also blieb sie einfache Krankenschwester und heiratete einen Ingenieur, Roger, und kriegte zwei Kinder, und abgesehen von dem üblichen Fummeln und Glotzen, den Klistieren, dem Rasieren, dem Schneiden und Nähen (das alles war in einer sicheren Entbindung im Newcastle inbegriffen), behielt sie ihre Innereien eine beträchtliche Zeit für sich selbst. Roger war ein aktiver und angenehmer Liebhaber und verlangte keine Fellatio und praktizierte auch keinen Cunnilingus, und sie hatten das Licht nie an, und sie schaffte es, die medizinischen Aspekte ihrer reproduktiven Organe von der warmen, kreativen Lust zu trennen, die sie ihr jetzt, wo sie in den

Dreißigern und Vierzigern war, drei- oder viermal in der Woche bereiteten.

Vielleicht war Roger ein bißchen langweilig: vielleicht war das Leben ein bißchen ruhig? Sie fühlte sich unnütz, nicht gebraucht: als sei sie eine Walnuß und vertrockne in der Schale, anstatt reif und prall zu werden und eine interessante Form zu kriegen. Roger sah fern und spielte Squash: die beiden Jungen spielten Fußball und Tennis. Keiner sprach, hatte sie manchmal das Gefühl: keiner sprach wirklich. Sie tauschten Informationen aus, mehr nicht. Das Leben wurde an der Oberfläche gelebt: manchmal kribbelte das Fleisch zwischen ihren Beinen von einer Erwartung, die ihren ganzen Körper erfüllte, und sie tanzte und sang, und dann weinte sie. Die Jungen dachten, sie sei verrückt, aber in einem gewissen Alter wurden ja alle Mütter verrückt. Das war bekannt. So sind die Frauen.

Tandy nahm einen Halbtagsjob im örtlichen Krankenhaus an, wo sie sich auf Behinderte spezialisierten; ein Ort, wo Männer lebten, deren Beine ihnen um den Hals wuchsen oder die überhaupt keine Arme oder Beine hatten, und Frauen mit Händen, die zu Klauen gewachsen waren, und Kinder mit Gehirnen, die immer noch besser als die meisten denken konnten und mehr fühlten als die meisten, die aber Glieder oder Münder oder Augen nicht bewegen konnten. Was habe ich für ein Glück, daß ich ganz bin, dachte Tandy, wenn auch nicht mehr jung, und sie verliebte sich in Dr. Walker, den ärztlichen Leiter, der sich mit seiner Frau nicht verstand. Und er verliebte sich in sie, und sie schafften es, so ungefähr ein Wochenende zusammen zu verbringen, was in gewisser Hinsicht schade war, denn danach wußte sie, was sie verpaßt hatte. Sie sah, daß das Glühen des Sonnenaufgangs am Morgen ihres Lebens, das immer stärker hätte werden und ihr ganzes Leben in das strahlende Licht der Sexualität hätte tauchen sollen, in die falsche Richtung gelenkt worden war und der Tag sich bewölkt hatte, und jetzt flackerte es nur noch hier und da auf.

Er ging zu seiner Frau zurück und Tandy zu ihrem Mann, aber sie erzählte es ihm: was ein Fehler war. Man kann nur darauf vertrauen, daß Ehemänner einen bis zu einem gewissen Grad lieben, weiter nicht. Auch sie kennen so was wie verlorene Ekstase. Er rannte mit großen Schritten rum; sie brütete vor sich hin.

»Vielleicht wären wir getrennt glücklicher«, sagte er. Er war siebenundvierzig; sie war vierundvierzig. Ihrer beider Leben wäre in dem normal langweiligen Vorstadtheim ewig so weitergegangen und schließlich in Pensionsalter, Krankheit und Tod abgeglitten: oder er wechselte seine Arbeitsstelle, zog aus Newcastle weg, fand einen neuen Zugang zu Gesundheit und Energie, katapultierte sich selbst ins Leben zurück. Indem sie mit einem anderen Mann geschlafen hatte, hatte sie die Fesseln der Gewohnheit zerrissen: sie hatte die Freiheit gewählt, jetzt würde er dasselbe tun.

»Geh«, sagte sie. »Auch gut, geh. Aber wir bleiben Freunde?«

»Natürlich«, sagte er. »Und ich schicke dir das Geld.«

Sie hatte ihren Halbtagsjob im Krankenhaus aufgegeben. Sie fand es zu schmerzhaft: nicht nur den Anblick so vielen traurigen Fleisches, sondern auch den Anblick ihres Geliebten; den Gedanken daran, was hätte sein können.

Von Roger getrennt zu leben war schwieriger, als sie sich vorgestellt hatte. Sie litt unter Einsamkeit, besonders an den Abenden. Die Musik zu hören, die sie liebte, anstatt die Fernsehsendungen anzusehen, die er auswählte, war am Ende doch kein ausreichender Ersatz für seine simple Abwesenheit.

Nach sechs Monaten bat sie ihn, zurückzukommen.

»Nein«, sagte er, »ich habe jemand anderen gefunden.«

Na ja, sie war immer noch eine attraktive Frau. Die Ehemänner anderer Frauen waren hinter ihr her. Sie beschloß, Ärztin zu werden. Sie schrieb sich an der medizinischen Fakultät ein. Sie mokierten sich über ihr Alter und Geschlecht, nahmen sie aber auf. Sie liebte die Arbeit: sie fiel ihr leicht.

Ich bin glücklich, dachte sie. Einer ihrer Tutoren lud sie zum Kaffee ein, nahm sie dann mit ins Kino. Sie fingen an, miteinander zu schlafen. Er war vierzig, sieben Jahre jünger als sie, aber er sagte, das Alter sei irrelevant. Sie schliefen zusammen, wenn das Licht an war, und sie lernte, ihm zu vertrauen.

Eines Nachts spürte sie einen heftigen Schmerz in der rechten Seite.

»Geh lieber zum Arzt«, sagte ihr Tutor, Peter, und sie fand auch, es sei besser, hinzugehen. Alle Frauen in ihrem Alter gingen grundsätzlich alle sechs Monate zu ihrem Gynäkologen, der ihre Innereien überprüfte und sie als gesund oder nicht gesund deklarierte und die Patienten gelegentlich »nur mal aufmachte« – denn er war auch als Chirurg approbiert – »um mal nachzuschauen!«

Aber Tandy vergaß den Vorsorgetermin immer: schließlich erhielt sie nicht mal mehr die Erinnerungsschreiben.

Die Frauen in Newcastle haben Bäuche mit wunderbaren Zick-Zack-Mustern, na ja, die ganzen Kaiserschnitte, die Blinddarmoperationen und das unzählige »Nur mal aufmachen«. Und es gibt reichlich runde Ponys auf den Hügeln, und die kleinen Arzttöchter lachen und singen, und wenn das Gras blutbefleckt ist, wer merkt das schon?

Der Gynäkologe war groß und hübsch und sehr kompetent und neu in Newcastle.

»Er ist wunderbar«, sagten ihre Freundinnen. »So freundlich und sanft und verständnisvoll. Ein konservierender Chirurg.« Das bedeutete, daß er, obwohl er einen aufmachte, nichts wegnahm, wenn er es irgend vermeiden konnte. Die Frauen in Newcastle waren ein bißchen besorgt: sie fragten sich, warum sie mehr Unterleibsnarben pro Kopf der weiblichen Bevölkerung hatten als Frauen irgendwo sonst auf der ganzen Welt, deshalb ging es den konservierenden Chirurgen zu den Zeiten besser als allen anderen. Es gab ein paar praktische Ärztinnen, aber kaum eine Chirurgin. Nach Sitte und Gewohnheit waren Frauen einfach keine guten Chirurgen.

»Sie kommen mir bekannt vor«, sagte Tandy zu dem Gynäkologen, als sie seitlich auf der Liege lag, die Knie auseinander.

»Entspannen Sie sich! Wie kann ich Sie untersuchen, wenn Sie so steif daliegen? Du meine Güte«, sagte er, »es ist Tandy.«

Dr. John Pierce, der goldene Junge von vor so langer Zeit, aus den Sonnenaufgangstagen: dünnes blondes Haar und Linien der

Enttäuschung um den Mund, jetzt, wo die Sonne am Himmel herunterkroch.

Nun, wir alle werden älter. Er war schockierter als sie: er hatte in seinem Inneren ein Bild von ihr behalten, ein wunderschönes, lachendes Mädchen mit langem, dickem Haar. An einem Tag hatte sie ihn geliebt; am nächsten nicht mehr. Er erfuhr nie, warum. Hatte den Kopf geschüttelt, war an ihm vorbeigelaufen und hatte ihn für immer verwundet.

»Du meine Güte«, sagte sie, »es ist John Pierce.«

»Lange her«, sagte er. »Versuch, dich zu entspannen.«

Sie versuchte es.

»Ich glaube, es ist nur eine Zyste«, sagte er, »die den Ärger macht. Wahrscheinlich gutartig, aber wir machen dich besser mal auf und gehen auf Nummer sicher: und natürlich gibt es hier eine Menge Myome. Aber bei einer Frau in deinem Alter ist das zu erwarten. Wie alt? Siebenundvierzig? Herr im Himmel!«

Er war auch siebenundvierzig. Wenn es für eine Frau alt ist, ist es auch für einen Mann alt, aber so wollte er es nicht sehen. Wer will das schon so sehen? Er war verheiratet und hatte drei Kinder und drei Ponys und eine Empfangsdame, auf die er scharf war, und er hätte nicht auf sie scharf sein müssen, wenn er nur die wahre Liebe gefunden und sie nicht vor langer Zeit an Tandy Watson verloren hätte, die eines Tages ihren Kopf geschüttelt und sein Herz gebrochen hatte. Es war ihre Schuld.

Er machte Tandy auf: und holte alles raus. Gebärmutter, Eileiter, Eierstöcke. Schnipp, schnapp. Die Pinzette, Schwester. (Die Schwester hatte über ihrer Maske glänzende Augen, die ihn an die Vergangenheit erinnerten.) Als Tandy aus der Narkose erwachte, saß er an ihrem Bett und erzählte ihr, was er gemacht hatte.

»Ich dachte, wir gehen lieber auf Nummer sicher«, sagte er.

»Was war denn dran?«

»Hm, nichts«, sagte er, »Gebärmütter sind aber immer ein großer Krankheitsherd für Frauen in deinem Alter.«

»Du meinst, du hast drei vollkommen gesunde Organe herausgenommen?«

»Hm, ja«, sagte er. »Diese Zyste war gutartig, aber die nächste ist es vielleicht nicht mehr. Und ich habe dir ein Östrogendepot eingepflanzt. Damit geht's dir besser als vorher. Östrogen verlangsamt den Alterungsprozeß. Hm, sieh mal«, sagte er nervös, denn ihre Augen waren enorm und wie die einer Hexe, »wozu nützen diese Organe einer Frau von fünfzig? Sie haben ihren Zweck erfüllt. Sie nützen niemandem mehr.«

»Siebenundvierzig«, sagte sie. »Diese Organe sind *ich*. Jetzt bin ich nichts. Du hast das Licht ausgemacht. Niemand hat dich darum gebeten: niemand hat es dir erlaubt: du hast dir angemaßt, das Licht meines Lebens auszumachen.«

Er dachte, sie würde gerichtlich gegen ihn vorgehen, aber das tat sie nicht. Sie wollte nicht, daß irgend jemand wußte, was passiert war. Gut sechs Monate lang stand sie wie unter Schock, war betäubt, deprimiert und fühlte sich wie ein Zombie.

Sie und Peter, der es natürlich erfahren mußte, trennten sich, und sie machte den Verlust ihrer Organe dafür verantwortlich. Er war erst vierzig: was wollte er mit einer halben Frau von fast fünfzig, ohne Gebärmutter, Eierstöcke oder Eileiter? Die wenigen Freunde, denen sie es erzählte, versicherten ihr, daß wirklich kein Schaden entstanden sei: Peter wäre sowieso gegangen; viele Frauen wollten die Operation unbedingt: dank des Östrogens sehe sie schlanker und jünger und hübscher aus als vorher. Aber Tandy war nicht überzeugt. Sie gab das Medizinstudium auf: es war die Mühe nicht wert. Sie wurde Großmutter und war froh, daß es ein Junge war.

»Jungen haben ein besseres Leben als Mädchen«, sagte sie und bewunderte den eingezogenen, niedlichen Penis des Säuglings.

Wenn sie John Pierce auf der Straße sah, ging sie auf die andere Seite, um ihm nicht zu begegnen. Für sie hatte es den Anschein, als ginge er in einer Lache aus Dunkelheit. Aber vor langer Zeit hatte schließlich sie unbekümmert das Licht seines Lebens ausgemacht.

Sie hatte mit ihm geschlafen und es dann gegenüber aller Welt geleugnet, und sie hatte ihn nicht geliebt und sein Leben verdorben, und das konnte er ihr nicht vergeben. Konnte man eigentlich von irgend jemandem, Mann oder Frau, wirklich Vergebung erwarten?

Nichts ist von Dauer

»Ich krieg das nötige Kleingeld schon zusammen«, sagte Avril, die Nachtclubsängerin zu Helen, der Friseuse. »Nächste Woche komme ich, und dann kannst du wieder eins deiner üblichen Wunder vollbringen.«

Helen dachte, die Zeit für Wunder sei langsam vorbei. Nicht nur Avrils Kleingeld, sondern auch ihr Haar wurde immer weniger. Aber sie sagte nur: »Ich werde mein Bestes tun«, und ohne mit der Wimper zu zucken, ließ sie ihre geübten Finger durch Avrils drahtige Locken gleiten.

Avril war hager, ausgemergelt und bemitleidenswert tapfer. Helen war solide und bieder und konnte es sich leisten, gnädig zu sein. Als Helen vor dreißig Jahren ihre Lehre beendet hatte, war Avril ihre allererste Kundin gewesen. Damals hatte Avril teure, gewagte grüne Schuhe mit Satinschleifen getragen, damit sie besser flirten konnte: Helen hatte billige marineblaue Schuhe mit Gesundheitsabsätzen getragen, damit sie besser arbeiten konnte. Helen hatte Avril beneidet.

Heute waren Avrils Schuhe mit den eingerissenen hohen Absätzen immer noch grün, aber irgendwie mitleiderregend, und ihre Beine waren voll knotiger Adern. Und Helens Schuhe waren immer noch marineblau, aber teuer und bequem und hatten vernünftige mittelhohe Absätze. Und Helen hatte den Salon und einen Ehemann und erwachsene Kinder und Ersparnisse und einen Hund, eine Katze und einen Garten, und Avril hatte nichts. Nichts. Keine Kinder, keinen Ehemann und weder Eigentum noch Geld auf der Bank.

Jetzt bemitleidete Helen Avril, anstatt sie zu beneiden, konnte ihr aber irgendwie nicht begreiflich machen, daß dieser Umschwung stattgefunden hatte.

Über die Jahrzehnte war der Salon schicker und eleganter geworden und besaß jetzt eine angenehme Atmosphäre unaufdringlich plüschigen Luxus. Jetzt kamen einmal in der Woche Professorengattinnen hierher, und die Friseusen wußten sich auszudrücken und achteten sorgsam darauf, daß die Blusenkragen hinten nicht naß wurden. Entkoffeinierter Kaffee wurde gratis angeboten, Vollkornschnittchen mit wenig Kalorien zu einem annehmbaren Preis, und die Hochglanzmagazine des Monats waren in ausreichender Menge vorhanden – und immer noch kam Avril ungeniert hereinmarschiert und begrüßte Helen in ihrer unmöglich rauhen Schauspielerstimme mit dem peinlichen Ausruf »Meine Süße«, als ob sie ihre beste Freundin wäre. Und mit ihr wehte etwas herein, was Helen nur als Flair der Straße bezeichnen konnte; die anderen Kundinnen setzten sich unbehaglich in ihren gutgepolsterten Sesseln zurecht: schlimmer noch, es war das Flair einer Straße, die in rapidem Niedergang begriffen war – früher war es wenigstens die Shaftesbury Avenue gewesen, die ja mit den Theater- und Champagnercocktails des West End im Gefolge zu tolerieren war, jetzt aber wehte der Gassengeruch von Soho samt Live-Sex-Shows und Heroindealern herein.

Manchmal verschwand Avril ein ganzes Jahr oder länger von der Bildfläche, und Helen hoffte immer, daß sie wirklich auf und davon war, aber dann kreuzte sie auf einmal wieder auf und schrie: »Tu was, Herzchen. Vollbring dein übliches Wunder. Mein Leben ist total im Eimer!«, und Helen nahm die Strähnen braunen oder roten oder gelben Haares, oder welche Farbe es auch immer gerade hatte, und bleichte es ganz aus und färbte es wieder und zwang es sanft in etwas Modisches und Präsentables.

Diesmal war Avril volle zwei Jahre weggewesen. Und jetzt stand sie wieder da, und als sie mit beringten klauenartigen Fingern an krausen, spröden, hennarot-grauen Locken zerrte, hatte das »Tu was« richtig verzweifelt geklungen, und Helen war zu ihrer eigenen Überraschung wirklich traurig und besorgt gewesen. Vielleicht mußte man Leute gar nicht mögen, um mit ihnen zu fühlen? Vielleicht entwickelte man ein mitmenschliches Gefühl für sie allein schon dann, wenn man sie lange genug kannte?

Sie erinnerte sich, wie damals – vor Ewigkeiten, Avrils Haar war lang und glatt und glänzend – die Ringe mit Diamanten und Rubinen besetzt gewesen waren. Zu Zeiten ihres kastanienbraunen Pferdeschwanzes waren es Verlobungsringe und Freundschaftsringe; und später, einmal oder zweimal – zu der Zeit, als Avrils Haar in blonden Locken nach hinten gekämmt war – ein Ehering, soweit sich Helen entsann. Heutzutage trug sie aber nur noch solche Ringe, die sich Hinz und Kunz samstags an den Schmuckständen auf den Märkten kaufen konnte; sie kamen aus Indien oder Äthiopien oder waren sonstwie Ethno, und das Silber war unecht und die Steine aus Glas. »Arm, aber glücklich«, kicherte Avril dann unter dem Trockner und wedelte für alle sichtbar munter damit herum, und die anderen Kundinnen schauten taktvoll weg. Sie trugen wenig Schmuck, und wenn überhaupt, war es entweder echter oder unechter von Harrods und ganz gewiß *dezenter*.

Für das letzte, verzweifelte Wunder kam Avril am Freitagabend. Sie hatte den letzten Termin, und natürlich wollte sie Waschen, Schneiden, Bleichen, eine Packung und eine Dauerwelle. Helen hatte gesagt, sie werde Überstunden machen. Zu ihrem Geschäftsgebaren gehörte es, den Kundinnen – sogar Kundinnen wie Avril – wo immer möglich entgegenzukommen, so sehr es auch auf ihre eigenen Kosten ging. Letztendlich war es gut fürs Geschäft. Genauso wie letztendlich Beständigkeit, Geduld und Ausdauer immer Erfolg hatten, ob bei der Arbeit, in der Ehe, zu Hause oder in der Kindererziehung. Man machte das Beste aus dem, was man hatte. Man verlangte nicht zuviel; man ging auf Nummer sicher, und man gewann.

Helen rief ihren Mann Gregory an, um ihm zu sagen, daß sie länger arbeiten würde.

»Ich nehme eine Hühnerpastete aus der Tiefkühltruhe«, sagte er, »und im Fernsehen ist eine Natursendung, die wollte ich sehen.

Und vielleicht werkele ich ein bißchen im Haus herum, selbst ist der Mann!«

»Gut, dann versuch aber nicht, den elektrischen Wasserkocher zu reparieren«, sagte sie, und er versprach es. Sie legte aber noch nicht auf.

»Ist irgendwas los?« fragte er und wartete geduldig. Er war wunderbar geduldig.

»Findest du nicht«, sagte sie daraufhin, »findest du nicht, das Leben ist irgendwie schrecklich traurig?«

»Inwiefern?« fragte er, nachdem er ein bißchen Zeit hatte verstreichen lassen, um die Frage zu überdenken.

»Einfach, weil man älter wird«, sagte sie vage und hatte schon Angst, daß sie albern klänge. »Und dann wozu das alles?«

Am anderen Ende der Leitung war wieder Schweigen.

»Welche Kundin ist es?« fragte er.

»Avril de Ray.«

»Ach, die. Die bringt dich immer durcheinander.«

»Sie hat so was Tragisches, Gregory!«

»Das hat sie sich selbst zuzuschreiben«, sagte Gregory. »Jetzt muß ich gehen und die Pastete aus der Tiefkühltruhe nehmen. Es ist immer besser, sie warm zu machen, wenn sie schon ein bißchen aufgetaut sind, oder?«

»Ja«, sagte sie, und sie sagten einander Aufwiederhören und legten auf.

Avril war zehn Minuten zu spät. Sie hatte geweint. Ihre Mundwinkel hingen nach unten. Schmieriger blauer Lidschatten floß ihr in Rinnsalen die Wangen herunter. Sie wollte unbedingt in der Ecke sitzen, wo noch einer der altmodischen Spiegel von vor der letzten Renovierung stand. Avril behauptete, das Spiegelbild dort sei freundlicher, und das stimmte wahrscheinlich auch, aber wenn Avril dort saß, stieß Helen beim Arbeiten mit dem Ellenbogen immer gegen die Wand. Avrils Blusenkragen war steif von einer Mixtur aus Make-up, Schweiß und Schmutz. Und sie roch ungewaschen. Aber zu ihrer Überraschung fand Helen den Geruch nicht unangenehm. Sie erinnerte sich daran, daß ihre Oma vor langer Zeit, als sie einmal die kleine Helen in einem großen, feuchten Federbett schlafen legte, so gerochen hatte. Holte einen hier der Lauf der Generationen ein? War es immer nur eine Abfolge von Chaos und Ordnung, von Schmutz und Sauberkeit? Ging es letztendlich nur darum?

»Weißt du noch, als ich langes Haar hatte?« sagte Avril. »So lang, daß ich darauf sitzen konnte! Beim Stadtfest spielte ich die Lady Godiva. Ich war in einen Jungen verliebt, und er sagte, wenn ich beweisen wollte, daß ich ihn liebte, würde ich mich nackt auf das Pferd setzen. Das habe ich auch gemacht. Hör mal, ich war sechzehn, er war siebzehn, was wußten wir schon? Meine Mutter hat monatelang nicht mit mir gesprochen. Wir lebten in einem großen Haus, hatten Dienstpersonal und alles. Was für eine Schande! In einer Sache behielt sie recht: Meine Prüfung bestand ich nicht.«

»Und der Junge?« fragte Helen. Avril wollte das ganze Haar von der Wurzel an gebleicht haben; das war altmodisch, aber nicht so eine Futzelarbeit wie die eher üblichen gebleichten Strähnen. In dieser Phase kam Helen recht schnell voran.

»Er war die große Liebe meines Lebens«, sagte Avril. »Mehr als Händchenhalten und darüber reden, daß wir weglaufen und heiraten wollten, war nicht. Nachdem ich aber die Godiva gespielt hatte, wollte er nur noch bis zu den Fahrradschuppen mit mir laufen. Du weißt ja, wie die Männer sind.«

»Es war aber doch seine Idee!«

Avril zuckte mit den Schultern.

»Er war noch jung. Er wußte ja nicht, wie er sich fühlen würde, nachdem ich sozusagen an die Öffentlichkeit gegangen war. Wie konnte er auch? Also ging ich mit ihm hinter die Fahrradschuppen. Es war herrlich. Das werde ich nie vergessen. Es war, als ob die Sonne am Himmel stillstände. Kennst du das?«

»Ja«, sagte Helen, die das nicht kannte. Sie war immer nur mit Gregory zusammen gewesen und einmal mit jemandem, dessen Namen sie lieber vergessen wollte, bei einer Party, eine erbärmliche, bierselige Angelegenheit, die ihr eine Blasenentzündung eingebracht hatte. Na ja, so was passiert eben. Diese unwahrscheinlichen Strafen hebt das Schicksal für die Tugendsamen auf, die nur einmal sündigen und dann entweder schwanger werden oder sich eine Geschlechtskrankheit einfangen. Und sie schlief mit Gregory auch immer nur nachts, woher sollte sie also das mit der stillstehenden Sonne wissen? Aber wenigstens war es Liebe, warme, innige, zärtliche Liebe, nicht das, was Avril immer verheerte und verwüstete.

»Ist auch egal, er erklärte mir jedenfalls in aller Form, daß er und ich fertig miteinander seien. Er hatte Fräulein Saubermann getroffen und wollte sie heiraten, wenn er mit der Uni fertig war. Ich dachte, ich würde vor Elend sterben. Aber das bin ich ja nicht, oder? Ich hab's überlebt.«

»Ich seh vielleicht aus, was?« sagte Avril und besah sich ihr eingeschmiertes Haar, aber in Gedanken war sie in der Vergangenheit. »Es ist komisch. Ich stand vor diesem großen Spiegel, im Alter von sechzehn, und versuchte mich zu entscheiden, ob ich die Godiva nackt oder in einem fleischfarbenen Body spielen sollte. Sogar damals wußte ich, es ging um das, was man wohl eine größere Lebensentscheidung nennt. Nackt, und die Zukunft würde in eine Richtung gehen; mit dem Body: in eine andere. Ich entschied mich für nackt. Danach habe ich geweint und geweint, warum, weiß ich auch nicht. Ich habe immer viel geweint. Dann konnte ich natürlich nicht an die Uni, weil ich kein Abitur hatte, also ging ich an die Schauspielschule. Von zu Hause kriegte ich keine Unterstützung – sie hatten mich aufgegeben –, und von meinem Stipendium konnte ich nicht leben, das konnte keiner. Also machte ich eine Doppelseite im *Mayfair*, ganz dezent, nur ohne BH, aber der Fotograf machte einen Haufen anderer Aufnahmen, von denen ich nichts wußte, und die wurden auch veröffentlicht und überall verbreitet, einschließlich meiner Heimatstadt. Ich versuchte, gerichtlich dagegen vorzugehen, aber es hatte keinen Zweck. Wenn du dich einmal ausgezogen hast, nimmt dich keiner mehr ernst. Das wußte ich nicht – na ja, ich habe wahrscheinlich auch versucht, ihn irgendwie auszunutzen, also kann ich mich nicht beklagen. Und eins kann ich dir sagen, wenn die Sonne schon hinter dem Fahrradschuppen stehengeblieben war, dann ging bei dem Fotografen das ganze Sternensystem anders herum. Weißt du, was ich meine?«

»O ja«, sagte Helen, und untersuchte eine Locke von Avril: es dauerte ganz schön lange, bis das Bleichmittel wirklich wirkte. Sie überlegte, ob sie Gregory anrufen sollte, um ihn daran zu erinnern, daß er nicht versuchen sollte, den Wasserkocher zu reparieren, oder ob ihn das in seinem Entschluß nur bestärken würde.

»Seh ich aus, als ob ich geweint hätte?« fragte Avril und starrte intensiver in den Spiegel. »Hab ich nämlich. Der Typ, mit dem ich zusammenlebe, ist ein Junkie, er versucht, clean zu werden. Das mit mir hat ihm richtig gut getan. Er wurde richtig – hm, weißt du, lieb –, das ist immer ein gutes Zeichen. Er war Lehrer, wirklich klug, bis er abhängig wurde. Ein junger Typ: helle Augen, wunderbare Haut – hat nicht oft gelacht, aber wenn er lachte... Fällt dir auf, daß ich in der Vergangenheit rede? Als ich heute morgen von der Arbeit nach Hause kam, war er verschwunden und mein Geld für die Miete auch. Es erwischt einen immer hier im Herzen: dagegen kann man gar nichts machen; man sagt sich, es war ja zu erwarten, aber es tut so weh, Himmel, es tut so weh. Ich hätte ihm nicht sagen sollen, daß ich ihn liebe, nicht wahr? Nicht wahr, Helen?«

»Ich weiß nicht«, sagte Helen. Sie sagte Gregory ziemlich oft, daß sie ihn liebte, und das schien auch nicht verboten zu sein. Aber wenn sie das Wort benutzte, hatte es vielleicht eine andere Bedeutung, als wenn Avril es benutzte. Das hoffte sie jedenfalls.

»Also liebst du nur Menschen, die dich verletzen?« fragte sie vorsichtig.

»Das ist doch Liebe oder etwa nicht?« sagte Avril. »Daran merkst du doch, daß du sie liebst, weil sie dich verletzen können. Wenn es anders wäre, was soll's? Wie kann ich ohne ihn leben? Einfach nur im Bett neben ihm zu liegen: er war so dünn, aber so scharf: er war so lebendig! Das Leben hat ihn ausgebrannt, umgebracht. Einfach nur das Leben. Zu viel.« Tränen liefen Avril die Wangen herunter.

Sie sieht aus wie achtzig, dachte Helen, dabei muß sie in meinem Alter sein.

»Ich ja auch egal«, sagte Avril, »wenn wir hier fertig sind, will ich ein neues Ich haben. Reiß dich zusammen und fang von vorn an, das ist mein Motto. Weißt du noch, als du mir mein langes Haar ganz abgeschnitten hast? Das war nach dem *Mayfair*-Ding; ich wollte, daß mich keiner mehr erkannte, aber natürlich haben sie mich doch erkannt. Man kann ja seine Brüste nicht abschneiden, oder? Bei der Sylvester-Show hat mich ein Regisseur aufgegabelt: der hatte vielleicht Stil, Nationaltheater und alles, und er und ich, wir freundeten uns an, und ich kriegte die Hauptrolle, aber dafür war ich noch nicht reif, und die anderen Kollegen machten einen Aufstand, und das war mein Ende; nach drei Wochen, tschüß, Nationaltheater. Und er hatte eine Frau, die irgendwo auf dem Land lebte, und es kam in die Zeitungen, weil er so berühmt war, und von seinen Freunden engagierte mich keiner mehr, sie hielten alle zu der Frau, also kriegte ich eine Rolle in einer Revue in Whitehall und spielte fünf Jahre lang französische Hausmädchen. Gute Gagen, hübsches, kleines Apartment, Männer in Hülle und Fülle: herrliche Abendessen, Diamanten. Du würdest es nicht glauben, wie in einem Roman, aber ich war das trotzdem nicht. Wenn ich es recht bedenke, weiß ich sowieso nicht, was oder wer ich bin. Wer weiß das überhaupt schon? Ich wollte heiraten und Kinder haben und seßhaft werden, aber wenn ich davon sprach, lachten die Männer einfach nur. Damals hatte ich die Haare streng zurückgekämmt, zu einem blonden Knoten. Erinnerst du dich?«

Ja, Helen erinnerte sich. Das war zu den Zeiten, als man soviel Haarspray auf die fertige Frisur sprühte, daß es sich wie ein Vogelnest anfühlte.

»Dann hatte ich einen richtigen Durchbruch. Ich konnte immer singen, weißt du, und mittlerweile wußte ich wirklich einiges über Theater. Ich kriegte die Hauptrolle in einer Kurt-Weill-Oper.

Ein Klassestoff. Du hast mir die Haare schwarz gefärbt, und ich hatte sie so hochtoupiert. Wie konnten wir nur so rumlaufen! Und ich verliebte mich in den Regisseur. Gott, er war wunderbar. Stark und ruhig und in einer Public School gewesen, und er war wirklich scharf auf mich, und er war verheiratet, und so glücklich war ich in meinem ganzen Leben nicht. Aber er wollte unbedingt Filme machen und kriegte einen Job in Hollywood, und ich hab die Rolle einfach geschmissen und bin mit ihm gegangen. Das hat mir beruflich natürlich nicht gerade genützt, das kann ich dir sagen. Und ich wurde dauernd schwanger, aber er wollte nicht, daß wir uns so fest aneinander banden, also hatte ich immer Abbrüche, und dann haute er mit der Tochter des Aufnahmeleiters ab: Sie stand auf Yoga, und in Nullkommanix hatten sie drei Kinder. Er behauptete, ich hätte nie still sitzen können. Kann ich aber doch, oder etwa nicht? Du mußt das doch wissen, oder, Helen?«

»Genauso gut oder schlecht wie alle«, sagte Helen und nahm Avril mit zum Waschbecken und wusch das Bleichmittel heraus. Sie hoffte, daß sie es nicht zu lange draufgelassen hatte: Avrils Haar war sehr fein und in schlechtem Zustand, und das Bleichmittel war stark.

»Ich hab sie machen lassen; ich fuhr einfach wieder nach Hause; ich hing da nicht weiter rum, und um Geld habe ich auch nicht gebeten. Das tu ich nie. Was vorbei ist, ist vorbei – ich hatte keine Kinder: warum sollte er zahlen? Wir haben ja beide unseren Spaß gehabt, oder? Geben und Nehmen, bis es eben zu Ende ist. Alles hat einmal ein Ende, das kommt unterm Strich dabei raus. Aber hochtoupierte Haare fand ich immer schrecklich, du auch?«

»Ja. Sehr steif und künstlich.«

»Ich weinte und weinte, aber solange es dauerte, war es gut!« Avril untersuchte eine Haarlocke.

»Guck dir das an«, sagte Avril, »dieses Bleichmittel hat einfach nicht gewirkt. Du muß noch mal was drauf tun, aber eine stärkere Mischung.«

»Das ist aber riskant!« sagte Helen.

»Riskant ist alles!« sagte Avril. »Ich hab bloß die Nase von der Hennakrause voll: ich will wieder eine kühle Blonde sein.«

Helen hatte auf einmal die Nase von ihrem Salon voll und von ihrem Bankkonto und ihrer Ehe und allem, was ihr bisher wichtig gewesen war: und von ihrer ordentlichen Frisur und ihren Gesundheitsschuhen und wie sie nie was riskiert hatte und wie ihre Jugend vergangen war und sie nie weiter als über ihren Brillenrand geguckt hatte und die Angst sie davon abgehalten hatte, sich umzudrehen und zu sehen, was sie lieber nicht sehen wollte. Sie mischte das Bleichmittel neu und machte es stark. Sollte Avril so platinblond werden, wie sie wollte, Helen wünschte ihr alles Gute.

»Hm, natürlich«, sagte Avril munter, »von da an ging's bergab. Kriegte ich eine neue Theaterrolle? Nein! Zu alt für die jugendliche Naive, zu jung für Charakterrollen und einen Ruf als Stripperin, also kam Hedda Gabler nicht in Frage. Und ehrlich gesagt, ich glaube, so gut war ich nun auch wieder nicht. Dann traf ich einen wirklich netten, stinknormalen Typen, einen Ingenieur, aber er wollte eine Familie gründen, und mein Körper war wahrscheinlich von den ganzen Versuchen müde geworden, denn so richtig wollte ich nie ein Kind mit ihm haben, und dann machte er ein nettes Mädchen schwanger, und sie heirateten, und von da an lebten sie glücklich bis an ihr Lebensende. Ich bin zu der Hochzeit gegangen. Aber wie kam es, habe ich mich selbst gefragt, daß sie schwanger wurde und weiterhin das nette Mädchen blieb, und ich war irgendwie von Anfang an die Schlampe?«

Schon so spät, dachte Helen, und noch nicht einmal mit der Dauerwelle angefangen. Gregory ist bestimmt schon allein ins Bett gegangen – merkt er das? Macht ihm das was aus?

»Also jetzt singe ich in Nachtclubs; ich bin nämlich eine gute Sängerin. Ich brauchte nur mal ein bißchen Glück, und ich wär wirklich jemand... Ich hab die ganze Palette drauf – von verrucht bis sentimental, einen Touch Bogart, einen Touch Bacall. Das waren noch Zeiten, als Liebe auch noch Liebe war. Und ich sag dir eins, Helen, sie ist es immer noch, und das einzige, was ich bedauere ist, daß es nicht ewig dauert – die Liebe, der Sex. Die erste Berührung von der Hand eines Mannes, das Gefühl seiner Lippen, der Druck seiner Zunge, wie dann der Verstand ganz weich und der Körper schwach wird, wenn man sich öffnet, ineinanderkommt. Ich fühle immer noch Liebe und sage immer noch Liebe, obwohl es nicht das ist, was Männer wollen, jedenfalls nicht von mir. Vielleicht kommt sie zu leicht; das war immer so. Glaubst du, daß es daran liegt?«

Als Helen Avril mit zum Waschbecken nahm und die zweite Ladung Bleichmittel auswusch, kam eine ganze Menge von Avrils Haar mit heraus. Helen spürte, wie ihre Hände kalt wurden und ihr schwarz vor Augen wurde; fast wäre sie ohnmächtig geworden. Dann weinte sie. So etwas war ihr in ihrem ganzen Berufsleben noch nie passiert. Sie zitterte so sehr, daß Avril das restliche Bleichmittel aus dem restlichen Haar selbst herausspülen mußte.

»Hm«, sagte Avril, als sie das geschafft hatte und große Flekken ihrer roten Kopfhaut nur allzu deutlich sichtbar waren, »das ist, was unterm Strich übrig bleibt. Nichts ist von Dauer, nicht mal Haar. Meine Schuld. Ich habe dir gesagt, du sollst es tun. Seit dreißig Jahren haßt du mich, und jetzt hast du endlich deine Rache!«

»Ich habe dich nie gehaßt«, sagte Helen, das Gesicht aufgedunsen und die Augen geschwollen. Jenseits von Erschrecken und Entsetzen fühlte sie sich angenehm gereinigt, alle Sinne geschärft, wieder wie Omas kleines Mädchen. »Hm, du hättest mich aber hassen sollen«, sagte Avril. »So wie ich hier immer alles aufgemischt habe. Den Ausdruck auf deinem Gesicht hab ich immer geliebt!«

Etwas später sagte Avril: »Ich frage mich, wie meine Zukunft aussehen wird, als kahle Nachtclubsängerin? Ich könnte ja bestimmt eine Perücke tragen, bis es wieder nachgewachsen ist, aber das mach ich wahrscheinlich nicht, vielleicht hat es ja was Gutes. Nach dem Godiva-Look, dem Doris-Day-Look, dem Elizabeth-Taylor-Look, dann dem Twiggy-Look – dem Wildgekrausten, Hochgetürmten und Ausgeflippten – und absolut nichts davon hat mir genützt – könnte die nackte Kahlheit für die Karriere eines Mädchens Wunder wirken.«

Einen Monat später stand Avril le Ray ganz oben auf der Besetzungsliste in Mayfair und nicht in Soho, auf eigentlich ganz geschmackvollen Plakaten, und mutig nahm Helen Gregory mit, damit er sie auch einmal singen hörte. Vorsichtig gingen sie durch die Dunkelheit, Avrils rauhe, melancholische Stimme reichte bis in die hinterste einsame Ecke; das rosafarbene Scheinwerferlicht ließ sie nicht gerade glamourös aussehen – denn sie war wirklich kahl, und wie können die Kahlen glamourös sein? –, aber bedeutend, als ob ihr Leiden und ihre Erfahrungen von beträchtlichem Interesse für andere sein könnten, und die Besucher waren tatsächlich auch alle ganz aufmerksam, schwiegen, wenn sie sang, und klatschten, wenn sie aufhörte, was mehr war als an diesen Orten üblich.

»Was macht die Kunst, Kindchen?« fragte Avril Helen nach dem letzten Set, als sie am Arm eines Arabers mit glänzenden Augen und Hakennase vorbeikam und einen Ring mit echten Juwelen aus echtem Gold trug. »Weißt du noch, wie ich dir das von unterm Strich erzählt habe? Nichts bleibt, also nimmst du besser, was du kannst, solange du kannst. Und am Ende zählen nur noch du oder sie, und nicht, was sie von dir denken, sondern, was du von ihnen denkst.«

Im Großen Krieg

Enids Mutter Patty hatte keine Chance. Das war im Großen Krieg, in den Fünfzigern, als Frauen gegen Frauen Krieg führten. Sieg bedeutete ein weiches Bett und ein angenehmes Leben: Niederlage bedeutete Einsamkeit und die Demütigung, als alte Jungfer zu enden. Heutzutage haben sich die Frauen natürlich zu Verbündeten erklärt und in einem neuen Krieg zusammengetan, einem kalten Krieg gegen den gemeinsamen Feind, den Mann. Aber damals in dem Großen Krieg lagen die Dinge ganz anders. Und Patty hatte gegen Helene keine Chance. Zum einen war sie schlecht für die Schlacht gerüstet. Ihre Beine waren dick und zweckmäßig, ihre Brüste schlaff und ihre Gesichtszüge zwar durchaus angenehm, aber ohne erotische Ausstrahlungskraft. Sie hatte wässrige Augen und fusseliges Haar, kurz geschnitten, damit sie es leicht waschen und kämmen konnte. »Dieses Püppchenhafte kann ich nicht ausstehen«, sagte sie immer. »Was soll das?«

Patty kochte mit Margarine, weil es billiger war als mit Butter, und ihre weißen Saucen waren immer klumpig. Bei ihr gab es keine Topfpflanzen, keine Souvenirs, nicht mal eine Katze. Was sollte das alles?

Sie mochte keinen Sex, und obwohl sie sich ihrem Ehemann Arthur nie verweigerte, wusch sie sich vorher und hinterher so sorgfältig, daß er immer das Gefühl hatte, ganz schön schmutzig zu sein.

In anderen Worten: Patty war, was sie war, und sah keinen Sinn darin, so zu tun, als sei sie etwas anderes. Sie sah auch keinen Sinn darin, Champignons zum Essen zu machen oder Ferien im

Ausland oder für Enid, ihr einziges Kind, ein Paar neue Schuhe zu kaufen, wenn die alten noch völlig in Ordnung waren, oder mit ihrem Mann in die Kneipe zu gehen. Und es stimmte, oft hatten diese Dinge ja auch wirklich keinen Sinn, außer, daß das Leben doch sicher mehr sein mußte als etwas, das man zweckmäßig und vernünftig hinter sich brachte?

Das dachte Enid jedenfalls. Enid dachte, sie würde sich im Großen Krieg besser schlagen als ihre Mutter. Enid polierte ihre vorpubertären Nägel und arrangierte Feldblumen in Marmeladengläsern und stellte sie auf den Küchentisch. Vielleicht sah sie schon, was geschehen würde!

Pattys Qualitäten – Sauberkeit, Ehrlichkeit, Sparsamkeit, Verläßlichkeit, Freundlichkeit, Nüchternheit und so weiter – nützten ihr gar nichts, als Helene auftauchte. Das jedenfalls fiel Enid auf. Patty schlief im Dienst, und auf einmal war Helene da, der Feind vor dem Tor, mit ihren schlanken Beinen und ihrem Schlafzimmerblick, und machte ihr Arthur abspenstig. »Was *sieht* sie denn in Arthur?« fragte Patty, wie vom Donner gerührt. Was du nicht siehst, dachte die zehn Jahre alte Enid, sagte es aber nicht.

Tatsächlich hatte der Zweite Männer-Weltkrieg von 1939 bis 1945, den die Männer im Namen von Demokratie, Freiheit, ›rassischer Überlegenheit‹ und so weiter zum großen Schaden aller Frauen und Kinder untereinander führten, die Brutalität des Frauen-Krieges verschärft. Es waren einfach nicht genug Männer im Umlauf. In normalen Zeiten wäre Helene wegen eines unverheirateten Mannes mit einem guten Beruf – Anwalt oder Direktor – in die Schlacht gezogen, da sie aber ihre Heimat, ihr Zuhause, Familie und Freunde in den Ruinen von Berlin verloren hatte, erhob sie Anspruch auf Arthur, Pattys Ehemann, einen Eisenbahningenieur im Norden Englands, dessen Hobby es war, Portraits zu malen. Die Schlacht um ihn war kurz und heftig. Sie rasierte ihre wohlgeformten Beine und ließ ihre hellen Augen blitzen.

»Sie ist nicht besser als eine Hure«, sagte Patty. »Sich die

Beine rasieren!« Wenn Gott dir Haare auf die Beine macht, fand Patty, dann ist es die Pflicht einer Frau und auch die ihres Mannes, sich damit abzufinden.

Helene fand das nicht. Arthur sah in ihren Augen die Verheißung geheimer Wonnen, schuldbeladener Hingabe und den ganzen Zauber der Sünde: die rosa Röte ihrer Nippel erleuchtete die neue Welt, die sie ihm bot. Und so überredete Helene Arthur ohne große Schwierigkeiten, Patty und Enid zu verlassen, seine Arbeit aufzugeben, sein Geld mit Bildermalen zu verdienen und alles für die Liebe aufzugeben.

Durch einen wunderbaren Glücksfall – das heißt, wunderbar für Arthur und Helene, aber äußerst ärgerlich für Patty – wurden Arthurs Bilder ein außergewöhnlicher kommerzieller Erfolg. Es waren die schlechtesten bestverkauften Bilder der Sechziger, und Arthur, rechtmäßig geschieden von Patty, lebte von da an glücklich und zufrieden mit Helene, malte hin und wieder ein Bild mit sanftäugigen Rehen und schlürfte Champagner an Swimmingpools. »Champagner! Ekliges, säurehaltiges Zeugs«, sagte Patty.

Enid – Pattys und Arthurs Tochter – verzieh ihrer Mutter nie, daß sie den Krieg verloren hatte. Als ob die arme Patty nicht schon genug Probleme hatte, ohne daß ihre Tochter ihr auch noch die Schuld an etwas gab, für das sie wohl kaum was konnte! Aber so geht's nun einmal – das Leben ist alles andere als gerecht. Auf einmal versetzt es dir einen Schlag und stellt dir im nächsten Augenblick ein Bein und springt dann auf dir herum, stampf, stampf, stampf, teilt nicht zu knapp aus.

Sie hätten Enid sehen sollen, wie sie, als sie zwölf war, das Messer in den Wunden ihrer Mutter herumdrehte, in den Blumenkohlklumpen polkte und sagte: »*Müssen* wir das essen? Kein Wunder, daß Dad uns verlassen hat!« »Iß auf, es ist gesund«, erwiderte ihre Mutter. »Wenn du was Feineres willst, kannst du ja bei deiner Stiefmutter leben.«

Enid war auch wirklich gefragt worden, aber Enid ging nie. Enid stocherte zwar in der Wunde herum, holte aber nicht zum tödlichen Schlag aus, nicht bei ihrer Mutter. Statt dessen ergriff sie die Waffen, die ihre Mutter nie getragen hatte, hauchte darauf, polierte sie, schärfte die Klingen, bereitete sich selbst auf den Krieg vor. Auch nachdem der Krieg schon lange vorbei war, kämpfte sie immer noch. Sie war wie so ein verrückter australischer Soldat, der sich im malaysischen Dschungel versteckt und immer noch den Feind sucht, der doch schon vor Jahren seine Granaten weggeworfen hat und mittlerweile am Fließband steht und Fernseher montiert.

Mit sechzehn kämmte Enid die Modeseiten durch und las Hinweise für Make-up und wie man ein interessanter Mensch wird; sie ging jede Woche ins Theater, in Kunstgalerien und zu klassischen Konzerten und machte jeden Tag Gymnastik, und erst mit achtzehn fühlte sie sich recht gerüstet, das Schlachtfeld zu betreten. Sie war intelligent und hielt es für durchaus vernünftig, zur Universität zu gehen, obwohl sie sich für englische Literatur entschied, weil das Fach die Männer vermutlich am wenigsten abschreckte.

»Nichts schreckt die Männer so ab wie eine kluge Frau«, sagte Helene, wenn Enid sie besuchte. Die Kriegerinnen im Großen Krieg fanden nämlich nichts dabei, Geheimnisse auszutauschen. Bei den Spionagediensten kriegführender Nationen wusch ja auch eine Hand die andere – auf die feine Tour! Das war immer so. Genauso, wie verfeindete Nationen immer Handel miteinander getrieben haben, wenn nicht offiziell, so doch inoffiziell. Helene flüsterte Enid manches Geheimnis zu: in ihrem Akzent klang die ganze Selbstsicherheit und Dekadenz eines entschwundenen Europa mit. »Meine ausländische Ehefrau!« sagte Arthur immer stolz im ehrlichen, jovialen Tonfall des Nordengländers im mittleren Alter. Arthur war der J. B. Priestley der Kunstszene – gut, obwohl er nichts dafür konnte.

Oh, Patty hatte einen wunderschönen Preis verloren, das wußte Enid! Ihren geliebten Vater! Was für einen Sieg hätte Patty erringen können – und wählte dennoch die Niederlage. Sie hatte sich einen BH ausgesucht, der eine schon flache Brust noch flacher machte. »Was soll das?« fragte sie, als Enid sagte, sie ginge an die Universität. Konnte sie nicht einmal das einsehen?

Die kleine Enid, so klug und allwissend und entschlossen! So jung, so skrupellos – eine Kriegerin! Und das Glück schenkt seine Gunst den Tapferen, Starken, Skrupellosen. Darum ging's. Enids Professor Walter Walther sah Enid mit schmachtendem Blick an, und Enid wich seinem Blick mitnichten aus. Nimm mich! Na ja, noch nicht. Lieb mich, nimm mich später!

Walter Walther war achtundvierzig. Enid war neunzehn. Enid arbeitete über Chaucer. Enid sagte in einem Referat, daß Chaucers vollkommener edler Ritter kein Held, sondern ein roher Söldner und Chaucers Lobhudelei ironisch gemeint sei; auf so etwas war Walter Walther nie gekommen, und mit achtundvierzig ist es köstlich, jemanden kennenzulernen, der etwas sagt, auf das man bisher noch nicht gekommen ist. Und sie war so jung und taufrisch, beinahe flaumweich, im Regen lagen die Tropfen wie silberne Kugeln auf ihrer Haut, und sie wußte erstaunlich viel für jemanden so Junges, alles über Musik und Malerei, was für Walter nicht zutraf, und sie hatte einen interessanten, reichen Vater, wenn auch eine ziemlich schlampige, konturenlose, weit entfernte kleine Mutter. Und Enid war warm.

Oh, Enid war warm! Warm lag Enid in gestohlenen Nächten an seinem Körper. Walters Frau Rosanne war vier Jahre älter als er und über fünfzig. Von ihr fiel der Regen ab wie Wasser vom Rükken einer Ente – ihre Haut war ölig, nicht flaumweich. Enid hatte Rosanne ein- oder zweimal beim Babysitten getroffen; oder eher: beim Jugendlichensitten für Walter und Rosannes Kinder Barbara und Bernadette.

Rosanne hatte gegen Enid keine Chance. Enid führte immer noch den uralten Krieg, und Rosanne hatte ihre Waffen schon lange weggelegt.

»Er ist so unglücklich mit seiner Frau«, sagte Enid zu Margot. »Sie ist so eine kalte, gefühllose Ziege. Sie ist nur an ihrer Karriere interessiert, an ihm oder an den Kindern überhaupt nicht.« Margot war Enids Freundin. Margot hatte Eulenaugen und einen kräftigen Händedruck und keinerlei Hoffnung, einen verheirateten Professor zu verführen oder gar für sich zu gewinnen. Aber

Margot verstand Enid und war eine gute Freundin und hatte die meisten Eigenschaften, die Enids Mutter hatte, und außerdem noch eine wichtigere – sie konnte sich selbst in Frage stellen.

»Männer verlassen ihre Frauen nie wegen ihrer Geliebten«, warnte Margot. Das war ein in den Tagen des Großen Krieges weit verbreiteter Mythos; damit wollten Ehefrauen zweifellos dem Feind Angst einjagen. Enid wußte es aber besser: sie konnte eine wilde Kriegsmaske von dem ängstlichen Gesicht eines Feindes auf dem Rückzug unterscheiden. Daß Rosanne Angst hatte, erkannte Enid an der Art, wie sie Enid in die Küche folgte, wenn Walter Walther allein dort war, um Eis für die Drinks zu holen oder den Dreck von den Schuhen der Kinder zu kratzen.

Enid freute sich. Ein ängstlicher Feind gewinnt selten. Normalerweise ist der Angreifer siegreich, selbst wenn der Überraschungseffekt vorbei ist, und besonders, wenn das Opfer alt ist: Rosanne war alt. Sie hatte die Kinder spät gekriegt. Walter Walther hatte nämlich nicht unbedingt Kinder haben wollen. Er wußte, was sie für eine Mutter werden würde – eine kalte.

Enid war warm. Sie wußte, wie sie den Kopf so im Profil ins Sonnenlicht halten mußte, daß ihr Haar einen Heiligenschein darum bildete, und wie sie dann das Gesicht langsam umdrehen mußte, damit die reine Linie der Jugend, die vom Ohr zum Kinn verläuft, sich möglichst vorteilhaft zeigte. Rosanne hatte Probleme mit dem Rücken. Probleme mit dem Rücken! Rosanne war ein häßliches altes Weib, schon mit einem Fuß im Grab, und sie würde Walter Walther an den eisernen Fesseln der Ehe mit hineinzerren, wenn Walter diese Fesseln nicht irgendwie sprengte.

Und Enid wußte auch, was sie im Bett zu tun hatte: immer etwas in Reserve halten, nie die Initiative ergreifen, immer Schülerin, nie Lehrerin sein. Enid hatte *Die Kunst zu lieben* auf Rosannes Bücherregal gesehen, und vermutete, daß sie sexuell gern experimentierte und Neues ausprobierte. Und später erwies sich, daß sie recht hatte, als Walter es schaffte, eine seiner wenigen wirklichen Beschwerden über seine Frau zu äußern: Rosannes sexuelle Forschheit hatte etwas Unanständiges; ihre Bedürfnisse etwas unangenehm Unersättliches; das war von Mal zu Mal demütigender und machte Walter impotent.

Ansonsten litt Walter weniger an mangelnder Liebe zu Rosanne als an übermäßiger Liebe zu Enid.

Enid war in Hochstimmung. Und Rosanne gebrauchte abgenutzte alte Waffen: dieses spezielle Stadium in dem Krieg war ja schon lange zu Ende. Heutzutage verlief die Schlacht zugunsten der Unschuldigen, nicht der Erfahrenen. Der moderne Mann, das wußte Enid instinktiv, besonders der mit einer Tendenz zur Impotenz, braucht Fügsamkeit im Bett und Bewunderung und Triumphgefühle – keine Aufregung und neue Stellungen.

»Die Kinder wird er nie verlassen«, sagte Margot. »Das tun Männer nicht.« Aber Enid war verlassen worden. Enid wußte ganz genau, daß Männer das taten. Und Barbara und Bernadette waren nicht gerade die liebenswertesten Kinder – kein Wunder! Mit so einer Mutter wie Rosanne – einer berufstätigen Mutter, die nicht einmal an die Geburtstage ihrer Kinder dachte, nie einen Kuchen backte, nie bügelte oder stopfte, nie den Herd saubermachte? Rosanne war Übersetzerin an der Internationalen Kakaobörse – ein Sprachgenie, aber kein Muttergenie. Sie war kalt, sehnig und mürrisch – und genau das war die weiche, warme, rundum runde Enid nicht. Das sagte Walter im Bett und zunehmend auch außerhalb des Bettes.

»Was hast du vor?« fragte Helene sauer. Ihre eigene Haltung zur Welt wurde gelassener. Sie war eine alte Kriegerin im Ruhestand und saß in einer Burg, die sie mit Waffengewalt erobert hatte, und schüttelte den Kopf angesichts der Schrecken des Krieges.

Patty lebte jetzt allein in einer kleinen Sozialwohnung in Birmingham. Da Enid ja nicht mehr zu Hause lebte, zahlte Arthur Patty keinen Unterhalt mehr. Warum sollte er?

»Du willst Walter, weil Walter Rosanne gehört«, bemerkte Patty gegenüber Enid eines Tages in einem seltenen Anfall von Einsicht. Pattys Arzt hatte angefangen, ihr gegen die Hitzewellen Östrogen zu geben, und allmählich zeigten sich die Nebenwirkungen. Als Enid kam und ihrer Mutter die Neuigkeit mitteilte, daß Walter Rosanne endlich verließ, stand eine Geranie in einem Topf auf Pattys Fensterbank. Eine Geranie! Patty, die für Topfpflanzen nie etwas übrig gehabt hatte!

Wie dem auch sei, etwas, und sei es nur Östrogen, brachte ein Glitzern in Pattys Auge, und auf Walters und Enids Hochzeit tauchte sie in so einer samtenen Safarijacke auf, in der sie fast sexy aussah, und als Arthur durch das Zimmer ging, um mit seiner Exfrau zu sprechen, wandte sie sich nicht ab, sondern sah einen Sinn darin, ihm die Hand zu geben und sogar ihre Wange an seine zu legen, weil sie ihn mochte und ihm verzieh.

Das sah Enid, in ihrem weißen Samtanzug: und ein fast physischer stechender Schmerz durchfuhr sie, und als sie Walter ansah, erblickte sie eine Sekunde lang, nur eine Sekunde lang, nicht ihre große Liebe, sondern einen geilen ältlichen Fremden mit Bauchansatz. Obwohl er während der Scheidung bemerkenswert abgenommen hatte. Überraschend war das nicht! Rosanne hatte sich widerlich verhalten, und an beiden war das nicht spurlos vorübergegangen. Nichtsdestoweniger bemerkten die Leute auf der Hochzeit, daß Walter noch nie so gut ausgesehen hätte – oder Enid so elegant. Er war irgendwie auf vierzig heruntergeklettert und sie auf dreißig hinauf. Fast kein Unterschied mehr!

Barabara und Bernadette waren Brautjungfern. Rosanne war gegen diese Idee gewesen, aus einer Mischung von Neid und Gehässigkeit. Sie war nicht einmal bereit gewesen, ihnen Kleider zu nähen, was Enid besonders gemein fand. »Ich hätte dir nie ein Brautjungfernkleid gemacht«, sagte Patty. »Jedenfalls nicht zur Hochzeit deines Vaters.« »Das ist doch was ganz anderes«, sagte Enid, verletzt und verwirrt darüber, wie Patty den Krieg sah, fast, als sei sie, Patty, Rosannes Verbündete; mehr Helenes Feindin als Enids Mutter.

Und dann brachte Helene sie durcheinander. »Ich hoffe, du hast nicht vor, Kinder zu kriegen«, sagte sie während des Empfangs. »Natürlich habe ich das vor«, sagte Enid. »Manche Männer können es nicht ertragen«, sagte Helene. »Zum Beispiel dein

Vater. Warum, glaubst du, hatte ich nie welche?« »Hm, ich bin sicher, er konnte mich ertragen«, sagte Enid mit einem Selbstvertrauen, das sie nicht spürte. Denn vielleicht konnte er es schlicht und ergreifend doch nicht? Vielleicht war sie, Enid, zum Teil an seinem Weggehen schuld, nicht Patty? Wenn sie netter gewesen wäre, wäre ihr Vater dann vielleicht nie gegangen? Vielleicht hätte er es tatsächlich nicht getan!

Nun, wenn wir nicht nett sein können, können wir wenigstens versuchen, vollkommen zu sein. Enid begann ihre Reise durchs Leben mit dem Ziel, vollkommen zu sein. Es besser zu machen! Oh, wie adrett sie die Laken an den Ecken feststeckte, wie frisch die Butter war, wie knisternd das Tischtuch! Ihre Vorhänge waren immer alle gefüttert, ihre Achselhöhlen glatt und gewaschen, nie lediglich gesprayt. Enid ließ ihre Waffen nicht rostig werden. Nein, danke, sie würde es besser machen als Patty oder Helene oder Rosanne.

Walter Walther betete seine Enid geradezu an, und alle Welt sollte es wissen. Seine Kollegen beneideten ihn halb, halb hatten sie Mitleid. Walter rief Enid zweimal am Tage aus dem Fachbereich an und redete Babysprache mit ihr. Bis vor kurzem hatte er mit seiner Tochter Barbara genauso gesprochen. Bei mancher Tasse Kaffee kamen seine Kollegen zu dem Schluß, daß jetzt, wo die Tochter in der Pubertät war, der Vater ein fast gleichaltriges Mädchen geheiratet hatte und damit Inzestphantasien auslebte, die zu schrecklich waren, als daß er sie sich eingestehen konnte. Niemand erwähnte das Wort Liebe: das war die neue Sprache des Nachkriegszeitalters. Wenn es keinen Haß geben sollte, wie konnte es Liebe geben?

In der Zwischenzeit hatten Walter und Enid ständig Ärger mit Rosanne. Zuerst bestand sie darauf, im ehelichen Haus zu bleiben, und es bedurfte eines Prozesses und etlicher ziemlich scharfer Anwälte, sie daraus zu vertreiben: dann wohnte sie mit den Mädchen in einer kleinen Sozialwohnung. Komischerweise war die fast wie Pattys. Zweckmäßig, aber irgendwie deprimierend. »Da sieht man's«, sagte Enid. »Kein Talent zum Leben! Der arme Walter! Was für ein schreckliches Leben hat sie ihm geboten.« Im Großen Krieg boten Männer Frauen Geld und Frauen Männern Leben.

Barbara und Bernadette kamen übers Wochenende. Sie kriegten ihre alten Zimmer. Die putzte Enid heraus und fütterte die Gardinen. Sie war Barbara und Bernadette eine bessere Mutter, als Rosanne es je gewesen war. Sagte Walter. Enid dachte an ihre Geburtstage und kümmerte sich um ihre Warzen und ließ ihnen die Haare hübsch schneiden. Sie sahen sie mit grämlicher Dankbarkeit an, wie Sklaven, die vor einer Metzelei bewahrt worden sind.

Rosanne hatte ihren Job verloren. Rosanne sagte, es liege natürlich daran, daß die Verantwortung als alleinerziehende, berufstätige Mutter zu viel für sie sei, aber Enid und Walter wußten, daß, ganz simpel, Mangel an Arbeit und Mangel an Charme dazu geführt hatten.

Bernadettes Asthma wurde schlimmer. »Natürlich ist das arme Kind krank«, sagte Enid. »Bei so einer Mutter!« Enid hielt nichts von Waffenstillstand. Sie ignorierte weiße Flaggen und wollte die bedingungslose Kapitulation.

Enid ließ im Garten einen Teich anlegen und unterhielt Walters Freunde mit Campari und Lesungen von Shakespeares Sonetten. Schließlich waren es literarisch interessierte Leute, oder taten jedenfalls so. »Ginge es nicht ohne die Sonette?« sagte Walter.

Aber Enid beharrte auf den Sonetten, und die Freunde verflüchtigten sich. »Das war Rosanne«, sagte Enid. »Sie hat sie gegen uns aufgehetzt.« Und sie wand ihre weißen, weichen Schlangenarme um seinen grauhaarigen, fremden Körper, und er glaubte ihr. Ihm fiel auf, daß seine Studenten ihn weniger respektierten als früher: nicht, daß er jünger geworden wäre, sondern sie waren älter geworden. An einem Sommertag kam die Luft wie ein Seufzer durch die Fenster der Vorlesungsräume. Nun, er war wenigstens verheiratet, spielte ein offenes, ehrliches Spiel, anders als seine Kollegen, von denen die meisten gewissenlose Verführer waren. Was Rosanne anging, er wußte, daß sie wußte, wie sie allein zurechtkam. Hatte sie immer gewußt. Im Großen Krieg zog ein Mann gewöhnlich eine Frau vor, die das nicht wußte.

»Laß uns bald ein eigenes Baby haben«, sagte Enid. Ein Baby! Daran hatte er gar nicht gedacht. Sie war sein Baby. Oder war er ihrs?

»Wir sind so glücklich«, sagte Enid. »Du und ich. Es spielt überhaupt keine Rolle, was die anderen denken oder sagen. Manchmal macht sich eben nur der Altersunterschied bemerkbar, mehr nicht. Gott hat uns füreinander bestimmt. Spürst du das nicht?«

Er stellte ihren Gebrauch des Wortes Gott in Frage, pflichtete ihr ansonsten aber bei. Ihre Worte kamen als klare Anweisungen aus irgendeiner machtvollen, wissenden Quelle. Sie strömten ungetrübt von Zweifeln. Er war älter und mußte sich an die Bedeutungen herantasten. Er war zu klug, und dadurch wurde seine Gewißheit etwas diffus, denn Klugheit ist das Anerkennen des Nichtwissens.

»Natürlich solltest du ein Baby kriegen, Enid«, sagte Patty. »Warum nicht?« Aber sie hatte überhaupt nicht richtig darüber nachgedacht. Sie hatte eine Affäre mit einem Taxifahrer und Enid ganz vergessen. »Dein Verhalten ist obszön und ekelhaft«, schrie Enid ihre Mutter an. *»Er ist jung.«*

»Warum regst du dich so auf?« fragte Patty. »Was soll das? Ein bißchen Glück im Leben hab ich auch verdient, und du hast mir ganz bestimmt herzlich wenig gebracht!«

Enid wurde sofort schwanger. Als Walter es erfuhr, ging er aus und betrank sich mit alten Freunden von ihm und Rosanne. Enid war so wütend über diese doppelte Untreue, daß sie wegging und mindestens drei Tage bei ihrer Freundin Margot blieb.

Margot war auch verheiratet und schwanger, mit und von einem von Walter Walthers Studenten, der Pickel und Mundgeruch hatte. Sie lebten von ihren Stipendien und Bohnen und Cider. Ihr Mann ging aber mit ihr zu den Vorsorgeuntersuchungen, und sie brüteten zusammen über Babybüchern. Walter stellte sich auf den im Großen Krieg üblichen Standpunkt, daß Kinder in die Welt zu setzen etwas damit zu tun hatte, daß Frauen sich gegenseitig immer übertrumpfen wollten, und sehr wenig mit Männern.

»Schau, Enid«, sagte Walter, ein neuer Walter, kurz angebunden und unfreundlich, »zieh du das mal ganz für dich durch.« Auch Arthur hatte Patty verlassen, damit sie das ganz für sich durchzog. Selbst ihr Name, Enid, war eine Entscheidung in letzter Minute von Patty gewesen, der Standesbeamte hatte nervös an ihrem Krankenhausbett gehangen, denn Arthur hatte es einfach ihr überlassen.

»Du kannst nicht alles haben«, sagte Helene, als Enid sich ein-, zweimal beschwerte. »Du kannst nicht Status, Geld, Verehrung und dazu das haben, was Margot hat.«

»Warum nicht?« wollte Enid wissen. »Ich will *alles*!«

Enid sah sich selbst auf dem Gipfel eines Berges, und eine Million Frauen verbeugten sich vor ihr und erkannten ihren Sieg an. Schwer würde ihr Fuß auf dem Nacken derer wiegen, die sie demütigte. So mußte es sein. Sie riß sich zusammen. Sie wußte, im Großen Krieg bedeutete Schwangersein, es auf Biegen oder Brechen zu schaffen. Man konnte großartige Preise gewinnen – als beste Mutter, für das hübscheste Kind, das weißeste Weiß –, aber man riskierte viel. Der Feind konnte sich mit schlanker Taille, lachend und voller Leben, herabstürzen und eine Unzahl tödlicher Schläge austeilen. Also trug Enid ihre hübschesten Kleider und seufzte zwar, aber stöhnte nie, wenn das Baby auf dem einen oder anderen Nerv im Becken lag, und sie ließ Walter nie auch nur einen Augenblick lang darunter leiden, was er ihr angetan hatte. (In jenen Vor-Pillentagen machten Männer Frauen schwanger: Frauen wurden nicht einfach schwanger.)

Sein gekochtes Ei mit den Toaststreifen zum Dippen, sein frisch gemahlener Kaffee und die einzelne Blume in der silbernen Vase waren immer Punkt halb acht auf dem Frühstückstisch, und sie frühstückten immer gemütlich zusammen. Rosanne hatte zum Familienfrühstück Smacks in Schüsseln geschüttet, und sie hatten sie zwischen den nicht weggeräumten Hausarbeiten der Kinder und den Referaten der Studenten gelöffelt. Diese Schlampe!

Walter war fürsorglich. »Wir müssen uns ganz besonders um dich kümmern«, sagte er und half ihr über die Straße. Aber er wirkte ein wenig verlegen. Irgendwas knirschte; sie wußte nicht, was. Sie gingen zum Essen auch nicht mehr so oft aus wie früher.

Dann erhob sich Rosanne, die, wenn alles mit rechten Dingen zugegangen wäre, fix und fertig in einer finsteren Ecke des Schlachtfeldes hätte liegen müssen, und teilte einen fiesen Tiefschlag aus. Barbara und Bernadette sollten bei Enid und Walter wohnen. Rosanne schaffte es in der engen Umgebung nicht. Sie hatte einen neuen Job und konnte doch nicht ständig wegen Bernadettes Asthma nach Hause rennen. Oder?

»Das sieht mehr nach einem neuen Freund aus«, sagte Walter bitter. Enid verzichtete auf den Hinweis, daß Rosanne eine uralte Frau mit einem schlimmen Rücken war und wohl kaum noch zum Kampf um Verehrer antrat.

Jeden Morgen sechs perfekt gekochte Eier – Bernadette und Barbara verlangten beide zwei – auf dem Tisch zu haben ist zwölfmal so schwer hinzukriegen wie zwei. Wenn das letzte im Wasser ist, ist das erste gekocht, aber welches ist welches?

Walter sah eines Morgens auf seine Schüssel Corn Flakes und sagte: »Genau wie in den alten Zeiten«, und die Mädchen sahen sich wissend an und kicherten. Enid und ihren anschwellenden Bauch betrachteten sie mit Verachtung und Mitleid. Sie borgten ihre Kleider und ihr Make-up. Sie weigerten sich, in Kunstgalerien oder Theater geschleppt zu werden; sie weigerten sich sogar, Monopoly zu spielen, gar nicht zu reden von Quartett. Ihren Vater bezeichneten sie als den alten Bock.

Manchmal haßte sie sie. Aber das ließ Walter nicht zu. »Sieh mal«, sagte Walter, »du bist dahergekommen und hast ihr Leben durcheinandergebracht. Etwas zumindest bist du ihnen schuldig.« Als wenn das alles nichts mit ihm zu tun hätte. Hatte es eigentlich auch nicht. Es ging um etwas zwischen Rosanne und Enid.

Eines Tages schloß sich Enid aus dem Haus aus; sie wußte, daß die Mädchen drin waren; sie machten ihr aber nicht auf, als sie klopfte. Es regnete. Nachher sagten sie einfach, sie hätten es nicht gehört. Und sie war gefallen und hatte sich bei dem Versuch, durchs Fenster zu klettern, am Knie verletzt, und sie hätte das Baby verlieren können. Bernadette brachte einen schlimmen Asthmaanfall zustande und bekam die ganze Aufmerksamkeit.

Walter verbrachte immer mehr Zeit im Fachbereich. Sie und er schliefen kaum noch miteinander. Es war irgendwie unpassend.

Eines Abends um acht begannen bei Enid die Wehen. Sie rief Walter Walther im Englisch-Fachbereich an; er hatte gesagt, er sei dort, war es aber nicht. Sie rief Margot an und weinte, und Margot sagte: »Ich glaube, ich habe noch nie erlebt, daß du weinst, Enid.« Und Margots pickliger Ehemann sagte: »Du erwischst ihn wahrscheinlich bei Rosanne. Ich würde es dir nicht sagen, wenn es nicht ein Notfall wäre.«

»Ja«, sagten Barbara und Bernadette. »Er geht Mum ganz schön oft besuchen. Wir wollten es dir nicht gern sagen, weil wir dich nicht aufregen wollten.«

»In Wirklichkeit«, sagten sie, »ist das ganze Ding nur eine Verschwörung, um uns loszuwerden. In Wirklichkeit können sie uns nämlich alle beide nicht leiden.« (Barbara und Bernadette gingen auf eine dieser großen neuen Gesamtschulen, wo es Sozialarbeiter gab, die alles und jedes erklären konnten und nie um ein Wort verlegen waren.)

Enid schrie und weinte während der gesamten Geburt, nicht nur vor Schmerz. So eine laute Mutter hatten sie noch nie erlebt, sagten sie: und die ganze Schwangerschaft hindurch war sie derart ruhig und elegant und selbstbeherrscht gewesen.

Enid brachte ein kleines Mädchen zur Welt. Nun war im Großen Krieg die Geburt eines Mädchen verständlicherweise und anders als heute eher ein Grund zum Mitleid als zur Freude. Trotzdem freute sich Enid sehr. Und indem sie das tat, ließ sie von einer Schlacht ab, für die sie nicht verantwortlich war; sie legte ihre Waffen nieder: küßte ihre Mutter und Helene, als sie sie besuchten, nahm ihr Baby an sich und gab Barbara und Bernadette gegenüber zu, daß sie schwach und traurig war, und anscheinend mochten die beiden sie von da an richtig gern.

Walter Walther kam nicht mehr nach Hause. Er blieb bei Rosanne. Enid, Barbara und Bernadette blieben zusammen im Haus wohnen, teilten sich Hüfthalter, Shampoo und Freunde und kümmerten sich um das Baby Belinda. Walter und Rosanne besuchten sie von Zeit zu Zeit, eher schüchtern, und schickten Geld. Enid ging wieder zur Uni und machte ein Diplom in Psychologie und sollte später gutes Geld als Wissenschaftlerin in der Forschung verdienen. Noch später sollte sie so etwas wie eine Propagandistin in dem neuen Krieg gegen die Männer werden; sie trug Jeans und eine Arbeiterjacke und lief Arm in Arm mit Frauen. Aber das war vielleicht gar nicht so überraschend, wo sich doch herausgestellt hatte, daß die alten männlichen Verbündeten so verräterisch waren. Einerlei, gestern Feinde, morgen Freunde! Wer weiß, was als nächstes passiert?

Geburtstag

Sie lernten sich an ihrem Geburtstag bei einer Party kennen und entdeckten, daß sie am selben Tag vor achtundzwanzig Jahren geboren waren. Er morgens, sie abends. Am 19. Juni: Zwillinge. Kurz vor Krebs, was bedeutete, daß man häuslich war. Und Molly war, wenn überhaupt, ein bißchen häuslicher als Mark, was wiederum war, wie es sein sollte.

Molly und Mark. Zwei Ms. M für Mutter, Moral, Märtyrertum, mies, mein. Außer bei Mutter ist das M nicht der wärmste Anfangsbuchstabe, aber Mutter macht schließlich vieles wett. Molly sehnte sich nach Wärme und Abgeschlossenheit und Sicherheit und Anerkennung, und Mark sehnte sich nach Bestätigung und Liebe. Na ja, jeder sehnt sich nach Liebe. Zu lieben ist fast wichtiger, als geliebt zu werden. Das glaubte Molly; Mark neigte dazu, das Umgekehrte zu glauben. Aber ihre Monde waren ja auch schließlich in verschiedenen Häusern – Mollys im vierten, dem Haus der Familie, Marks im zehnten, im Berufshaus. Mollys Mond war im Steinbock und Marks im Stier. Steinbock ist ein ziemlich mühseliges Zeichen: Stier ist schlicht und ergreifend sexy.

Mollys Mutter und Marks Mutter waren beide sorgfältige Menschen und hatten in ihren jeweiligen Tagebüchern die Geburtsstunde ihrer Kinder akkurat vermerkt. Deshalb wußten sowohl Molly als auch Mark so genau über ihre Charaktere Bescheid, jedenfalls, wie sie von den Astrologen definiert werden, noch dazu altmodischen Astrologen, die die Karten nach Tabellen und in jeder Einzelheit ausarbeiten – nicht die neumodischen, die einen Silikonchipcomputer benutzen und den Mond vernachlässigen.

Der Mond hat einen starken Einfluß auf jedermanns Charakter, besonders auf den weiblichen, und sollte nicht vernachlässigt werden.

Molly und Mark vereinte, daß sie ihre Mütter nicht leiden konnten. Das war ihre unheilige Allianz. Sie hatten es noch nie zuvor jemandem gegenüber zugegeben. Oh, ein schlimmeres Bündnis gibt es aber nicht. Wenn man sein Leben lieben will, muß man seine Mutter lieben. Irgendwie. Das ist der Stoff, dem man entsprungen ist. Verleugne das Gute darin, und du verleugnest das Gute in allem.

Marks Mutter hatte noble Verwandte und eine weiche Stimme und noch andere Söhne, die sich in Armee und Kirche hochdienten und nette junge Mädchen in Kirchen voller Blumen heirateten. Mark flog von der Schule, kam auch nicht nach Sandhurst oder an die Universität, lebte von allen möglichen Tischlerjobs und heiratete in einem Standesamt voller Plastikrosen Molly, die ein Niemand war. Marks Mutter war anwesend, sah aber nicht besonders glücklich aus. Marks Vater war wie üblich in Uganda.

Mollys echter Vater führte ein Bohèmeleben mit einer berühmten Künstlerin, von deren Geld er lebte. Molly wünschte sich inbrünstig, von ihnen als Kind anerkannt zu werden, fürchtete aber sehr zu recht, daß sie sie langweilig fanden. In ihrer Gesellschaft wurde ihre Stimme vor Nervosität schrill und ihre Bemerkungen verkrampft, und sie wußte, sie zeigte sich nie von ihrer besten Seite, wenn sie mit ihnen zusammen war. Auf dem Weg zu ihrer Hochzeit gerieten ihr Vater und ihre Stiefmutter in einen Streit und kamen nie an. So war das, wenn sie sich stritten – Kilometer im Umkreis hielten sie den Verkehr auf. Molly war zugleich erleichtert und bekümmert. Molly wünschte sich Mark und materielle Sicherheit. Noch ein M. Nur, daß es nicht viel materielle Sicherheit gab.

Glaubten sie, was sie sagten, Mark und Molly, in diesen ersten Monaten, wenn sie einander in die Augen schauten? Sahen sie ihre Verbindung wirklich in den Sternen geschrieben? Ja, warum nicht? Sie fühlten es. Die Liebe verwandelte sie: das gemeine Metall der Realität wurde um sie herum zu Gold.

Vielleicht sollten ein Mann und eine Frau, die ineinander verliebt sind, besser nicht gleichaltrig sein? Vielleicht ist die alte Tradition doch erstrebenswert, daß eine Frau einen Mann heiratet, der ein paar Jahre älter ist, damit er nicht nur ein bißchen älter, sondern auch ein bißchen klüger ist als sie? Damit man in jedem Haushalt merkt, der Mann bestimmt und die Frau fügt sich, und darin liegen natürliche Gerechtigkeit, Reichtum, Glück und Gedeihen. Auch das diskutierten sie, und dann heirateten sie. Natürlich.

Vielleicht sind Mütter, die Tagebücher führen und sie nicht verlieren, nicht die besten Mütter der Welt? Mollys Mutter nörgelte immer herum. Ihr erster Gatte, Mollys Vater, hatte sie verlassen, sie hatte schwere Zeiten durchgemacht, als sie Molly allein großzog, ohne Unterstützung, hatte wieder geheiratet und nörgelte immer noch herum – zurecht –, denn ihr neuer Mann war ein geiziger, strenger Mann, der keiner sterbenden Katze einen Pfennig gab, wie Mollys Mutter sich ausdrückte.

»Ja, aber was würde einer sterbenden Katze ein Pfennig nützen?« fragte Mark, der Mollys Mutter nicht sehr mochte, worin er sich mit Molly einig wußte, und sie kicherten beide ungezogen. Sie hatten gerade Geld genug, um mit ein wenig Wärme und Ruhe und Teppichböden und Gardinen zu leben, mittels derer man die Welt ausschließen, Streß und Ärger und Aufregung fern- und die Liebe drinnen halten konnte. Nicht Geld zum Ausgeben – nicht für Nerze und goldene Wasserhähne, nur soviel Geld, daß man nicht knapsen, sparen und darüber nachdenken oder ausrechnen mußte, ob man die Stromrechnung bezahlen konnte, und sich nicht die Mühe machen mußte, überhaupt daran zu denken, wann die Rechnungen fällig waren.

Mark gab gern Geld aus; Mark gefiel es, wenn das Geld wie durch Zauberhand da war. Mark glaubte, alle Leute hätten Geld in der Hinterhand, in Wertpapieren, und vor sich in Erbschaften, und der Umstand, daß er weder das eine noch das andere hatte, weil das Familienvermögen irgendwie in Uganda verlorengegangen war, änderte seine *Haltung* gegenüber Geld nicht.

Molly hatte Jupiter im zweiten Haus, und Mark hatte Jupiter im zehnten Haus, was bedeutete, daß Geld in ihrem Leben eine wichtige Rolle spielte. Mollys Jupiter war dem Mond gut aspektiert, Marks schlecht. Molly konnte besser mit Geld umgehen.

Das alles diskutierten sie in den ersten Wochen ihrer Ehe. »Wir müssen so anfangen, wie wir auch weitermachen wollen«, sagte Molly und sah den Champagner auf dem Nachttisch an. »Und so können wir nicht weitermachen.«

Champagner stieg ihr immer köstlich zu Kopfe. Ein Teil von ihr liebte Parties genau wie Mark. Seidengewänder und glitzernde Schuhe und Verehrerblicke quer durch den Raum. Vielleicht, weil ihr Geburtsmond vom Steinbock geblickt hatte und zunahm und drei Viertel voll war und Wolkenfetzen darüber getrieben waren und seinen Glanz verdüstert hatten.

Molly war ein bißchen größer als Mark, der eine zarte Statur und große Augen hatte wie ein frecher Faun. Mollys Kiefer war ein bißchen ausladend, und ihre Nase ein bißchen lang: sie wünschte, sie wäre kleiner zur Welt gekommen, weniger tüchtig.

Ihr Geburtsmond blickte schief und hintenrum auf Saturn, deshalb war sie praktisch veranlagt. »So können wir nicht weitermachen«, sagte sie.

»Machen wir auch nicht«, sagte er. Er liebte sie, seinen Sternenzwilling, seine irdische Gefährtin. Er wünschte, er wäre in größerem Maßstab zur Welt gekommen, tüchtiger.

Sein Geburtsmond ging Hand in Hand mit Venus, in geheimem Einverständnis sozusagen. Deshalb konnte er nicht treu sein.

»Ich werde immer ehrlich zu dir sein«, sagte er. »Das ist alles, was ich verlange von jetzt an und in alle Ewigkeit, Amen.« Und er machte nicht mal das Hexenkreuzchen, als er sprach. Damals.

Also: Mark schmiß die Champagnerflaschen weg, fand einen Job als Hilfsbuchhalter in einer Werbeagentur und nahm eine Hypothek auf ein kleines Haus in den Außenbezirken auf. Molly nahm einen Halbtagsjob an als Empfangsdame bei einem Zahnarzt in der Gegend. Der Job lag weit unter ihren Fähigkeiten, entsprach aber in etwa ihren formalen Qualifikationen. Ihre schulische Ausbildung war in dem Maße unterbrochen worden, wie ihre Mutter die Häuser und die Ehemänner wechselte, und zu Hause hatte sowieso keiner viel von Ausbildung gehalten. Aber die Tatsache, daß sie halbtags arbeitete, versetzte sie in den Stand, das kleine Haus anzustreichen und herauszuputzen und Marks Abendessen zu kochen, wenn er von der Arbeit nach Hause kam.

Molly lernte Dachdecken und Installieren und Leitungen zu verlegen und zu tischlern. Einer mußte es ja. Scheinbar war immer so überaus wenig Geld da. Mark war bloß ein kleiner Angestellter in seiner Werbeagentur und verdiente nur gerade genug, daß sie leben konnten, und er kam immer müde und niedergeschlagen nach Hause. Und eigentlich waren ja auch das Haus, die Hypothek und der Job und die Zukunft Mollys Idee gewesen, nicht Marks. Mark, das wußte sie wohl, hätte für immer von der Hand in den Mund und Champagner leben können, er hatte ja auch keinen Mond im Steinbock. Also war sie eigentlich dafür zuständig, dachte Molly, daß es lief.

»Er sollte mehr tun«, sagte Mollys Mutter, als sie die vom Kalk rissigen Hände ihrer Tochter betrachtete. Molly war dabei, eine Gipswand einzureißen, die Trennwand zwischen den zwei kleinen Erdgeschoßzimmern herauszunehmen, damit ein großes, luftiges Zimmer daraus wurde, und der Gips war alt und voll Kalk und kam ihr ins Haar und auf die Kleider.

Solche Sachen sagte Mollys Mutter eben. Mark bemerkte, daß Mollys Mutter einfach keine Männer mochte. (Mollys Mutter hatte den Mars im Stier, schlecht aspektiert.)

»Mark arbeitet ganz schön schwer im Büro, Mutter«, sagte Molly. Mark hatte glatte, blasse Hände und lange Finger, wunderschön manikürt. Molly liebte sie, außerhalb und innerhalb ihres Körpers. Molly wurde selbst irgendwie immer mehr zum Arbeitstier – sie fühlte es. Sie las Kochbücher und zündete Kerzen an und schuf eine romantische Atmosphäre, wann immer sie konnte. Mark gefiel das. Es hielt ihn davon ab, sich vor den Fernseher zu hängen, eine Marotte, die zu alten Männern paßte, aber nicht zu jungen.

»Ihr wollt doch wohl hier nicht für immer wohnen«, nörgelte Marks Mutter. »Angenommen, ihr kriegt Kinder.«

In den Augen von Marks Mutter war ihre Straße billig und schäbig, übersät mit Papierfetzen und Autowracks; eine Straße, von der noch kein Taxifahrer gehört hatte. (Marks Mutter hatte Jupiter in der Himmelsmitte. Sie lebte nobel.) Aber Molly liebte ihr Haus: ihr kleines Vorstadthaus. Hierher kam Mark nach Hause.

Molly wußte nicht so genau, was sich in Marks Büro abspielte. Mark nahm es ihr zuliebe auf sich; das wußte sie und war dankbar. Und der Präsentationstag war etwa alle drei Monate und zog lange Abende, Erschöpfung und Sorgen nach sich. Offensichtlich war es der Tag, an dem man einem Kunden eine neue Kampagne präsentierte; sie wurde entweder akzeptiert, was eine Flasche Champagner bedeutete – Reminiszenzen an andere sorglose Zeiten –, oder abgelehnt, was einen zusammengepreßten Mund und etliche schlaflose Nächte bedeutete und: auf ein neues. Aber Mark war sehr gut.

Er brachte seine Arbeit weder real noch im übertragenen Sinne mit nach Hause, wenn er es nur irgendwie vermeiden konnte. Das gefiel Molly. Es gab die Welt außerhalb der Gardinen, die immer weniger mit ihr zu tun hatte, und die Welt innerhalb, die ihr Königreich war, und Mark war der König.

Das Neugeborene hatte einen Wassermannaszendenten, die Sonne in der Waage und den Mond im neunten Haus. Eine glückliche, gutartige, freundliche kleine Seele. Ihr Saturn war aber im vierten Haus, dem Haus der Familie, und schlecht aspektiert. Molly hatte aber erst mal von der Astrologie abgelassen und verschwendete nicht viele Gedanken an die Angelegenheit. Windeln, Gaskocher und Mahlzeiten und Kinderwagenbezüge sind solch handfeste Dinge, daß die Sterne in ihrem Lauf irrelevant erscheinen. Eine junge Mutter mit ihrem Neugeborenen bringt ihre Tage hinter sich, so gut sie kann. Sie nannten das Baby Angela. Mollys Stiefmutter, die Malerin, hielt den Namen wohl für zu gewöhnlich, denn sie vergaß, eine Karte zu schicken, ganz zu schweigen von einem Geschenk oder Geld. Damals beschäftigte sich Molly in Gedanken häufig mit Geld – Mark zahlte jeden Monat eine bestimmte Summe auf das gemeinsame Konto, aber er hatte natürlich keine Ahnung von der Realität der Inflation. Hatten Männer nicht. Bei der Arbeit mußte er schick aussehen: er mußte Seidenkrawatten und Hemden mit steifen Kragen und gutgeschnittene Anzüge und handgearbeitete Schuhe tragen. So war das eben in der Werbung. Sie nahm an, daß Mark die Werbung nicht mochte. Sie erschien ihm irgendwie unmoralisch. Er hielt seine Kollegen für Schwätzer und Betrüger, die jederzeit bereit waren, einander Messer in den Rücken zu stoßen. Zum Mittagessen kaufte er sich Sandwiches, erzählte er Molly, und ging im Park spazieren und dachte über die Natur nach und das Handwerk des Zimmermanns und darüber, ob seine kleine Familie nicht eines Tages, wenn sie nur genug Geld gespart hätten, auf dem Lande leben könnte, natürlich, wie Gott es für Mann (und Frau) bestimmt hatte.

Nun, Marks Mond hatte einen starken Aspekt zu Neptun, der seinem Charakter etwas Vergeistigtes verlieh. Mollys Mond hatte überhaupt keinen Aspekt zu Neptun.

Und wie sollten sie sparen? Molly machte es möglich – drei M hintereinander; mit Mark dazu machte es vier: vier rechtwinklige Ecken für eine sichere, geschützte Welt – aber Geld war immer so schwer zu kriegen. Kernseife kann man billig kaufen, und das tat Molly auch, aber ein Pfund Äpfel ist ein Pfund Äpfel und wird immer teurer.

»Das ist wegen der EG«, sagte Mark traurig. »Die internationalen Konsortien sind schuld: sie schicken uns diese Berg-und-Tal-inflationäre Rezession. Und wenn ich daran denke, daß ich Teil dieser Welt bin! Aber was kann ich machen?«

Ja, was? Die Arbeitsstelle wechseln kostet Geld, und ein Mann mit einem Haus, einer Frau und Kindern kann nicht unverantwortlich sein. Molly zuliebe eignete sich Mark Verantwortungsgefühl an, stahl Licht von ihrem Mond. Es war märchenhaft. Immer neue Ms.

Und immer neue Familienmitglieder. Binnen dreier Jahre gab es drei kleine Mädchen. Angela, Anthea, und Mollys Stiefmutter kreischte und sagte: »Nicht noch ein A, keine Amelia oder Alicia oder Annabel!« Also nannten sie das dritte Kind Bernice.

Angela, Anthea und Bernice. Antheas Sonne war im Widder und Bernices im Stier, und alle drei waren in der Mitte des Zeichens geboren, jeweils am dritten, siebten und fünften der entsprechenden Monate, deshalb waren ihre Charaktere deutlich ausgeprägt und nicht neurotisch, sie waren ja nicht im Grenzbereich geboren. Menschen, die geboren werden, wenn die Sonnenzeichen wechseln – wie ihre Eltern Mark und Molly –, wechseln auch unbehaglich von einem Temperament ins andere. Der Übergang von Zwillingen zu Krebs ist nicht einfach, wo Zwillinge doch so unhäuslich und Krebse so familienorientiert sind.

Mark verliebte sich in ein Mädchen namens Stella von der Marktforschung. Sie war Jungfrau. »Dem Namen nach, aber nicht von Natur aus«, wie Mark zu Stella im Bett sagte. Er erzählte Molly, daß er ihr das im Bett sagte, weil er Molly alles beichtete: alles, nachdem eine Sekretärin aus dem Büro, ein Mädchen namens Amantha, Schütze, Molly angerufen hatte, um ihr zu sagen, daß Mark eine Affäre mit Stella hatte. Warum rief Amantha an? Vielleicht, dachte Molly, weil sie *Schütze* war und schnell am Telefon und rasch, wenn es galt, für die Sache der natürlichen Gerechtigkeit zu intervenieren.

Molly weinte tagelang, und Mark versuchte noch mehr Tage lang, sich zu entschuldigen. Oder weniger, sich zu entschuldigen, denn diese Dinge passieren, als vielmehr, sich zu erklären. Die Werbung war so eine fremde Welt, mit fremden Werten und einer eigenen fremden Sprache, daß er sich immer unbehaglich darin fühlte. Er konnte nicht so werden wie die anderen und war dennoch dazu verdammt, jeden Tag von zehn bis fünf mit ihnen zu leben. »Oder bis sechs oder sieben oder acht oder sogar bis Mitternacht«, jammerte Molly. »Sie lassen dich so hart arbeiten und bezahlen dir so wenig.«

Sie hatte ihm schon seit Tagen vergeben. Er konnte sich selbst nicht vergeben.

Weder ihre Maßstäbe noch ihre Welt waren seine, wie er in den Nachtstunden erklärte, wenn sie Seite an Seite wach lagen. Er gehörte zu Molly und zu Angela, Anthea und Bernice. Sie waren *wirklich*, die Welt der Werbung war es nicht. Es kam nur daher, daß er zu einer Präsentation übers Wochenende weg gemußt hatte, und Stella war da und das Hotel so kahl und unfreundlich, und er hatte seine Familie so vermißt.

»Ich verstehe, ich verstehe –«, sagte Molly. »Laß uns jetzt nur schlafen. »Ich muß um sechs aufstehen.«

Das tat sie auch. Sie verbrachte ihre Abende gern mit Mark, saß dabei, wenn er sich von seinem Arbeitstag erholte, was bedeutete, sie ließ das Abendbrotgeschirr bis zum Morgen stehen: und weil sie es auch gern sah, daß er in einem aufgeräumten Haus mit seinen sauberen und ordentlichen Kindern um sich herum frühstückte, bedeutete das wiederum, um sechs oder sogar noch früher aufzustehen. Es machte ihr aber große Freude.

Doch Marks Mond stand in Konjunktion zu Merkur, und es fiel ihm nicht leicht, mit Erklären aufzuhören, nachdem er einmal angefangen hatte, und noch lange, nachdem die Episode mit Stella zu Ende war, hatte Molly morgens Triefaugen und gähnte.

Aber es war zu Ende. Für immer Schluß. Stella war zu einer anderen Agentur übergewechselt. Manchmal klingelte das Telefon, und wenn Molly den Hörer abnahm, meldete sich niemand. Aber warum sollte das Stella sein? Solche Sachen passieren in der Ehe. Mollys Mutter war es die ganze Zeit passiert, als sie mit Mollys Vater zusammenlebte. Molly beschloß, daß ihre Ehe durch diesen Angriff auf ihre Unversehrtheit gestärkt und nicht geschwächt würde.

Sie kam nicht nur sich selbst zuliebe zu diesem Entschluß, sondern auch Angela, Anthea und Bernice zuliebe, und achtete darauf, daß sie von nun an noch liebevoller, eine noch bessere Ehefrau war. Aber die Episode mit Stella hatte Mollys Glück getrübt, ihre Augen ein bißchen verdunkelt, so wie die Wolken den Mond zu der Zeit verdunkelt hatten, als sie geboren wurde. Mark hatte so leuchtende Augen wie immer, na ja, so war das eben.

Molly hatte zwei Abbrüche. Das Geld für weitere Kinder oder für das größere Haus, das eine größere Familie erforderlich machte, war einfach nicht vorhanden. Molly und Mark besprachen, ob Mark sich sterilisieren lassen sollte, als es in Mode war, aber Molly glaubte, sie würde einen unfruchtbaren Mann nicht begehrenswert finden, und Mark sagte, er würde nur zu glücklich mit einer unfruchtbaren Frau sein, also wurde Molly statt seiner sterilisiert. Die Sonne stand an dem Tag in Opposition zum Mond; aber die Operation verlief durchaus gut.

Jedes Jahr an ihrem gemeinsamen Geburtstag führte Mark Molly zum Essen in ein chinesisches Restaurant und sagte ihr, wie sehr er sie liebe. Sie genoß den Luxus und bedient zu werden und das umständliche Essen, das man nicht einmal aufessen mußte. Jahr für Jahr war sie schockiert, wie die Preise der Restaurantessen in die Höhe schnellten. Das taten natürlich auch die Preise von Fischstäbchen und Bohnen aus der Dose, die, ergänzt durch Vitamintabletten, über die Jahre die Hauptnahrungsmittel für Angela, Anthea und Bernice zu sein schienen. Aber alle drei hatten Steinbock vollgepackt mit wohltätigen und verschwenderischen Planeten, also durfte man erwarten, daß ihr Leben mit zunehmendem Alter besser wurde.

Alle zwei Jahre mußte Mark zu einer Präsentation bzw. einer Ferienreise – denn jetzt verwaltete er das Konto für ein großes Reisebüro und war verpflichtet, zu reisen; Reisen, von denen er bleich vor Erschöpfung und Überarbeitung und ausgelaugt von der Gesellschaft von Kapitalisten und Idioten zurückkehrte. Es war schade, daß seine Beförderung mit der Rezession im Lande zusammenfiel und das Geld so knapp war wie eh und je.

Die Zeit verging, und Mollys Eltern standen nicht mehr so groß und bedrohlich im Hintergrund ihres Lebens wie früher, und sie selbst war offensichtlich von ebenso geringer Bedeutung wie immer. Die Klagen ihrer Mutter wirbelten gemächlich in andere Himmelssphären und entschwanden irgendwo da draußen in den Sternen im Nichts. Ihr Vater machte sich nicht einmal mehr die Mühe, ihr eine Karte zu Weihnachten zu schicken. Wenn sie sich überhaupt an Molly erinnerten, war sie jemand aus Urzeiten, ein törichtes, so vielversprechendes Mädchen, aus dem nichts geworden war, verloren in einer Vorstadtstraße in einer Welt, die mit Studenten so vollgestopft war wie eine Büchse mit Sardinen. Molly machte es nichts mehr aus.

Dann waren sie und Mark auf einmal vierzig, und die Mädchen waren neun, acht und sechs, und es war der 19. Juni, die Sonne ging von Zwilling auf Krebs zu, und drei überraschende Dinge ereigneten sich.

Mark schenkte ihr zum Geburtstag einen Videorecorder.

»Der muß Hunderte gekostet haben!« sagte sie atemlos.

»Der ist vom Büro«, sagte er. »Die Angestellten haben jetzt alle einen: sogar die nicht leitenden wie ich. Hm, irgendwie müssen wir ja für das Leben, das wir führen, entschädigt werden. Gefahrenzulage für unsere Seelen!« Und er schenkte ihr auch einen Strauß roter Rosen, in Liebe und Dankbarkeit. Das eigentliche Geschenk. Molly schenkte Mark an dem Morgen ein Buch über das Leben in Teichen – denn sie hatte eigenhändig einen Teich im Garten angelegt, ausgeschachtet, zementiert und ausgekleidet, damit Mark Kaulquappen hineinsetzen, Frösche züchten und sich der Natur, die er liebte, näher fühlen konnte.

Die zweite Überraschung war, daß Mark die drei Mädchen zum Mittagessen mit ins Büro nahm, damit sie einen freien Tag hatte, um zu tun, was sie wollte. Wunderbar! Hm, er nahm sie natürlich nicht *ins* Büro mit – er sagte, er wolle so zarte und aufrichtige Wesen wie seine Töchter nicht dem schmutzig-grellen Glanz des Kommerzes aussetzen –, sondern zum Essen in ein französisches Restaurant in der Nähe.

Die dritte Überraschung, und noch überraschender für Mark als für Molly (denn er versuchte sie rauszuschmeißen, als sie aufkreuzten), war eine Gruppe aus dem Büro, die, gerade als Mark und Molly in ihr chinesisches Restaurant losziehen wollten, betrunken und fröhlich in drei Taxis ankamen, mit Champagner, um Mark einen schönen vierzigsten Geburtstag zu wünschen. Molly war ganz aufgeregt. Eine Party! Gedanken an Seidengewänder und Glitzerschuhe und Verehrerblicke quer durch den Raum kamen ihr in den Kopf, und ihr wurde bewußt, wie lange sie nicht auf einer Party waren, außer hier und da in der Straße, wo die Kleider aus Polyester waren und die Schuhe von Marks & Spencer, und niemand verliebt guckte, bis auf den Mann im Fernsehladen vielleicht, der sie manchmal mit einem flüchtigen Blick und einem Zwinkern zu beäugen schien.

Die Mädchen kletterten aus dem Bett, der Babysitter nahm Champagner aus dem Zahnputzbecher entgegen, und alle amüsierten sich. Molly war verwundert und zufrieden, wie beliebt Mark zu sein schien. Wie er sich selbst immer unterschätzt, dachte sie. Und wie gut bei Kasse sie alle aussehen, überlegte sie und stellte sich vor, daß sie ihr schäbiges Haus vielleicht scheel ansehen würden.

Doch wie konnten sie das? Warum sollten sie das? Sie und Mark hatten, was sie niemals kriegen konnten. Wenn sie scheel guckten, dann voll Neid. Die unheilbringenden Planeten kämpften am Himmel: Mars und Saturn.

Sie hatten Mark eine Huldigung mitgebracht, sagten sie. Eine Videokassette, extra für seinen Geburtstag, von seinen Kollegen gedreht, in den Starrollen seine Kollegen. Mark protestierte, aber Champagner und gute Laune erstickten seine Proteste, und die Kassette wurde in den neuen Videorecorder geschoben, mit der grünen Digitaluhr und den zwei pulsierenden Punkten, die das Leben und die Zeit wegpochten.

»Wir haben sie in der Fernsehabteilung gemacht«, schrien sie. »Ist auf jeden Fall mal was anderes als Pornofilme.«

Molly bebte vor Schreck. Plötzlich hielt sie das bei ihnen für möglich. Modische, oberflächliche Leute eben, die vergnügungssüchtig waren, Erfahrungen bis zur äußersten Grenze trieben, sich hier in ihrem hübschen, gemütlichen Haus breitmachten, eindrangen, wo sie unerwünscht, wo sie nicht eingeladen waren. Pornofilme! Und Mark hatte die Mädchen in die Nähe dieses Orts gebracht, und sie war froh gewesen, selbstsüchtig, weil sie einen freien Tag, nur einen einzigen, hatte haben wollen.

Und da waren die Kinder auf dem Film, starrten sich selbst aus dem Fernseher heraus an. Würde sie das nicht verderben? Das war doch sicher nicht gut für sie? War diesen Leuten alles egal? »Herzlichen Glückwunsch zum Geburtstag, Daddy!« Aber sie waren so süß: Hand in Hand, kleine in der Mitte des Zeichens Geborene, mit ihren robusten Charakteren und ihrem angeknacksten vierten Haus. Dem Haus der Familie.

Aber was stimmte denn nicht mit ihrem Zuhause? Nichts. Die Astrologie *mußte* unrecht haben. Ein Irrweg sein.

Dann kam ein Trinkspruch von Marks Chef. Dem Chefbuchhalter. Mit rotem Gesicht, im Hintergrund ein massives Ölgemälde mit Schiffen auf hoher See. Er hob sein Glas auf Mark. War das das Konferenzzimmer? Es war *riesengroß*. Marks Chef war jovial und betrunken.

»Ist die Kamera schon ab? Ja? Von einem Obermolch zum anderen«, sagte er, »möge Mark die nächsten vierzig Jahre so lebendig bleiben wie die letzten. Der Tag, an dem er auf die Chefetage kam, war der Tag, an dem ich meinen Hut hätte nehmen sollen, und ich habe es nicht getan und seitdem nicht mehr zurückgeblickt, jedenfalls nicht von unter dem Tisch aufgeblickt! Ich wage es nicht, weil die Agentur immer schlagkräftiger geworden und er hinter meinem Job her ist. Also, Prost, Mark, auf daß alle deine Schnäpse doppelte sind!«

Die Chefetage? Mark trank? Mark trank nie bei der Arbeit. Er sagte, er kriegte Kopfschmerzen davon. Manchmal litt er morgens ziemlich unter Kopfschmerzen. Und war abends schläfrig. Aber das waren ja viele Büroangestellte. Schreibarbeit und mit den Leuten verhandeln und Entscheidungen treffen und ganz allgemein Verantwortung übernehmen ist sehr anstrengend.

»Ich wünsche dir noch viele schöne Jahre, Mark«, sagte eine sanfte Stimme, und eine affektiert lächelnde, gertenschlanke Blondine biß sich auf die Lippen und wandte die Augen von der Kamera ab, »und das ist das beste Geschenk, das ich dir geben kann. Einen kurzen Blick!« Und sie zerrte ihre Bluse ein Stück auf, bis ein Teil ihrer weißen Brust zu sehen war, den sie schnell wieder bedeckte, während der Bildschirm leer wurde und lauter Hochrufe vom Publikum kamen. »Weg damit, Wendy! Weg damit.«

Jetzt eine andere Frau: bei weitem älter und dunkler und gewandter auf dem Bildschirm. Aalglatt und mißlaunig.

»Verpiß dich, Mark«, sagte sie, »selbst wenn du vierzig bist, kannst du von mir kein Mitleid erwarten. Vielleicht habe ich's mir bis zum August aber schon wieder anders überlegt.« Und der Bildschirm wurde leer, und Rufe »Für Stella gut!« waren zu hören, und jemand rief schrill: »Stella wartet immer bis zur letzten Minute und besinnt sich dann eines besseren.« Und jemand anders sagte: »Aber erzähl das bloß nicht Amantha!«

Stella? Stella war doch angeblich schon vor Jahren zu einer anderen Agentur übergewechselt. August? Im August mußte Mark doch immer auf die alle zwei Jahre stattfindende Rundreise gehen, die der Überprüfung diente und ihn so langweilte. Molly sah dahin, wo Mark an der Anrichte lehnte – vor acht Jahren aus dem Trödelladen unten an der Straße gekauft. Sie hatte das Gefühl, daß er ihrem Blick auswich. Ja, natürlich tat er das.

Er lächelte leicht, ein fremdes, klägliches Weit-Weg-Lächeln. Er ist Zwilling, dachte sie, total Zwilling. Welchen Zwilling küßt du? Den, der dich liebt, oder den, der dich nicht liebt? Den, der dich braucht, oder den, der dich in Reserve hält? Den, der zu dir nach Hause kommt, in das halbe Leben, um sich auszuruhen, während er Kraft sammelt für das echte Leben, das wahre Leben, das Büroleben: mit Mädchen und Aufregungen und Macht und Alkohol?

Jetzt lächelte jemand anderes von der Mattscheibe. Ein Restaurantbesitzer. Franzose. Das sah man an der Baskenmütze und der Speisekarte auf der Wandtafel. Steak au poivre: 14.50 Pfund. Nein, das mußte ein Witz sein. Ganz bestimmt. Das war der Preis des ganzen chinesischen Einmal-im-Jahr-Festessens.

»Jetzt ein Hoch aus dem Mund des Mannes, den Mark im Alleingang reich gemacht hat«, sang der Kommentator, halb im Bild, halb nicht, denn der Kameramann schien auch betrunken zu sein. »Monsieur Victor höchstpersönlich. Singen Sie ›Happy

Birthday‹, Monsieur Victor!« Monsieur Victor trat von einem Fuß auf den anderen und grinste; er sah verlegen aus und konnte nicht singen. »Bitte«, bat er den Kommentator, »auf den größten Feinschmecker von allen, auf Mark, den Mann, der geräucherten Heilbutt pfundweise mag, und Chablis kistenweise! Auf Mark, zu seinem vierzigsten Geburtstag!« Und das Bild zerbröckelte in ein Durcheinander und Gelächter, und auf einmal sahen ein paar Gäste Molly an, als ob sie begriffen, was sie angerichtet hatten, und Molly lehnte an der Wand in ihrem indischen Kaftan, den sie gebügelt und geliebt und auf den sie sich gefreut hatte und der jetzt so grotesk wirkte.

Auf dem Bildschirm wurde es wieder lebendig. Jetzt erhob ein junger Mann mit einem blonden Schnurrbart das Glas und sagte: »Bis ich Mark begegnet bin, wußte ich nicht, daß Werbung und schmutzige Wochenenden Synonyme waren, also herzlichen Glückwunsch, Mark, König der Schwindler und Schleimer«, und jemand drehte abrupt den Apparat aus, und die Gäste verdufteten mit nervösem Lächeln und Rufen: »Das war die Überraschung«, und Mark und Molly blieben allein mit Angela, Anthea und Bernice, die weit über ihre normale Schlafenszeit auf waren und die Arme um ihren Vater schlangen und riefen: »Herzlichen Glückwunsch, Daddy! Herzlichen Glückwunsch, lieber Daddy. Oh, und dir natürlich auch, Mummy!«

Auf dem Lande

Sie wissen, wie es auf dem Lande ist. Zu viele Hähne stolzieren auf zu vielen Höfen herum, umgeben von sie anbetenden Hennen: zu viele brüllende Bullen erklimmen zu viele dankbare Kühe: zuviel sanftäugige weibliche Unterwerfung und zuviel glitzernder männlicher Stolz, zuviel Weibliches, das erwählt wird, und zuviel Männliches, das erwählt. Man darf nicht, so wie es in der Stadt möglich ist, darauf vertrauen, daß die Natur gebändigt werden kann und Männer und Frauen gleich sind. Die Lektion, die die Natur erteilt, ist zu extrem, als daß sie ignoriert werden könnte, und deshalb dröhnt es meiner Meinung nach hier in den umliegenden Dörfern von zerstörerischem, üblen Gerede; und Ehebruch, Selbstmord, Selbstverstümmelung, Inzest, Vergewaltigung und Mord sind alltägliche Vorkommnisse und Großstädte im Vergleich dazu geistig gesunde, friedliche Orte.

Ich heiße Judith. Ich komme aus der Großstadt. Ich bin vierunddreißig. Mein Mann ist asthmakrank, deshalb sind wir hierhergezogen. Wir haben zwei Kinder, Colleen und Kieron. Wir wohnen gegenüber der Ranstrock Farm, in einem kleinen, über zweihundert Jahre alten Haus, ziemlich billig, denn es liegt nahe an der Hauptstraße. Es ist eine neuere Straße, sie geht quer durch das Land der Ranstrock Farm. Wir leben eigentlich eher in einer Wolke von Pestiziden, aber macht nichts: die Wiesen sind wunderbar grün, üppig und fruchtbar. Mein Mann baut Architekturmodelle – Sie wissen doch, die Miniaturausgaben neuer Krankenhäuser, neuer Schulen, neuer städtischer Zentren und so weiter, die den Architekten helfen, Aufträge zu kriegen, und in Ausstellungen gezeigt werden, um die Ortsansässigen zu besänftigen, wenn offensichtlich ist, daß die Veränderung weder erwünscht noch benötigt, aber stattfinden wird. (Hier in der Gegend bin ich als Zynikerin verschrien und im Frauenverein nicht besonders willkommen, denn manchmal muß ich über die Kuchen dort lachen. Eine gewisse Mrs. Leaf benutzt für ihre Glasur mindestens einen Teelöffel grüner und mindestens einen Teelöffel orangener Lebensmittelfarbe, nicht ein, zwei Tropfen wie andere Leute, und wenn ich anfange zu lachen, fangen alle anderen auch an, was halb erleichternd, halb erschreckend ist, denn wenn wir einmal anfangen, wann hören wir je wieder auf? Der Zen-Buddhismus kommt garantiert auch noch nach Easter Dundon – in unser Dorf. Nichts bleibt, wie es ist. Das wissen wir alle, aber sie würden es gern noch ein bißchen hinauszögern, während ich es begrüßen würde. Also werde ich als zynisch abgestempelt.)

Meinen Mann würde man als Kunsthandwerker beschreiben und mich als Ehefrau eines Kunsthandwerkers.

Kunsthandwerkerfrauen sind im großen und ganzen gutaussehend, stabil und vernünftig. Wir bleiben lange jung. Schließlich sind unsere Männer ja nicht gleichgültig gegenüber der äußeren Erscheinung und haben ein Auge für Qualität und eine Schwäche für ein bißchen äußeren Glanz. Sie sind praktisch veranlagt: sie wissen, sie werden nie reich sein, aber es wird immer genau *recht* sein, und sie treffen die entsprechenden Entscheidungen. Nach außen hin sind sie liebenswürdig, unterschwellig voll Wut und Neid. Doch sie lieben und werden geliebt und sind gemeinhin treu. Ihre Frauen entwickeln ausgeprägte, einigermaßen exzentrische eigene Ansichten, eine Art Festung innerhalb der äußeren Verteidigungsanlagen der Kunsthandwerkeransichten über die Welt. Kunsthandwerker neigen dazu, die Welt zu verachten, denn da sie durch und durch sensibel sind, kommen sie in ihr nicht sonderlich gut zurecht.

Künstlerfrauen, wenn ich abschweifen darf, haben es bei weitem schwerer. Wenn Ihre Tochter schon an die Kunstakademie gehen muß, lassen Sie sie nie die Schönen Künste studieren. Die männlichen jungen Künstler warten alle darauf, zuzuschlagen, und zuschlagen wird einer. Dann sehen Sie zu, wie sich Ihre Tochter aus einem schlanken, fröhlichen, energischen Mädchen in Saskia verwandelt, die an Rembrandts Spülbecken den Abwasch macht, sanft, kuhäugig, mit dicken Armen und barfuß, dem Künstler dient, der der Kunst dient. Die Kunst ist eine bequeme Mätresse für jeden Mann. In ihrem Namen kann er trinken, schlagen, stehlen, huren, eine Unzahl häuslicher Grausamkeiten und Exzesse begehen. Das wird erwartet. Und wenn der Künstler seine Saskia ausgesaugt und die Winkel ihres lächelnden Mundes von oben nach unten gezogen hat, schmeißt er sie raus und sucht sich nach Möglichkeit eine drallere, weniger weinerliche. Der Prozeß kann Jahre dauern und ein paar Kinder mit sich bringen. Sie wollen schlafen? Ihr Künstler will wach sein. Sie wollen arbeiten – nein – seine Retrospektive ist in Kürze. Sie wollen das Kind? Nein – abtreiben! Wie kann er malen, wenn er nicht schlafen kann? Sie wollen *kein* Kind? Dann müssen Sie eins kriegen – wie kann er mit der Sterilität leben, die Sie ihm aufzwingen? Sie wollen essen? Nein, er will trinken. Und das mußt du auch, Tochter, du mußt wollen, was er will, denn auch du mußt der Kunst dienen. Aber die Kunst ist eine treulose Geliebte; hab Mitleid mit dem Künstler: er benutzt dich nur, wie er benutzt wird. Auf ihr Geheiß mag er ihr dienen, wie er will, trinken, prügeln, zechen, huren, am Ende wird sie sich von ihm abwenden. Viele, viele sind berufen, und wenige sind auserwählt. Viele haben die Symptome des Genies, aber sehr wenige haben die Krankheit selbst, und die, die sie haben, sehen möglicherweise aus wie Bankangestellte und verhalten sich auch so und begreifen ihr ganzes Leben lang nicht, daß sie Künstler sind.

(Bankangestellte als Ehemänner sind eine andere Geschichte. Die erzähle ich ein anderes Mal.)

Landwirtsfrauen – ah, die Frauen von Landwirten. Sandra Jephsen wohnt uns gegenüber auf der Ranstrock Farm. Letztes Jahr auf der Faschingsparty warf Geoffrey Jephsen ein Auge auf mich, der Hahn auf seinem Misthaufen, der großspurige Junglandwirt, Sandras Mann, Besitzer der Ranstrock Farm und ihrer einhundertundzwanzig Hektar, wie schon sein Vater, sein Großvater und sein Urgroßvater vor ihm, und jetzt liebe ich ihn.

Sandra Jephsen hat dünnes, blondes Haar und einen schüchternen Blick, dickliche Beine und eine sanfte Art. Eben so weiblich, wie es sich für einen Bauernhof gehört, und genau richtig für Geoffrey, der vor männlichem Schweiß und männlicher Energie glitzert und glänzt und Muskeln hat, die sich unter seiner Haut bewegen, als hätten sie ein Eigenleben: als ob sie es wären, die mit einem schliefen, nicht er. Das weiß ich, das weiß ich alles; es ist mir egal.

Was sieht er in ihr, wenn er mich haben kann? Ich habe lange, schlanke Beine und wache braune Augen und sehe aus wie Shirley MacLaine und fühle mich auch ein bißchen wie sie.

Geoffrey wollte Sandra nicht heiraten, er hat sie sich nicht ausgesucht. Er hat sie geheiratet, weil sie eine Fenton war und die achtzig Hektar der Fenton Farm an die Ranstrock Farm grenzen; denn so läuft das hier: ein Jephsen und eine Fenton werden geopfert, damit zwei 2000-Quadratmeter-Felder ein 4000-Quadratmeter-Feld ergeben und das Pflügen leichter wird. Die alte Ordnung bleibt neben dem Neuen bestehen. Sie haben zwei blasse kleine Kinder, mehr Fentons als Jephsens. Ich bin überrascht, daß sie es überhaupt geschafft hat, ihnen ihre Gene aufzudrücken, sie hat so wenig eigenen Willen, so wenig Energie. Sie weiß über mich Bescheid: ich weiß, daß sie es weiß. Jeden Morgen holen wir unsere Autos zur gleichen Zeit heraus – für die tägliche Fahrt zur Schule. Unsere Kinder gehen in dieselbe Schule, acht Kilometer weiter die Straße hinunter. Sie guckt mich mit ihren blassen, traurigen Augen an und wendet dann ihren Blick ab, und ich weiß, daß sie es weiß, und es ist mir egal.

Ich lasse sie zuerst fahren, ich fahre hinter ihr her, eigentlich zu dicht. Ich will, daß sie weiß, daß ich da bin. Ich weiß, es ist grausam, aber auch das ist mir egal. Ich sehe ihre Augen im Spiegel; wenn sie anhalten muß, sieht sie nach hinten zu mir, und ich halte direkt hinter ihr. Mein Vater war Künstler, meine Mutter brachte sich um (also, sie starb, als ich zwölf war; ich interpretiere es so:

Selbstmord oder Mord aus zweiter Hand). Als *er* letztes Jahr starb, waren zweihundert Leinwände auf dem Dachboden. Als er sechsundzwanzig war, hat er drei verkauft und seitdem nichts mehr. Nichts. Vielleicht habe ich seine Grausamkeit geerbt? Ich habe sie alle verbrannt. Ich und meine Schwester, wir hatten den Vorsitz über den Tod seines Lebens. Es war ein wunderbares Freudenfeuer. Knister, knister! Mein Mann Roy war schockiert. Er sieht nicht gern etwas Lebendiges sterben. Er sieht nicht gern, wie die Kunst, die große Schwester des Kunsthandwerks, beleidigt wird. Ich glaube, damals hat er seine Meinung über mich ein bißchen geändert. Aber woher soll ich wissen, was zwischen ihm und mir passiert? Jetzt ist sowieso alles eingleisig. Ich liebe Geoffrey. Ich habe Roy vergessen. Ich würde das Käsegesicht Sandra von der Straße heruntertreiben, wenn ich mich traute, ich bin nahe genug dran. Wenn die Kinder nicht in den Autos wären; aber es ist die tägliche Fahrt zur Schule.

Morgens acht Kilometer hin und acht zurück und dasselbe nachmittags wieder. Das sind einhundertundsechzig Kilometer pro Schulwoche.

»Es ist verrückt«, sagt Roy. »Warum tut ihr, Sandra Jephsen und du, euch nicht zusammen und organisiert was?«

»Ich fahre gern«, sage ich. Manchmal schafft sie es, mir auf dem Rückweg zu entkommen, aber jeden Morgen bin ich wieder da und setze mich dicht hinter sie. Hm, die Kinder müssen ja pünktlich zur Schule kommen. Sie ist keine schlechte Fahrerin.

Anfang des Jahres haben sie unsere Dorfschule geschlossen: das hieß entweder die Kinder in den Schulbus zur Grundschule in Polydock zu setzen, die keinen guten Ruf hat, oder wöchentlich die einhundertundsechzig Kilometer nach Pennyham und zurück. Woher sollte ich wissen, daß Sandra sich auch für Pennyham entschied? Ich bin überrascht, daß sie sich darum kümmert. Ich bin überrascht, daß sie eine gute Schule von einer schlechten unterscheiden kann. Ich kann es. Ich bin ein ausgesprochener Elternvertreter-Typ. Das sagt Geoffrey.

Das sagte Geoffrey, als er hinten in seinem Range Rover mein

Ohr liebkoste, mein Rock war hochgeschoben, verfing sich am Türgriff und zerriß, und die Hunde schnüffelten draußen nervös herum. Mit Geoffrey geht es schnell, abrupt, bauernhofmäßig und gewalttätig, nicht langsam, sanft, ruhig und ehrfürchtig wie bei Roy. Wenn Roy mit mir schläft, spricht er mit mir, bewundert meinen Körper, kümmert sich um meine Gefühle, macht geduldig weiter, bis ich befriedigt bin: Geoffrey kümmert sich nicht um mich, nur um sich selbst. Er liebt mich, so weit er mich liebt und solange es eben dauert, um der sexuellen Freuden willen, die ich ihm bereite. Das ist alles. Geoffrey sagt zum Beispiel Sachen wie: »Was bist du für ein kleines Luder«, oder: »Wenn ich dein Mann wäre, würde ich dich rausschmeißen«, oder wenn ich sage, daß ich wegen der Kinder gehen muß: »Du bist ja ein richtiges kleines Fräulein Elternvertreterin!« Und dann zwicken seine Zähne meine Ohren, daß ich aufschreie und nicht gehe, bis er fertig ist, und die Kinder warten am Schultor, und mir ist es egal. Ich liebe ihn. Sandra Jephsen sammelt ihre Kinder pünktlich ein, das arme Ding.

Warum will er sie, die mit ihren blassen, leidenden Augen in der Küche steht und Kartoffelbrei für sein Abendessen macht? Er könnte mich haben.

Ich frage mich, ob Roy etwas weiß. Das ist mir auch egal. Er hätte eh nie den Mut, mich zu verlassen. Er liebt mich, er tut, was ich sage. Er ist schwach. Er ist nicht stark. Geoffrey ist stark und ich auch. Roy sollte Sandra haben; sie würden bestimmt zueinander passen.

Roys Asthma ist hier auf dem Land schlimmer, nicht besser. Früher war ich immer mitfühlend mit seinem pfeifenden Atmen und Keuchen – jetzt verachte ich es. Ich bin nie krank. Er ist halb so groß wie Geoffrey; eigentlich ein ganz kleiner Mann, wenn ich ihn jetzt so betrachte. Ist das wirklich Männerarbeit, tagaus, tagein kleine Holzsplitter zusammenzukleben? Und nicht einmal nach eigenen Entwürfen, sondern nach fremden? Er sagt, er ist eigentlich Kunsttischler, aber damit kann er keine Familie ernähren, also muß er das hier machen. Ein Kompromiß! Ich sage, daß ich nur allzugern, sogar dankbar, berufstätig wäre, aber wie kämen die Kinder zur Schule? Roy kann nicht fahren. Er hat eine von diesen komischen Behinderungen: wenn er einen großen Gegenstand auf sich zukommen sieht – wie zum Beispiel einen Lastwagen – fährt er hinein, anstatt ihm auszuweichen. Fahrlehrer fürchten diese Behinderung, denn sie ist unheilbar. Sagt Roy jedenfalls. Ich weiß nicht so genau. Ich weiß vieles nicht mehr so genau, seit mein Vater gestorben ist, seit ich diese Affäre mit Geoffrey angefangen habe. Nein, ich habe sie nicht angefangen. Geoffrey hat sie angefangen. Wir leben schließlich auf dem Land, und der Hahn sieht sich unter den Hennen um und denkt, heute morgen nehme ich die, das hübsche kleine gefiederte Ding; und das tut er dann.

Wir sollten in die Stadt zurückziehen, wo es weniger Pollen gibt, die Roys Asthma verschlimmern, und ich einen Job kriege und die Kinder Busse. Aber ich kann nicht leben, ohne Geoffrey zu treffen. Jetzt noch nicht. Vor Begierde würde es mich so jucken, daß ich mich zu Tode kratzen und wie meine Mutter enden würde. Dahin. Wenn wir auseinandergehen, sagt er: »Bis bald«, aber er sagt nie, wie oder wo oder wann. Er will nicht, daß ich mich sicher fühle. Ich weiß nur, daß wir uns wenigstens zweimal in der Woche treffen; ich bin draußen und suche Pilze oder Brombeeren, oder er fährt seinen Range Rover zufällig durch Polydock, wenn ich einkaufe; und einmal habe ich an seine Tür geklopft, als ich wußte, daß sie weg war und er da, weil ich von meinem Fenster aus alles sehen kann, und er nahm mich auf dem Bett, seinem und ihrem Bett, auf ihrer Seite, und dann sagte er: »Tu das nie wieder«, also habe ich es auch nie wieder getan. Wir leben im Ruf-du-mich-nicht-an-ich-rufe-dich-an-Land. Aber er ruft mich an. Wirklich.

Was mache ich jetzt, wie kriege ich ihn, wie schaffe ich es, daß er sie verläßt und mich nimmt? Er kann mich mit oder ohne Kinder haben. Roy kann sie haben. Mein Leben kann nicht für immer und ewig mit Roy weitergehen, todlangweilig und ohne Leidenschaft. Von jetzt an werde ich niemand anderen lieben als

Geoffrey: die schiere Macht meiner Liebe muß ihn dazu bringen, mich zu lieben: mein Haß wird sie krank machen und alt, und sie wird sterben, und dann braucht er jemanden, der sich um die Kinder kümmert, und ich werde zur Stelle sein. Roy braucht mich nicht, er ist mit seinen Architekturmodellen verheiratet.

Heute hat Geoffrey mich mit in das Café in Pennyham genommen, damit uns alle Welt sieht. »Ich würde gern eine Tasse Tee trinken«, sagte er im Heu in der großen Scheune, als er sich von mir zurückzog und mich wie üblich immer noch bebend vor unerfüllter Lust da liegen ließ, damit ich ihn um so besser im Gedächtnis behalte und beim nächsten Mal um so mehr Lust habe. »Diese Arbeit macht durstig«, sagte er, und wir gingen in die Goldene Gans und tranken Tee und aßen Gebäck, und ein dunkelhaariges Mädchen, das da bediente, wurde bei unserem Anblick ganz blaß und zittrig. Sie wissen, wie das ist, nicht wahr: der Ehemann von jemand anderem flirtet mit Ihnen, die Frau sitzt gegenüber und versucht, es nicht zu bemerken. Sie warten auf das rasche Zucken ängstlicher Augen, bevor Sie sich entscheiden, das war's, das ist genug, und weggehen. Das hier war mehr als ein rasches Zucken und ein ängstlicher Blick, es war ein weißer, starrer Blick mit offenem Mund, und ich hatte nicht die Absicht, wegzugehen, weder wegen Sandra noch wegen ihr, noch wegen irgendeiner anderen.

»Wer ist das?« fragte ich.

»Das ist Ellen«, sagte er, »das ist das Modell vom letzten Jahr. Mach dir nichts draus.«

Ich machte mir nichts draus. Ich nahm seine Hand an den Mund und behielt sie da, für alle Welt sichtbar. Sie floh in die Küche. Sie war bloß Kellnerin; nicht halb soviel wert wie ich. Mir war es egal, wer es sah, und ihm auch. Sollten es doch alle sehen!

Er aß sein Gebäck mit großen, geschickten Fingern, großen, geschickten Fingern, mit denen er in mir herumspielt, und Sandra ging draußen vorbei, und weil wir an dem Tisch am Fenster saßen, sah sie uns, und sie kam rein und blieb einfach am Tisch stehen, mit Kopftuch, Windjacke und plumpen Lederstiefeln. Sie erinnerte mich an meine Mutter. Ich habe ein Foto von ihr, wo sie genauso dasteht, an einem Herbsttag, vom Fotografen überrascht. »Was ist los mit dir?« sagte er zu ihr. »Ich kann ja wohl nicht hier drin sein, um Ellen zu treffen, oder? Wenn ich hier Tee trinke mit Judith von gegenüber! Ihr zwei solltet euch wegen der Fahrt zur Schule wirklich mal zusammentun. Hundertsechzig Kilometer in der Woche!«

Sie sah mich an, und ich sah sie an, und ich lächelte, und sie weinte und rannte aus dem Raum, und alle Gäste, die Nachbarn und die entfernten Verwandten, denn so ist es auf dem Land, drehten sich um und gafften.

»Iß auf«, sagte er. »Wenn ich eins ums Verrecken nicht ertragen kann, dann ist es eine eifersüchtige Frau.«

Ich gewinne, dachte ich, ich gewinne. Sie wird vor Kummer und an seinem Ärger sterben, und ich werde an ihrer Stelle Königin sein, was nur recht und billig ist.

Es war Zeit, die Kinder von der Schule abzuholen, und als er schweigend seinen Tee zu Ende getrunken hatte, konnte ich gehen. Meine Oberschenkel waren geschwollen und taten angenehm weh. Er schlief nicht mit ihr, jetzt nicht mehr. Hatte er gesagt.

»Die Ehe ist zum Kinderkriegen da«, hatte er gesagt. »Und das haben wir schließlich erledigt. Was man heiratet und auf was man scharf ist, das sind zwei verschiedene Dinge.« Er hatte eine tiefe, dunkle, sanfte Stimme. Wenn sie wollte, liebkoste sie einen, wenn sie wollte, kommandierte sie einen herum. Was sie sagte, glaubte ich.

Ich ließ sie zuerst ihre Kinder vom Schultor abholen und losfahren. Dann kletterten meine Colleen und mein Kieron hinten ins Auto. Ich lasse sie nicht vorn sitzen. Hinten ist es sicherer. Ich bin eine nervöse Fahrerin. Meine Mutter ist schließlich bei einem Autounfall gestorben. Morgens hatte sie sich mit meinem Vater gestritten, und nachmittags starb sie. Das ganze Haus bebte, wenn sie sich stritten. Ich stand auf ihrer Seite, aber ich haßte sie, weil sie trotzdem nicht glücklich war, und dann haßte ich sie, weil sie tot war, weil sie alles unmöglich gemacht hatte: zum Beispiel, daß ich sie glücklich machen konnte. Ich versprach den Kindern ein Eis.

Ich lebte und war in Siegesstimmung; die Sonne ging unter. Die Herbstlandschaft war naß und grün und wunderschön, in unendlich vielen Schattierungen. Es gibt hier eine Menge Hügel und jäh abfallende Täler und schöne Ausblicke. Selbst wenn ich vor Liebe verrückt bin, ergreift mich die Schönheit all dessen immer.

Ich fuhr auf der A 561, der Straße am Berg entlang, und bedrängte Sandra überhaupt nicht. Ich konnte mir leisten, nett zu sein. Er hatte in aller Öffentlichkeit gezeigt, daß ich zu ihm gehörte, und sie nicht. Die A 561 ist die Hauptverbindungsstraße zwischen zwei kleinen Städten – zu schmal für das Verkehrsaufkommen und streckenweise immer wegen Straßenbauarbeiten gesperrt, hier nehmen sie eine Kurve raus, da verbreitern sie die Fahrbahn, versuchen halbherzig, sicher zu machen, was gefährlich ist, und schaffen es auch immer nur halb.

Es war Faschingszeit: die Zeit, wenn sich die Festwagen – die zu entwerfen, zu bauen und fahrtüchtig zu machen, ihre Schöpfer ein Jahr kostet – aus dem ganzen West Country in Bridgewater sammeln, um ihren festlichen Umzug durch den Westen zu beginnen, und die A 561 ist eine der Hauptstraßen, über die diese phantastischen Monstren reisen. Manchmal nehmen sie die gesamte Breite der Straße ein, sehr zum Nachteil der anderen Autos und zum großen Entzücken von Kieron und Colleen. Als ich um die scharfe Ecke am Rande Shillingfords bog, stellte ich fest, daß die Straße blockiert war. Vor mir sah ich, wie ein Tankwagen zur einen Seite über die Straße schlenkerte und schleuderte und ein Festwagen im Schlepptau eines Traktors zur anderen, ein fünfzehn Meter hohes orange-grünes Ungetüm aus Balsaholz und Schaumstoff, das auf einem langen Tieflader thronte und von rosa Polyesterzwergen umgeben war. Das Ungetüm kippte auf den Tanklastwagen. Der Traktor kippte kopfüber in einen Garten; die Kabine des Tankwagens stürzte in die Steinmauer gegenüber. Das Hinterteil des Tankwagens setzte sich hinten auf den Tieflader. Der Fahrer in dem einzigen Auto zwischen mir und diesem größeren Verkehrshindernis latschte auf die Bremsen. Ich auch. Das Auto vor uns war Sandras. Ich legte den Rückwärtsgang ein, aber nicht abrupt. Und weil mein Auto alt war und ihres neu, knautschte ihre Knautschzone gefährlich. Meine Kinder kreischten – ich konnte sehen, wie ihre hinten im Wagen hin- und herschleuderten, vermutlich kreischten sie auch. Im Spiegel sah ich, daß ihre Augen wegen etwas anderem als weiblichem Märtyrertum blaß und ängstlich waren. Ich sah, wie Männer vom Unfallort wegliefen: der Fahrer des Tiefladers kam irgendwie aus seiner Kabine, rauf auf die Mauer, weg. Feuer! dachte ich, und ich wußte, daß sie das auch dachte. Ich ließ den Motor wieder an, setzte, so schnell ich konnte, zurück, und das war sehr, sehr schnell, und sie folgte. Die Kinder hatten jetzt Angst und waren auf einmal totenstill. Ich machte ihr Platz, damit sie wenden konnte, und wendete dann selber; ein adrettes, rasches Wendemanöver, das jeder Fahrlehrer bewundert hätte, wenn es auch an einer Stelle war, die ihn hätte erblassen lassen, an einer Ecke ohne Einblick in die Hauptstraße.

Aber hören Sie, ich dachte an sie und auch an ihre Kinder. Ich war das Gegenteil von mörderisch, als es darauf ankam. Wir waren beide um die Ecke, als der Tanklastwagen und der grün-orangene Balsaholz-und-Schaumstoff-Riese in einer stinkenden schwarzen Wolke aus Flammen und Feuer hochgingen – später fand ich heraus, daß zum Glück niemand darin umgekommen war. Die Väter waren noch nicht von der Arbeit nach Hause gekommen: die Mütter waren auf der täglichen Fahrt oder dem Gang zur Schule. Shillingford hat das Pech, etwas weniger als fünf Kilometer sowohl von Pennyham als auch von Polydock entfernt zu sein, was bedeutet, daß die Behörden keinen Schulbus bezahlen. (Es tut mir leid, daß die Namen so idyllisch sind, aber wenn man in dieser Gegend lebt, muß man sich mit dem wahrhaft Unglaublichen abfinden. Wenn Leute, die in der Stadt leben, geneigt sind, zu glauben, das Land sei nur ihnen zu Gefallen erfunden worden, ist das kaum überraschend.) An dem Tag brannten drei Häuser bis auf die Grundmauern nieder, und noch in derselben Woche wurden neue Gesetze für Faschingswagen und das Führen derselben erlassen.

Wir fuhren den langen, schwierigen Weg nach Polydock und

über die Ebene nach Hause. Reden mußten wir nicht. Sie lächelte nur kurz, als ich sie vorbei und vorausfahren ließ. Sie kannte den Weg nach Hause: ich nicht. Ich fuhr hinter ihr her, aber sanftmütig, ich belästigte sie nicht. Meine Hände zitterten am Steuer. Angst schüttelt einen zurück zur Vernunft.

Ich kann Ihnen gar nicht sagen, wie schön der Abend war oder die kleinen Straßen voll Laub zwischen den hohen, hohen Hekken. Wenn eine Hecke hoch ist und die Straße tief darunter verläuft, weiß man, daß die Straße alt, seit Ewigkeiten da ist beziehungsweise, seit die Menschen begonnen haben, von einem Ort zum anderen zu wollen, und zwar immer auf dem besten und kürzesten Weg. Sogar Kieron, selten gerührt von der Herrlichkeit der Natur, sagte: »Sieht das nicht alles hübsch aus?« Und Colleen sagte: »Sag *überhaupt* nichts. Sonst fahren wir irgendwo rein.« Und die letzten Sonnenstrahlen leuchteten und fingen sich in den goldenen Blättern der Buchen, die über uns einen Bogen bildeten, und Sandras Auto fuhr voraus und zeigte uns den Weg.

Als der Himmel dunkler wurde, sah man im Widerschein des Brandes im Osten orangefarbene und grüne Streifen. Es erinnerte mich an Mrs. Leafs ulkige Kuchen, über die ich nicht lachen sollte, und an die Bilder meines Vaters, wie sie in Rauch aufgingen – er benutzte immer Unmengen Grün und Orange und trug die Farben immer sehr, sehr dick auf, was bedeutete, daß es sehr teuer war und meine Mutter sich immer darüber beschwerte, was ich ungerecht fand. Ein Mann mußte malen, was ein Mann malen mußte. Wenn ich dichter auf Sandra aufgefahren wäre, wer wäre dabei umgekommen, sie oder ich? Wahrscheinlich wir beide. In meiner Vorstellung hatte es immer sie getroffen und mich nie.

Ich wußte, daß alles Quatsch war. Natürlich schlief Geoffrey mit ihr. (Warum sollte er nicht: sie war da, und er war nicht so pingelig, in wen er eindrang oder wo oder wie.) Er hatte nicht die Absicht, sie zu verlassen, spielte nur den Hahn auf dem Hühnerhof, und es war meine Schuld, weil ich ihn ließ, nicht seine Schuld, weil er es tat, oder ihre Schuld, weil sie es als verletzend empfand, wenn überhaupt die Schuld bei irgend jemandem lag, was ich bezweifelte. Bald genug würde auch ich das Modell vom letzten Jahr sein, wenn meine eigene Ehe soweit zerbrochen war, daß er sich richtig erfolgreich, als rechtmäßiger Herr der Ländereien ringsum fühlen konnte. Wir wohnten in dem ehemaligen Haus des Gutsverwalters, und bestimmt hatte es sein Vater mit der Frau des Verwalters getrieben, und der Vater seines Vaters mit deren Mutter, und dann hatten sie alle dabeigestanden und zugesehen, wie der Bulle die Kühe bestieg, und sich wahrhaft als Teil der Natur gefühlt.

Etwas Rosafarbenes loderte auf, sprang in die Luft. Vermutlich einer der Zwerge. Sogar so weit entfernt, bei geschlossenen Autofenstern, konnte man den Brand riechen. Sandra machte ihre Scheinwerfer an, und ich machte meine an.

Ich liebte ihn eben, und das war teils animalisch, der gute Teil, und teils davon Haß, der schlechte; und alles vermischte sich damit, daß er Sandra mir vorzog, und mit dem Tod meiner Mutter und den Bildern meines Vaters und dem Freudenfeuer, das ich gemacht hatte und nicht hätte machen sollen, und seitdem war ich kaum je wieder recht bei Sinnen gewesen.

Wenn ich jetzt weitermachte, war alles, was ich noch tun konnte, sie noch mehr zu verletzen. Es stimmte, wenn ich es nicht war, würde es jemand anderes sein. Es gab Dutzende Frauen in der Gegend, die sich langweilten und ihre Kinder jeden Tag zur Schule fuhren, die ihre Schenkel genauso erregt, verzweifelt und wunderbar wie ich um seine Schenkel schlingen würden. Wir glauben alle, daß wir etwas Besonderes sind, möchte ich behaupten; Männer ganz bestimmt! Aber es war einfach besser, wenn ich es nicht war. Sollte es jemand Alleinstehendes sein, eher das reine Opfer. Ich liebte es, wenn er sie verletzte, und das war entwürdigend für uns alle.

Sie geriet auf den Blättern ins Schleudern und fuhr in den Graben. Ich hielt an. Wir stiegen alle aus und betrachteten uns den Schaden. Sie sagte nichts.

»Ich glaube, mir wird die Sache hier ein bißchen zu heiß«, sagte ich. »Wir verkaufen das Haus sehr bald.«

»Sie ziehen zurück in die Stadt?« Sie hatte eine leicht näselnde Stimme, und plötzlich flammte die alte hochmütige Verachtung in mir wieder auf, aber eine weitere Explosion, violett diesmal, brachte mich zur Vernunft. Sie war ganz normal. Ich auch. Er auch. Meine Eltern auch – er und sie, nicht anders als viele unserer Freunde, nur übergroß auf der Leinwand einer kindlichen Erinnerung, weil meine Mutter so früh gestorben war und beide niemals durch Zeit, Erfahrung und Verständnis auf die normale Größe angemessen reduziert worden waren.

»Ich glaube schon«, sagte ich. »Diese ganze Fahrerei, nur um die Kinder zur Schule zu bringen. Für Sie ist es was anderes; Sie gehören hierhin.«

»Verkaufen Sie das Haus nicht, ohne es Geoffrey zu sagen«, sagte sie. »Ich glaube, er will es wiederhaben. Früher gehörte es zum Hof.«

Mir kam kurz in den Sinn, wenn er versucht haben sollte, mich rauszukriegen, war dies der richtige Weg gewesen, es zu bewerkstelligen, aber soviel doppeltes Spiel traue ich ihm eigentlich nicht zu. Es kann natürlich unbewußt bei ihm so abgelaufen sein. Schließlich entstammte er ja adligem, baroneskem Geschlecht.

Wir erwähnten Geoffrey nicht, außer in der Rolle des möglichen Käufers. Es war auch nicht notwendig. Sie erkannte einen Thronverzicht sofort und nahm ihn anmutig entgegen. Sie war immer die rechtmäßige Königin gewesen.

Wir hoben und schoben ihr Auto wieder auf die Straße. Sie fuhr los, ich hinterher. Sie ging in ihr großes Haus, ich in mein kleineres. Roy sah von dem Modell einer neuen kanadischen Universität auf, an dem er seit einigen Monaten arbeitete. Er hatte Probleme, die vielen Tannen unterzubringen.

»Da seid ihr ja alle«, sagte er. »Ich habe mir schon Sorgen gemacht. Es gab einen Verkehrsunfall. Sie haben es hier im Sender kurz in den Nachrichten erwähnt.«

»Da sind wir alle«, sagte ich. »Gesund und munter und wieder normal.«

Ich machte Tee.

»Seit mein Vater tot ist, bin ich ein bißchen verrückt gewesen«, sagte ich an dem Abend im Bett zu ihm.

»Ich weiß«, sagte er. »Wie wild auf Zerstörung aus.«

»Ich meine, wir sollten lieber wieder in die Stadt zurückziehen«, sagte ich. »So bald wie möglich.«

»Wie du willst«, sagte er, und jemand Unfreundliches hätte vielleicht gedacht, er sei über Gebühr passiv, aber ich wußte, er wartete nur, bis ich endlich soweit war, zu sagen, was er ohnehin schon gedacht hatte, und so ersparte er uns Zeit, Streit und Energie.

Wer?

Howard hatte Schwierigkeiten, sich Namen zu merken. Gesichter merkte er sich leicht, besonders in einer vertrauten Umgebung, aber ein Gesicht mit einem Namen zu versehen, schaffte er oft nicht.

Bei einem ansonsten freundlichen und angenehmen Mann – einem guten Ehemann und Vater, der in seinem Beruf erfolgreich war –, schien das aber nur ein kleiner Fehler zu sein. Eine Sekretärin und eine Kartei halfen ihm bei den Namen seiner Kunden, und falls ihm die Namen seiner Nachbarn in der Siedlung für höhere Angestellte manchmal entfielen, war das wohl kaum verwunderlich.

»Wir sind uns alle so ähnlich, daran liegt es«, sagte seine Frau Alice ein bißchen traurig. Sie fand sich selbst so wenig außergewöhnlich und wünschte sich manchmal, es wäre nicht so. »Versuch, zum Abendessen was Neues zu kochen – wie zum Beispiel Leber mit Avocado – und du stellst fest, daß die ganze Siedlung am selben Tag dasselbe getan hat!«

Howard war achtunddreißig, breitschultrig, blond, nicht besonders groß, nicht außergewöhnlich gutaussehend, aber durchaus präsentabel. Er war Gebietsverkaufsleiter (Nord-West) für eine Firma, die landwirtschaftliche Maschinen herstellte. Alice war vier Jahre jünger, dicklich, klein, mit karottenrotem Haar und einem sommersprossigen, irgendwie alltäglichen Gesicht und Beinen, die sie lieber versteckte. Sie hatten drei Kinder – Samantha, Thomasina und Sylvester – die notgedrungen zu Sam, Tom und Silv abgekürzt wurden. Manchmal konnte sich Howard auch an ihre Namen nicht erinnern. Er entschuldigte sich damit, daß schon das andere Geschlecht, das man sich bei den einzelnen Abkürzungen vorstellte, verwirrend genug war.

»Vielleicht solltest du ihre Namen in deine Kartei tun«, sagte Alice ein wenig spitz. »Oder vielleicht solltest du dich bemühen, mehr Zeit mit ihnen zu verbringen und ein bißchen weniger im Büro oder in der Kneipe.«

Na ja, jeder beklagt sich einmal. Man verletzt sich gegenseitig und schluckt was runter, aber das geht in der großen Flut des Zusammenseins als Paar unter. Alice und Howard waren durchaus glücklich und ihre Kinder auch, bis Howard eines Tages, als sie zwölf Jahre verheiratet waren, wegen immer wiederkehrender Kopfschmerzen zum Arzt ging, die Frau des Arztes, Elaine, kennenlernte und sich verliebte.

Elaine beugte sich gerade über die Abteilung T–Z der Patientenkartei, als Howard an den Schreibtisch trat. Er hustete; sie drehte sich um, richtete sich auf, und als sie sich aufrichtete, sah sie ihm direkt in die Augen. Keiner von beiden lächelte – sie betrachteten sich äußerst ernsthaft –, und in jenen wenigen Augenblicken änderte sich beider Leben. Es war, so erzählten sie sich später, als ob sie einander erkannten. Das heißt, sie wußten im voraus, was kommen würde: wie sie ins Licht treten und andere hinter sich im Schatten lassen würden.

Als sie den erbetenen Termin eingetragen hatte, sagte er: »Kann ich Sie nach der Arbeit sehen? Es ist unser Hochzeitstag, deshalb geht es nicht lange, aber das macht ja nichts.«

Sie erwiderte: »Natürlich. Ich sage meinem Mann, daß ich eine Freundin besuche.«

Er wußte, daß sie ihn nicht zurückweisen würde; sie wußte, daß er fragen würde. Sie mußten sich keine Lügen erzählen, nur den anderen. Und was für eine köstliche Verschwörung dabei herauskam – eine Mischung aus Qual und Erregung, Scham und Erschauern. Alice glaubte Lügen, und Elaines Mann akzeptierte Ausreden. Zwei Liebende, die sich der Welt entgegenstellten, um Licht kämpften, das Entkommen aus der Dunkelheit. Liebe auf den ersten Blick – echte, machtvolle, sexuelle, verbotene Liebe!

»Wir waren füreinander bestimmt«, sagte Elaine.

»Zwei Hälften eines Ganzen«, sagte Howard, »das irgendwie geteilt worden ist.«

Einen Tag, nachdem sie sich zum ersten Mal getroffen hatten, schliefen sie miteinander.

»Werden Sie mit mir ins Bett gehen?« hatte Howard ganz direkt gefragt.

»Natürlich«, hatte sie erwidert.

In dieser Nacht gingen sie ins Hotel. Er sagte, er sei geschäftlich unterwegs; sie sagte, sie besuche eine Freundin.

»Das ist keine Lust«, sagte er mitten in der Nacht. »Es ist Liebe.«

»Ich weiß«, sagte sie. Sie war größer als er, mit großen dunklen Augen und einem weichen, bebenden Mund.

Es schien nichts zu geben, das sie nicht tun konnten oder durften, und sie wollten auch alles tun: bei hellem Licht und mit offenen Augen.

»So etwas habe ich noch nie erlebt«, sagte er.

»Ich auch nicht«, sagte sie.

Und dennoch waren sie nur zwei ganz normale Leute, nicht besonders schön und auch nicht romantisch oder mit einer Neigung zum Romantischsein. Howard war ein- oder zweimal untreu gewesen, aber diskret; Elaine nie. Auch durch die Gewohnheit wurde ihre Anziehungskraft füreinander nicht geringer. Je mehr sie hatten, desto mehr wollten sie. Je mehr sie wußten, desto mehr gab es zu entdecken.

Und wie sie redeten! Sie konnten einander alles sagen, ohne Angst, für albern gehalten zu werden. Jede Einzelheit aus ihrem Leben konnten sie einander in dem Bewußtsein mitteilen, daß sie sicher verwahrt wurde.

Und jeder Augenblick des Getrenntseins war schrecklich: ruhelos, unausgeglichen, elend – sie waren Süchtige, die ihrer Droge beraubt waren.

Was Alice, Sam, Tom und Silv und Brian, William und Frosty anlangt – sie bewohnten eine trübe Welt, in der die Menschen den

Mund aufsperrten und Worte formten und sprachen, die man nicht hören konnte.

»Vielleicht sollte ich den Kindern Schildchen umhängen«, sagte Alice traurig. »Allmählich macht es ihnen ganz schön was aus. Und Howard, du siehst so blaß aus! Du bist überarbeitet.«

»So können wir nicht weitermachen«, sagte Howard zu Elaine. »Es ist allen gegenüber unfair.«

»Wir müssen zusammensein«, sagte Elaine zu Howard. »Das werden sie sicher verstehen.« Elaine hatte Howard gestanden, daß sie ihre Söhne nie geliebt hatte, nicht so, wie ihrer Meinung nach eine Mutter lieben sollte. Jetzt verstand sie, warum. Sie hatte deren Vater Brian nie geliebt. Sie mochte ihn, ja, und fand ihn nicht unattraktiv und fühlte sich in seiner Gesellschaft sicher und hatte diese Gefühle irrtümlich für Liebe gehalten. Wenn sie Kinder mit Howard hätte, wie anders würden ihre Gefühle sein! So besehen würde es William und Frosty bei Brian besser gehen, oder etwa nicht?

Ihre Mutter war weggegangen, als sie acht war, und die Nachbarn waren damals sehr schockiert – das wäre heute nicht mehr so; es passiert ja dauernd –, aber das war's dann auch. Sie, Elaine, war durchaus froh gewesen, bei ihrem Vater zu bleiben; ihr ging's doch heute gut, oder etwa nicht? Das würde auch bei den Jungen der Fall sein, und Brian würde es gut tun, einen Geschmack davon zu kriegen, womit sie die ganzen Jahre hatte klarkommen müssen, und zwar ohne seine Hilfe. Nein; keiner würde leiden – außer ihr, wie üblich. Sie würde die Jungen vermissen, natürlich, weit mehr, als die Jungen sie vermissen würden. Aber sie konnten ja kommen und sie besuchen.

»Ich kann nicht so verlogen weiterleben«, sagte Howard zu Elaine. »Es ist Alice gegenüber nicht fair, wenn ich weiter mit ihr zusammenlebe und in dich verliebt bin. Ich liebe Alice: sie hat nichts verkehrt gemacht: innerhalb ihrer Möglichkeiten ist sie eine gute Ehefrau und Mutter gewesen – aber ich bin in dich verliebt.«

Innerhalb ihrer Möglichkeiten! In welch trübem, kläglichem

Licht erschienen die, verglichen mit denen Elaines – der strahlend hellen Flamme!

Wenn sie seine Augen mit ihren Lippen verschloß, leuchtete seine ganze innere Welt im Lichte der Gewißheit.

Er meinte, am besten sei, es plötzlich zu tun: eines Tages einfach nicht mehr nach Hause zu kommen, sondern einen Brief zu hinterlassen, der später gefunden werden sollte. Das ersparte Streit, gegenseitige Anschuldigungen, Bitterkeit.

»Ich glaube nicht, daß ich feige handle«, sagte er zu Elaine. »Ich meine einfach nur, daß es so am besten ist. Natürlich wird sie traurig sein, und mir tut es auch aufrichtig leid. Aber, weißt du, sie hat mich nie gefragt, ob ich Kinder haben wollte. Sie ging einfach davon aus und zog es durch und kriegte welche.«

»Armer Howard! Zwischen dir und deiner Frau hat es anscheinend wenig Kommunikation gegeben!« jammerte Elaine und benutzte schon die Vergangenheitsform. Das war an dem Wochenende, bevor die Briefe hinterlassen wurden und das neue Leben begann.

Sie wollten nicht allzuviel planen. Das nahm dem Ganzen irgendwie seinen Zauber. Liebende werden auf der ganzen Welt geliebt, und die Götter helfen denen, die sich selber helfen, und das Schicksal war auf ihrer Seite – alles, was mit den Hypotheken und dem Geld und den ehelichen Häusern zu tun hatte, würde sich mit der Zeit von selbst klären.

Sie hinterließen ihre Briefe, packten ihre Koffer und begaben sich in ein Hotel in Blackpool, wo sie ihre Zukunft mit Champagner begossen.

»Er wird sich eine Aushilfsempfangsdame besorgen und ihr ein richtiges Gehalt zahlen müssen«, sagte Elaine, »und das wird ihn mehr aufregen als alles andere.«

»Ich glaube, ihre Mutter wird es verstehen«, sagte Howard. »Sie hat für ihre Liebe schließlich alles aufgegeben.«

Alices Mutter war als kleines Mädchen in Dartington Hall zur Schule gegangen (eine teure Privatschule für die Kinder der musikalischen Intelligenzia), aber von dort im Alter von sechzehn mit einem Fernfahrer durchgebrannt. (Alice hatte, ziemlich enttäuschend nach dem ganzen Aufwand, Aussehen und Temperament ihres Vaters geerbt.) Alices Mutter hatte einmal zu Howard gesagt: »Der Grund, warum du keine Namen behalten kannst, ist, daß du nur an deine eigene Wirklichkeit glaubst, nicht an die der anderen.« Und Howard hatte das Gefühl gehabt, daß daran etwas Wahres war, und es mit Alice diskutieren wollen, aber sie hatte gerade eine Windel gewechselt.

Alices Mutter verstand es nicht. Alices Vater und Alices Kinder Sam, Tom und Silv auch nicht. Alice auch nicht. Niemand schien wahre Liebe zu verstehen.

Alice ging zu ihrem Anwalt und ließ ihr gemeinsames Bankkonto sperren und rief seinen Chef in der Hauptniederlassung an und wäre sogar bis zu Howard selbst durchgedrungen, hätte er sich nicht bei dem Mädchen von der Vermittlung lieb Kind gemacht. (Sie war eine der diskreten Seitensprünge gewesen: das einzige, was er je geheimgehalten hatte vor Elaine – die jetzt sein Herz, seine Seele, seine Zukunft besaß.)

In dem Hotel in Blackpool kreuzte ein Privatdetektiv auf, und Howard und Elaine wurden gebeten, das Hotel zu verlassen.

Howard wunderte sich.

»Die Institution der Ehe ist etwas Erstaunliches«, sagte er. »Alle verraten sie, aber widersetz dich ihr offen, so wie wir, sieh da, wie sich die Reihen schließen. Anwälte, Bankangestellte, Arbeitgeber, Hotelbesitzer – alle wenden sich gegen die unseligen Abtrünnigen.«

Aber er fand, daß es sich lohnte, für Elaines Liebe alles aufzugeben.

»Hören Sie«, sagte sein Boß, »mir ist zu Ohren gekommen, daß Sie diese Frau bei den Geschäftsfahrten mit auf die Höfe nehmen. Und sie nicht etwa im Auto lassen, sondern sie mit auf die Felder nehmen, Händchen halten und so Sachen machen.«

»Wir sind verliebt«, sagte Howard. Diese simple Erklärung hatte aber einen falschen Unterton.

»Ich will keine Angestellten, die illoyal sind«, sagte der Boß.

»Und das ist es. Schamlose, herzlose Illoyalität gegenüber einer guten Ehefrau. Ich mag Alice sehr gern.«

Er war einmal zum Abendesssen dagewesen und hatte gesagt: »Machen Sie sich doch bitte keine Mühe.« Alice hatte Kaninchen aufgetischt, was er, weil er Australier war, nicht essen konnte, aber anscheinend hatte er ihr verziehen. Jedenfalls feuerte er Howard.

Howard reagierte mit der Drohung, daß er wegen ungerechtfertigter Kündigung arbeitsrechtlich gegen ihn vorgehen würde, aber Elaine brachte ihn davon ab.

»Dann kämen unsere Namen in die Zeitung«, sagte sie, »das wäre den Kindern gegenüber unfair.«

Elaine hatte Brian angerufen, nur um zu erfahren, wie es den Jungen ging, doch er hatte den Hörer einfach aufgelegt. Sie war hingegangen, um ein paar Sachen abzuholen, aber er hatte ihr die Tür vor der Nase zugeknallt, und ein Nachbar hatte ihr gesagt, alle ihre Besitztümer seien sowieso unten auf dem Müllplatz und Gott und die Welt bedienten sich dort. Brian hatte sie dorthin geschafft.

»Also muß es wirklich ein neues Leben werden«, sagte Elaine.

»Natürlich«, sagte Howard.

Den ganzen Weg nach London hielten sie Händchen.

»Wie wunderbar«, sagte Howard. »Früher erschienen mir Reisen immer so lang; jetzt erscheinen sie mir so kurz.«

Sie fühlten sich lebendig: spürten sich selbst im anderen und in ihren eigenen Körpern. Es gab keine Kinder, die die Gefühle ablenkten und Spontaneität unmöglich machten oder die sonderbare Stille verdarben, die manchmal in der Luft zwischen ihnen hing, als ob das ganze Universum zusah und wartete, Zeuge wurde, wie zwei Körper sich vereinigten. Wahnsinn! Liebe auf den ersten Blick. Wahre Liebe!

Sie nahmen sich ein Zimmer in London und waren überrascht und ziemlich bedrückt, wie hoch die Miete war und wie schäbig die Straße. Elaine hatte Angst vor Bleivergiftung. Aber sie kriegte einen Bürojob in einem Maklerbüro direkt an der U-Bahn. Sie war älter als die anderen Mädchen, fühlte sich ohne den Schutz ihres Eherings unwohl und war schockiert von der Sprache, die sie benutzten.

»Sie sind so grob«, beschwerte sie sich bei Howard. »Sie tun mir ganz schön leid. Sie können nicht wissen, wie Sex ist oder was Liebe bedeutet, sonst würden sie nicht so darüber reden.«

Howard bewarb sich um zweiunddreißig Jobs und kriegte keinen. Na ja, es gab eine Rezession. Alice, die per Brief kontaktiert worden war, lehnte es ab, die Großvateruhr zu verkaufen und Howard den Erlös an eine Postlageradresse zu schicken, wie er vorgeschlagen hatte.

»Die Uhr gehört mir«, bemerkte er zu Elaine. »Sie ist bloß eine herzlose, geldgeile Zicke.«

»Wir haben einander«, sagte sie nachts, ihr Bein warm und weich über seinem. »Und du findest bald einen Job, und bis dahin können wir von meinem Geld leben.«

Ausgerechnet Alices Onkel gelang es, Howard aufzuspüren, und er erschien, um ihm Vorwürfe zu machen und Geld zu verlangen, fast unter Drohungen.

»Ich bin erstaunt über die Menschen«, sagte Howard, nachdem er ihm eine gehörige Abfuhr erteilt und ihn weggeschickt hatte. »Man könnte ja meinen, wir wären noch in den Fünfzigern. Was ist die Ehe schließlich anderes als ein Fetzen Papier? Heutzutage müßte es sich doch herumgesprochen haben, daß auch ein Mann ein Recht auf Gefühle hat und darauf, sich selbst zu verwirklichen.«

Da Elaine nur wenige Menschen hatte, mit denen sie schon mal schwatzen konnte, vertraute sie ihre Geschichte ihrer Vermieterin an. Wahre Liebe plus Opfer – das macht die echte Romanze aus! Wirklich?

»Zusammen fünf Kinder!« war alles, was die Vermieterin zu ihrer Enttäuschung sagte. Dann kündigte sie ihnen. Sie schleppten ihre Koffer zu einem anderen, ähnlichen Zimmer. Es machte keinen großen Unterschied, auf welches Ende der Straße sie hinausblickten, und tatsächlich war das Bett in der neuen Bleibe ein bißchen breiter und quietschte ein bißchen weniger.

»Alice hat es gut«, sagte Howard und trug sich bei der Arbeitsvermittlung ein. »Sie kann gemütlich und sicher im ehelichen Haus bleiben und von Sozialhilfe leben, weil sie die Kinder hat. Aber ein Mann muß sich für den Rest seines Lebens abplacken und Gott weiß was an Sozialversicherung blechen und hat nichts davon.«

Wußte Gott, was? Vielleicht. Elaine rief Howard von der Arbeit aus an, um zu erfahren, wie es ihm in der Arbeitsvermittlung ergangen war.

»Liebling!« sagte sie.

»Wer ist da?« fragte er.

»Elaine, natürlich«, erwiderte sie.

»Wer, sagten Sie?«

»Elaine.«

Schweigen. Dann –

»Oh, tut mir leid, Liebling. Ich habe geträumt.«

Nichtsdestoweniger war es gesagt worden, und es war der Anfang vom Ende. Er wußte, daß sie es wußte, und sie wußte, daß er es wußte, und so weiter, daß nämlich die Liebe zwar aus ihm herausströmte, unbeschwert und leidenschaftlich, aber es war die Liebe selbst, auf die es ankam, und nicht das Objekt der Liebe. Wenn man es recht besah, waren sie einander Fremde.

Kommt alle her!

Als Maureen Timson achtzehn war, fand sie alles mögliche rätselhaft, und niemand war ihr rätselhafter als ihre Freundin Audrey Thomas. Wenn sie denn eine Freundin war. Sie waren beide an der Universität, studierten Sprachen. Sie hatten zusammen ein Doppelzimmer, weil sie im Alphabet hintereinander kamen: eine Art schicksalhafter Nähe. Maureen hatte alle Vorteile, Audrey (in Maureens Augen) sehr wenige. Dennoch ging Audrey immer voraus, und Maureen folgte ihr, und Maureen verstand es nicht, und es wurmte und ärgerte sie. Maureen ging den Dingen gern auf den Grund: sie arbeitete daran wie an einem verknoteten Schnürsenkel, doch hier war etwas Bodenloses, nicht zu Entwirrendes. Und das war ungerecht.

Sie, Maureen, war hübsch: um sich dessen zu vergewissern, mußte sie bloß in den gemeinsamen Schlafzimmerspiegel sehen. (Maureens Mutter hatte von Spiegeln nicht viel gehalten, sie sagte immer, allein der Charakter zähle, nicht das Aussehen, aber Spiegel gibt es überall, nicht wahr? Pfützen oder Schaufensterscheiben tun es auch beziehungsweise die aufmerksamen Blicke anderer spiegeln zumindest ein gewisses Bild wider.)

Audrey war überhaupt nicht hübsch. Sie sah aus wie ein Bus von hinten – würde Maureens Großtante Edith sagen. (Maureens Mutter hatte acht Tanten, und Edith war die, die sie am wenigsten leiden konnte –, aber Maureens Mutter konnte ja nun fast niemanden leiden, sie verachtete die Schwachen, die Leichtsinnigen, die Faulen, die Weichen, das bedeutete beinahe die gesamte menschliche Rasse, mit Ausnahme – manchmal – der Familie.) Maureen war ein Einzelkind, weil Maureens Mutter ihren Vater kurz nach Maureens Geburt geradewegs aus dem Haus verachtet hatte. (Maureen hatte von ihm immer die Vorstellung, wie er mit dicken Stiefeln und Bieratem den feuchten Pfad zwischen den traurigen Rhododendronblättern für immer davonstolperte, ihr Säuglingssgeschrei hallte aus dem rechten oberen Fenster.) Maureen hatte eine niedliche schmale Taille, und Audrey hatte Fleischrollen darüber und darunter: das sind so die Dinge, die man mitkriegt, wenn man ein Zimmer zusammen hat. Maureen hatte vorher nie mit jemandem ein Zimmer zusammen gehabt. Es war ihr ein Rätsel, wie Audrey trotz all ihrer körperlichen Unvollkommenheiten nackt und unbefangen darin herumwandern konnte. Und sie mochte es nicht. Maureen war klug: seit sie dreizehn war, hatte sie nie, nicht ein einziges Mal, ein unregelmäßiges französisches Verb regelmäßig konjugiert. Audrey konnte noch nicht einmal einen Accent aigu von einem Accent grave unterscheiden. Weiß der Himmel, wie sie sich in die Uni gemogelt hatte. Maureen las Machiavelli, und Audrey las Frauenzeitschriften. Aber trotzdem hatte Audrey etwas, was Maureen nicht hatte. Audrey ging voran, Maureen folgte halb dankbar, halb ärgerlich. Maureen war Einzelgängerin, Audrey nicht. Maureen haßte es, Einzelgängerin zu sein.

»Du schließt so leicht Freundschaften«, sagte Maureen zu Audrey und ließ es wie einen Vorwurf klingen, wie einen angeborenen Mangel an Urteilsfähigkeit. »Wie machst du das?«

Und das schien Audrey rätselhaft zu sein, der so selten etwas rätselhaft war. »Man redet einfach mit den Leuten«, sagte sie.

»Mit jedem?« fragte Maureen mit Abscheu.

»Na, ja«, sagte Audrey. Manchmal war es mehr als Reden, es war mit jedem x-Beliebigen ins Bett gehen, und dann ins Bett von jemand anderem, und dann ging der erste x-Beliebige schnaubend davon, und Audrey weinte und weinte, aber was *glaubte* Audrey denn, würde passieren, sagte Maureen, die ihre Jungfräulichkeit bis zum letztmöglichen Moment bewahrte und sich dann dem Vorsitzenden der Debattiergesellschaft hingab, einem beständigen und verläßlichen Jungen mit einem Auto.

Audrey war bei den Jungen beliebt, aber Maureen konnte sie sich aussuchen, das war also nicht das Problem. Aber wenn sie in die Spiegel ihrer Augen blickte, hatte sie das Gefühl, daß sie weniger als Audrey sah. Wie kam sie nun wieder darauf? Sie versuchte, mit Audrey darüber zu sprechen.

»Was *siehst* du denn?« fragte Audrey. »Ich meine, außer ganz allgemein Lust?«

»Eigennutz«, sagte Maureen, bevor sie Zeit hatte nachzudenken. Sie saßen nach einem Kinobesuch in einem chinesischen Restaurant. Audrey aß knusprig panierte Banane in Honig, die Maureen natürlich dankend abgelehnt hatte.

»Oh«, sagte Audrey. »Ich sehe, daß sie mich mögen.«

Maureen empfand plötzlich eine solch heftige Wut, daß sie einen zu großen Mundvoll zu heißen kalorienfreien chinesischen Tees schluckte und sich den Mund verbrannte und er tagelang trocken war. Aber sie sagte nichts. Was gab es da zu sagen? Sie vergaß es.

Was sie nicht vergaß, war, wie Audrey an einem Frühlingstag in einem einteiligen Badeanzug oben auf einer Düne im Wind stand, sich zu der Gruppe, die ihr folgte, die ihr überallhin folgen würde, umdrehte und rief: »Kommt alle her!«, und alle kamen. Freunde. Kumpel. Partyzeiten, gute Zeiten, Zeiten, vollgestopft mit Leuten; die ganze menschliche Rasse wirbelte um den Dreh- und Angelpunkt immer guter Laune – Audrey. »Kommt alle her!«, und alle kamen, und Maureen auch, wider Willen und doch willentlich. Sie dachte an die ruhige, dumpfe Routine im Haus ihrer Kindheit, die einzige Katze, die nachts ausgeschlossen wurde, Frühstück für zwei, Mutter und Tochter, gedeckt, bevor sie zu Bett gingen, und ein Teil von ihr wollte dem allem sehnlichst entfliehen, und ein Teil wollte es nicht: etwas Zerstörerisches war zu tief in ihre Seele gedrungen. Mit den anderen rannte sie die Düne hoch, und Audrey war als erste im Meer. »Kommt alle rein! Das Wasser ist herrlich!« Aber das war es natürlich nicht, sie machte nur einen Witz, es war eiskalt, alle kreischten, und Audrey bespritzte sie. Wie konnte sie es wagen! Maureen war absolut wütend. Doch alle amüsierten sich, und sie auch. Audrey dirigierte alle, verwob sie alle in Muster der Freude! Wie machte sie das?

Dann trennten sich natürlich ihre Wege. Audrey mit ihrem befriedigenden Abschluß wurstelte sich durch irgendein Sozialarbeiterstudium; Maureen mit ihrem Zweier-Examen ging nach Brüssel, um für die EWG zu arbeiten, was immer ihr Ehrgeiz gewesen war. Die Vorstellung eines Jobs in einer solchen Stadt hatte etwas überaus Klares, Vernünftiges und Geordnetes, von der guten Bezahlung gar nicht zu reden; ein kleines Auto, eine kleine Wohnung. Und so war es dann auch. Den Vorsitzenden der Debattiergesellschaft mußte sie fallenlassen, weil er nach Newcastle ging, um dort bei Marks & Spencer zu arbeiten, aber so geht es mit Studentenbeziehungen oft. Als Maureen erfuhr, daß er binnen eines Jahres eine zehn Jahre ältere Kollegin geheiratet hatte, war sie verstimmt und verbrachte in dem Sommer ihren Jahresurlaub zu Hause bei ihrer Mutter in Paignton, aber es war erbärmlich und langweilig, und sie beschloß, es nie wieder zu tun. Sie war jetzt zwölf Jahre in Brüssel und hatte sich im Landwirtschaftsbereich hochgedient und war einsam und fing was mit einem verheirateten Mann an (aber sie waren *alle* verheiratet: was sollte sie machen?), was sie noch einsamer machte wegen der ganzen Warterei auf das Telefon und der Geheimnistuerei und den nicht gehaltenen Versprechen und dem nichtexistierenden gesellschaftlichen Leben. Das sah sie alles deutlich, aber es kostete sie Ewigkeiten, es abzubrechen (was *war* mit ihr geschehen?). Endlich schaffte sie es, und da bekam sie einen Brief von Audrey. Was aus ihr geworden war? Ob sie sich treffen könnten? Typisch Audrey, dachte Maureen, warum sollte irgend jemand mit irgend jemandem in Kontakt bleiben, nur weil man zur selben Uni gegangen war und einander im Alphabet nahegestanden hatte. Aber sie schrieb zurück, Audrey lud sie zu Weihnachten ein. Ja, sie war verheiratet (natürlich, die so wenig wählerische Ziege), hatte drei Kinder: auf dem Land, mit haufenweise Tieren. Typisch Audrey, dachte Maureen, ließ alle herkommen in etwas garantiert Muffiges, Matschiges, Unordentliches, Lautes, mit Katzenscheiße in den

Ecken. Aber Maureen fuhr hin; nach sieben Weihnachten mit einem verheirateten Mann haßte sie diese Zeit allmählich.

Das Haus war ein Schweinestall. Natürlich. Maureen zog Gummihandschuhe an und half saubermachen; half, den überladenen Weihnachtsbaum stabil im Ständer zu befestigen, die Strümpfe für die Geschenke herzurichten, sie machte sich bei den Kindern beliebt, indem sie Mars-Riegel in einem zuckerfreien Haushalt austeilte, und unterhielt Audreys Mann Alan, während Audrey schlecht und recht die Kinder zu Bett brachte und vier verschiedene Sorten Füllung für zwei kleine Puter vorbereitete, weil das schöner war als eine Sorte Füllung und ein Apfel in einem großen Puter.

»Aber es ist mehr Arbeit, Audrey.«

»Weiß ich, Maureen, aber wir sind es alle so gewöhnt. Familienleben ist alles nur Ritual.«

Maureen zweifelte daran, ob Ritual ausreichte. Alan war politischer Journalist und tendierte zur Linken; das war modern. Mindestens dreimal im Jahr mußte er seine eigenen politischen Standpunkte überprüfen, und Maureen hatte nicht den Eindruck, daß Audrey übermäßig Notiz davon nahm, was im Kopf ihres Ehemannes vorging: sie hielt anscheinend mehr davon, ihn stetig und demonstrativ ihrer wärmenden Zuneigung zu versichern, damit er zufrieden war.

»Liebling, was ist los, was ist los?« rief sie und schlang ihre Arme um ihn und hielt ihn fest umfangen, wenn er auf die Stromrechnung starrte (zwei Puter zu braten kostete ein Drittel mehr als einen, darauf wies Maureen hin), bis er wider Willen lächelte. Maureen verstand diesen Wider-Willen sehr gut. Sie glaubte eigentlich überhaupt, daß sie Alan sehr gut verstand. Sie sah sich unter den Bestandteilen des Haushalts um: den Kindern, der Wärme, den Tieren, dem Dreck, der rein- und rausgetragen wurde, den ein- und ausgehenden Freunden – sie kamen von meilenweit her – und dachte, mit einem bißchen Reorganisation würde mir das sehr gut tun. Sie dachte, sie hätte es gern für sich.

Sie mußte vier Jahre warten. Während dieser Zeit war sie häufig Gast des Hauses. Dann hatte Audrey, was Maureen im voraus wußte, eine Affaire mit einem verheirateten Mann, und die Struktur dessen kannte Maureen zur Genüge.

»Ich habe so ein schlechtes Gewissen«, jammerte Audrey und hackte Nüsse für eine der Putenfüllungen. »Ich liebe Alan, aber ich kann mich nicht davon abhalten.«

»Du willst wahrscheinlich nur die Aufmerksamkeit und die Schmeicheleien und dich geliebt fühlen«, sagte Maureen vorsichtig. Seit ihren Unizeiten hatte sie mittlerweile auch jede Menge, o ja, Frauenzeitschriften gelesen. »Alle die Dinge, in denen Alan nicht gut ist. Wie schade, daß er seine Gefühle nicht besser zeigen kann. Dann müßtest du nicht außerhalb der Ehe Liebe suchen.«

Audreys Tränen fielen in das Couscous und die Zitronenschalen und machten es um einen winzigen Bruchteil flüssiger, als es sein sollte.

»Wenn ich es bloß Alan erzählen könnte, wenn ich bloß mit ihm darüber reden könnte, dann würde ich mich innerlich viel besser fühlen.«

»Vielleicht solltest du es tun«, sagte Maureen und konnte ihr Glück gar nicht fassen. »Eure Ehe ist so stark. Wenn Alan wüßte, wie weit er dich getrieben hat, wäre er zu Tode erschrocken. Er würde wirklich daran arbeiten, die Ehe zu retten. Damit so was nie wieder passiert.«

»Soll ich beichten?« fragte Audrey, ihre flinken Hände hielten inne, ein Funke gesunder Menschenverstand erhellte die dunklen Winkel ihres liebeskranken Hirns, aber nur einen Moment lang. Ihr Geliebter war auch verheiratet, natürlich, brütete über seinem Heiligabendwhisky in einem anderen Haushalt, unerreichbar über die Feiertage.

»Es ist ja wohl kaum Beichten«, sagte Maureen. »Es ist nur ehrlich sein. Wie kann eine Ehe, die so eng wie Alans und deine ist, funktionieren, wenn ihr nicht ehrlich zueinander seid? Ich meine, du bist es deiner Ehe und Alan schuldig, es ihm zu erzählen.« Dann ging Maureen mit den Kindern im Wald spazieren, wo die Blätter vom Nebel ganz naß waren, und probierte »Kommt alle her!« aus, indem sie Mars-Riegel aus ihrer Tasche hervorzog. Wie sie angerannt kamen!

Beim Weihnachtsstrumpffüllen erzählte Audrey Alan von der Affaire, von ihrer heimlichen Liebe, den heimlichen Treffen hinten in Autos und Büroräumen und hinter Hecken – es lief schon seit dem Sommer –, und wie sie in Wirklichkeit nur Alan liebte, wenn er nur ein bißchen freundlicher und netter zu ihr wäre, wäre es nie passiert, aber er hatte alles schal werden lassen, und wie wichtig ihre Ehe für sie war.

»Rede nicht so wie die Rückseite einer Frauenzeitschrift«, war alles, was Alan sagte, bevor er sie quer durchs Zimmer prügelte, und am ersten Weihnachtstag hatte sie ihre Koffer schon gepackt und war gegangen; das mußte sie tun, so hysterisch war sie und schrie, sie verließ die Kinder, das eheliche Haus und alles, was ihr bei der Scheidung nicht gerade zugute kam. (Ihr Geliebter entschied sich dafür, bei seiner Frau zu bleiben.) Da war es nur gut, daß Maureen der Familie half, durch das Ritual dieser schrecklichen Weihnachtstage zu kommen – sie kannte das ganze häusliche Drumherum so gut, wie Alans Mutter sagte. Und am nächsten Weihnachten war Maureen nicht nur im Haushalt installiert, sondern auch schwanger mit ihrem ersten Kind, und bei den Mahlzeiten rief sie: »Kommt alle her!«, sie, die Allerbeste, obwohl sie nicht oft selber kochte, sie hatte eine Haushaltshilfe und einen sehr guten Job (in Anbetracht der lokalen Gehaltsstrukturen). Sie leitete die örtliche Zweigstelle des Bauernverbandes.

»Sag das nicht!« bat Alan sie. »Sag nicht ›Kommt alle her‹.«

»Warum nicht?«

»Es irritiert mich. Ich weiß nicht, warum.«

»Dann bist du nur irrational«, sagte Maureen entschieden und sagte es immer weiter. Eine Zeitlang war ihr »Alle herkommen« weniger bevölkert als Audreys – aber die Freunde stellten sich bald alle wieder ein, und alles war wunderbar, und die feuchten, schlaffen Rhododendronblätter, die in ihrer Vergangenheit, in ihren Träumen gerauscht hatten, standen schön aufrecht und glänzten in einer imaginären Sonne.

Ein Umzug aufs Land

Casey Green wanderte in seinem Wohnzimmer auf und ab und sagte: »Ich kann so nicht mehr weitermachen.« Er war 1,90 m groß und schlaksig, und seine Knie schlenkerten, und sein Wohnzimmer maß vier Meter zwanzig in der Länge und drei Meter in der Breite, und wie er so auf- und abwanderte, hatte er etwas von einem Mann in einer Gefängniszelle an sich, obgleich er doch bei sich zu Hause war.

»Womit kannst du wie nicht mehr weitermachen, mein Lieber?« fragte Miranda Green, seine Frau. Sie war 1,63 groß und von zierlicher Gestalt, und sie hätte ohne weiteres herumwandern können, aber sie hatte nicht das Bedürfnis. Sie thronte auf ihrem Stuhl am Frühstücksbüfett, die eleganten – wenn auch nicht gerade langen – Beine adrett an den Knöcheln übereinandergelegt. Es war 1974. Miniröcke waren noch halb in und schon wieder halb out. Mirandas Röcke endeten fünf Zentimeter über dem Knie. Sie hatte tadellose Knie.

»Weiter in der Stadt leben«, erwiderte Casey Green, und die sechs ausgewachsenen Wellensittiche zwitscherten im Chor ihre Zustimmung, und die acht Jungen piepsten zur Begleitung. Wellensittiche bringt man nicht ohne weiteres dazu, sich fortzupflanzen, aber Casey hatte das Kunststück geschafft. Miranda mochte den muffigen Geruch nicht, der entsteht, wenn so viele Vögel in einem Raum sind, aber sie freute sich, wenn Casey glücklich war.

»Was brauche ich ein Haustier, wenn ich Casey habe«, sagte sie manches Mal zu ihren Freunden. »Casey ist mein Kuscheltier«, und das schien er auch wirklich zu sein. Im Geiste kämmte und trimmte sie ihn, im Geiste putzte er sich das Fell. Casey und Miranda. Sie hatten weder Katzen noch Hunde, um die Wellensittiche nicht nervös zu machen, doch erst kürzlich hatte ihre Tochter Hattie vom Jahrmarkt in Hampstead einen Goldfisch mitgebracht, den sie nun irgendwie unterbringen mußten. Goldfische sind im Glas nicht glücklich: immer nur rausglotzen ins Leere: Leben im Gefängnis: unendliche Langeweile. Goldfische brauchen ein richtiges Wasserbecken und Wasserpflanzen und Gesellschaft; sie brauchen Abwechslung wie alle anderen: wie alle Lebewesen. Selbst der Regenwurm macht sich gern an schwierige Aufgaben: ein besonders hartes Stück Erdkruste etwa, durch das er sich bohren muß; man kann es daran erkennen, wie er sich windet. Das meinte jedenfalls Casey. Bislang hatte es 43 Pfund gekostet, den Goldfisch glücklich zu machen, und das im Jahre 1974.

»Ich kann so nicht mehr weitermachen«, sagte Casey Green im Mai 1974. »Ich kann nicht weiter in der Stadt leben.«

»Wo soll man denn sonst leben?« fragte Miranda Green überrascht. Es war der 5. Mai, um genau zu sein. Die OPEC kam allmählich in die Gänge.

»Auf dem Land«, sagte ihr Mann.

»Ach, Casey«, sagte Miranda, bevor sie sich bremsen konnte. »Was für eine scheußliche Idee!« Dann ging sie zur Arbeit. Sie war Redakteurin bei einer Frauenzeitschrift, und keine sehr gute: Gerüchten zufolge war sie an den Job nur gekommen, weil sie mit Astro Aster, dem Pressezaren, eine Affäre gehabt hatte. Natürlich ein ganz unfaires und unwahres Gerücht: aber Monogamie war seinerzeit eher selten und ein bißchen unmodern. Und die Auflagenhöhe von Mirandas Zeitschrift sank und sank.

Dann ging Casey zur Arbeit – er war Chef einer Firma für Industriedesign, deren Ideen weltweit gefragt waren – und ließ seine Sekretärin Wendy Dove eine Liste von ländlichen Immobilien erstellen, die zum Verkauf standen.

»Auf dem Land!« sagte Wendy Dove. Sie war 1,75 groß und na ja, eher stämmig und trug die gesamte Minirock-Ära hindurch nur Hosen. »Was für eine hübsche Idee! Wenn ich's mir nur leisten könnte, nicht in der Stadt zu wohnen! Aber das Schöne am Land ist eben, daß dort keine Leute sind, und daß dort keine Leute sind, liegt dran, daß es dort keine Jobs gibt.«

Wendy war ein kluges Mädchen, und Casey hatte Miranda einmal vorgeschlagen, Wendy probeweise als Kolumnistin bei ihrer Zeitschrift unterzubringen, doch Miranda lachte nur und sagte, so liefe es aber nicht. Hätte Miranda herausgefunden, wie es lief oder laufen sollte – vielleicht wäre die Auflage ja gestiegen und nicht gesunken. Vielleicht lag es aber auch nur daran, daß Miranda partout keine Horoskopecke in ihrer Zeitschrift haben wollte, und das zu einer Zeit, als alle anderen damit anfingen – da anscheinend alle Leute wissen wollten, was demnächst passiert. (Miranda sagte nur mit ihrer hübschen hellen Stimme: »Ist doch alles Mumpitz! In *meine* Zeitschrift kommen keine Sterne!«)

Und dann geschah es, daß der Kapitalismus urplötzlich am Ende zu sein schien. Die OPEC setzte den Preis für Rohöl herauf: die Benzinpreise stiegen auf 11 Pence pro Liter (und niemand konnte sich vorstellen, wie das Leben in der Stadt weitergehen sollte, jetzt, wo die Zeiten der billigen und unbeschränkt vorhandenen Energie vorbei waren), die Inflationsrate stieg um weitere 7%, und genau an dem Tag, als Miranda zu Harrods ging und sah, daß es Seidenstrümpfe nur in zwei Farbtönen (hell und dunkel) zu kaufen gab, wie seinerzeit im II. Weltkrieg, begann es zu *schneien*. Und so wurde offenbar, daß selbst die Jahreszeiten außer Kontrolle geraten waren – ein deutliches Zeichen dafür, daß Katastrophen bevorstanden. An diesem Tag ging sie zu einer Cocktailparty, wo ein hoher Beamter ihr versicherte, Lebensmittelkarten seien bereits gedruckt und würden spätestens im Juli ausgegeben werden, und anschließend ging sie bei ihrem Chef Astro Aster vorbei, der ihr erklärte, es sei vielleicht besser, wenn sie sich wieder aufs Artikelschreiben verlegte und eine andere ihr Glück als Redakteurin versuchen ließ. Mit »eine andere«, dachte Miranda Casey, war bestimmt Teresa »Tinkerbell« Wright gemeint, die kürzlich mit Astro Aster im »Mirabelle« gesichtet worden war, aber egal – Tinkerbell war eine gute Journalistin und, wie sich herausstellte, eine ausgezeichnete Redakteurin, und die Zeitschrift wurde immer besser, und schon bald gab es in jeder Ausgabe zwei volle Seiten zum Thema Astrologie und mindestens eine bis zwei Umfragen zu den sexuellen Gewohnheiten und Wünschen der Leserinnen – und so etwas treibt die Auflage hoch. Ganz schön auf Zack, diese Tinkerbell!

»Ich glaube, bald geht die Welt unter«, sagte Miranda an diesem Abend zu Casey. Die beiden tranken Champagner, um wieder munter zu werden.

»Nicht die Welt, die Großstadt«, sagte Casey. Sie hatten drei Wellensittiche auf dem Boden des Käfigs gefunden, mit den Beinen nach oben. Es war ein sehr, sehr heißer Junitag, und Hattie, die gerade in den Prüfungen für die Mittlere Reife steckte – einst fanden sie im Juli statt, dann im Juni und nun im Mai; im Klartext: mehr Zeit zum Korrigieren (bezahlte Arbeit) und weniger Zeit zum Lernen (unbezahlte Arbeit), also eine durchaus positive Entwicklung – hatte die Fenster aufgemacht, und Casey war überzeugt davon, daß die armen Viecher an Bleivergiftung gestorben waren. Obwohl manche Leute ja sagen würden, die ungünstige Planetenkonstellation an jenem Tag habe dieses und noch viel größeres Unheil bewirkt; dann lag es also nicht am Blei. Vielleicht sollte Miranda aber auch für ihren fehlenden Glauben an die Astrologie bestraft werden? Wir wissen es nicht.

Hattie kam bleich und weinend von ihrer Geschichtsprüfung zurück und sagte, sie habe bestimmt in keinem einzigen Fach bestanden und sie sei einfach nicht intelligent genug, um auf die Universität zu gehen, und sie wünschte sich schon immer nichts weiter als einen Beruf, der etwas mit Pferden zu tun hatte, und warum seien ihre Eltern nur so schrecklich zu ihr, und statt zu sagen: »Das sind nur die Hormone, mein Kind«, sagte Miranda: »Vielleicht sollten wir doch aufs Land ziehen.«

Und damit war es beschlossene Sache. Casey legte seine Immobilienliste auf den Tisch. Er plädierte für den Südwesten – also Wiltshire (das »Pferdeland«) oder Somerset (das »Ziegenland«): nicht direkt vor den Toren von London, aber auch nicht unsinnig weit weg.

»Ziegenland?« fragte Miranda, und Casey erklärte, daß Somerset die Gegend war, wo die Ziegenmilch für Kinder mit Kuhmilchallergie herkam. (Damals machte sich noch kaum jemand Gedanken über Chemie in Lebensmitteln, aber es gab die ersten schwachen Regungen von Umwelt- und Ernährungsbewußtsein, und auch Casey hatte davon schon gehört.)

»Ich glaube nicht, daß ich je eine Ziege von nahem gesehen habe«, sagte Miranda vorsichtig, und Hattie sagte: »Aber ich, und das sind scheußliche Viecher; also ziehen wir nach Wiltshire! Pferde sind klasse, im Gegensatz zu Ziegen.« (Das Wort »klasse« war damals gerade noch passabel. Gerade noch. Aber Hattie war immer ein bißchen hinterher.)

Sie fanden ein Haus in Somerset, auf dem flachen Land, im grünen Niedermoor; das Grundstück war umrahmt von rechtwinklig angelegten Rinnen, die zu einem ganzen System von Gräben und Dämmen gehörten, und niedrigen, kräftig gestutzten Weiden. Gut zweieinhalb Hektar Land. Es verging kein Jahr bis zum Umzug. Sie verkauften ihr Haus in London für 40000 Pfund. (Mittlerweile ist es 650000 Pfund wert. Aber mit »hätte ich doch nur« kommt man im Immobiliengeschäft nicht weit – obgleich Casey sich noch manches Mal solche Gedanken machen sollte, wie viele andere von uns auch.)

»Man braucht wohl einen schöpferischen Geist, wenn man hier leben will«, sagte Miranda nervös, als sie das Haus zum ersten Mal sah. Es war ein viereckiges Steinhaus, mit Kletterpflanzen überwachsen, und wirkte irgendwie öde und trist. Hattie stampfte mit nackten Beinen durch die jungen Brennesseln und plötzlich war ihr, als würde sie von tausend Insekten gestochen, und sie schrie los, rührte sich aber nicht von der Stelle. Mit solchen Pflanzen hatte sie noch nie etwas zu tun gehabt. (Sie war eben ein Stadtkind, und mit den Schulausflügen ging es damals gerade erst los, was hätte sie also vom Landleben wissen sollen?) »Du *hast* einen schöpferischen Geist, Miranda«, sagte Casey mit Nachdruck, und vielleicht war das so etwas wie ein Segen oder ein Befehl (immerhin hatte Miranda ja versprochen, Casey zu »gehor-

chen«, weil das in den 50er Jahren, als sie Casey heiratete, so der Brauch war), denn siehe da, auf einmal hatte Miranda schöpferischen Geist. Sie zog Gummistiefel und Gummihandschuhe an und rupfte die Brennesseln aus der Erde und brachte den Garten von »Highwater House« mit eigenen Händen wieder in Ordnung. Sie sägte und hämmerte und strich und richtete das eine Nebengebäude als Design-Studio für Casey her, und dann machte sie sich aus dem alten Häuschen mit der Mostpresse ihren Arbeitsraum. Sie würden beide im »Highwater House« arbeiten und ihr Geld verdienen – er mit dem Zeichnen, sie mit dem Schreiben. Casey wollte einmal pro Woche ins Büro fahren: sie wollte freiberuflich weitermachen, Artikel über das Landleben schreiben und einmal pro Monat ihre Redakteure und Kollegen aufsuchen. Es gab sogar ein Postamt ziemlich in der Nähe und ein Telefon, und alle ihre Freunde würden zu Besuch kommen: man war ja nicht aus der Welt, heutzutage doch nicht. Ja, damals hielten sie sich für ganz modern. (Heutzutage kaum vorstellbar, daß man damals so denken konnte – lange bevor Telefax und Anrufbeantworter und Europiepser und das schnurlose Telefon und Expreßzüge in Mode kamen. Aber vielleicht war das schiere Erstaunen über die Mondlandung im Jahre 1969 – der knallharte Beweis dafür, daß der Himmel nichts Übersinnliches war, sondern zum Greifen nahe – noch nicht verflogen.)

Wendy lächelte und wartete. Sie war auf dem Land groß geworden. An Caseys Bürotagen sorgte sie dafür, daß der Tee in einer Porzellantasse mit Unterteller serviert wurde. Sie warf die handgetöpferten Becher hinaus, die klobigen Dinger, die ganz rauh an der Zunge waren, aber gerade groß in Mode kamen. Sie sagte, wenn er einmal in der Stadt übernachten wolle, könne er das jederzeit tun: sie habe ein Gästezimmer. Casey sagte, nein, danke.

Casey ließ sich hinten im Garten ein Vogelhaus für seine Wellensittiche bauen: es war von einem Architekten entworfen. (Die Einheimischen betrachteten es voller Erstaunen.) Während des langen heißen Sommers starben die Vögel am Hitzschlag unter dem formschönen Glasdach. Genauer gesagt, alle bis auf zwei; glücklicherweise ein Zuchtpärchen; aber irgendwer – ob Dachs, Wiesel oder Fuchs, das wußte auch keiner – kletterte schon bald darauf durch die Schleuse, um sich die beiden zu holen. Casey ließ die Pläne mit der Wellensittichzucht fallen. Es war doch alles zu entmutigend.

Und Hattie hatte doch recht gehabt mit der Mittleren Reife. Sie war in allen Fächern durchgefallen. Casey wollte sie nach London zurückschicken, sie konnte bei ihren Tanten wohnen und Nachhilfestunden nehmen, aber das wollte Hattie nicht. »Du hast mich gegen meinen Willen hierher gebracht«, sagte sie. »Dann finde dich jetzt auch mit den Konsequenzen ab.«

Sie fand einen Job bei der Imkerei »Peatalone Honey«, wo sie mit Hut, Schleier, langem weißen Gewand und Handschuhen nach den Bienen sah. Sie wirkte füllig. Schlank war sie nie gewesen: weiß Gott, wo sie das her hatte – Casey war fast so dünn, daß man die Rippen zählen konnte, und Miranda mit ihrer Wespentaille –

Nur wurde Mirandas Taille binnen kurzer Zeit kräftiger, ja, dicker. Ihre Waden wurden rundlich und stramm. Sie bekam ein energisches Kinn und einen scharfen Blick. Ihr drittes Paar Gummihandschuhe (wie schnell sie zerlöchert sind, wenn man damit in die Brombeeren geht) war auch ihr letztes. Sie verlor alles Interesse am Schreiben, aber vielleicht verlor das Schreiben auch alles Interesse an ihr.

Denn ein Umzug aufs Land ist karrieremäßig (in diesem Jahrzehnt kam auch das -mäßig in Mode und ist leider, leider bis heute nicht wieder verschwunden) gar nicht so gut für Journalisten, Musiker oder Schauspieler – für alle, die freiberuflich arbeiten und engagiert werden wollen. Sie müssen immer dicht am Geschehen dran sein – ganz schlecht, wenn ein Ferngespräch mit den entsprechenden Kosten nötig ist, um Sie zu erreichen, und womöglich wollen Sie bei einem Bewerbungsgespräch oder einer Projektbesprechung dann auch noch Reisekosten abrechnen. Wenn Sie sich erst in den Schnellzug setzen müssen, jemand anders aber nur ins Taxi, dann kriegt dieser Jemand den Job. Aber Miranda machte sich nichts daraus. Miranda hatte ja ihre Tiere. Ein Tier bewundert Sie, liebt Sie, braucht Sie, bewacht Sie: ein Tier befördert Sie nicht und stuft Sie auch nicht zurück. Ein Tier schätzt keine Tinkerbell Wright höher ein als Sie und beurteilt Sie nicht nach Ihrer Rocklänge: Sie müssen ihm nicht gehorchen – es gehorcht Ihnen. Aber bei einem Tier bleibt es nicht, und Tiere vermehren sich – und was wollen Sie dann mit ihnen machen? Sie *aufessen*?

»Aufessen!« sagte Casey, als es um die vierundzwanzig schwarzköpfigen Jacobsschafe ging. »Ins Schlachthaus mit ihnen und dann in den Bratofen!« Sie hatten vier Stück gekauft; die sollten das Gras kurzhalten. Ein Bock, drei Mutterschafe. Nach der ersten Paarungszeit (es waren gesunde und fruchtbare Schafe) waren es drei Böcke, sieben Mutterschafe. Noch zweimal Paarungszeit, und die Herde war per Inzucht auf vierundzwanzig angewachsen, und die jungen Böcke spießten sich gegenseitig auf den Hörnern auf, und es gab nicht genug Weideland.

»Aufessen!« sagte sogar Hattie. Sie bemühte sich um einen jungen Imker, einen achtzehnjährigen wortkargen Burschen mit roten Fingerknöcheln. (»Sie wird ihn doch nicht etwa *heiraten* wollen?« sorgte sich Casey. »Natürlich nicht«, versicherte ihm Miranda. »*So* dumm ist sie ja nun auch wieder nicht.«)

Kein Mensch will junge Schafböcke kaufen; man kann sie noch nicht einmal weggeben. Also landeten sie in der Tiefkühltruhe, aber da blieben sie auch. »Wir sollten uns keine Schafe mehr halten«, sagte Casey. Doch Miranda hörte nicht auf ihn. Sie liebte Schafe. Sie kaufte eine größere Gefriertruhe und gab den Freunden aus London Hammelbraten mit – obgleich die glücklicherweise immer seltener zu Besuch kamen. Wie sich herausstellte, waren sie doch eher Kollegen als Freunde.

Dann waren da die Hunde. Wenn Sie auf dem Land leben, müssen Sie sich einen Welpen besorgen. Natürlich wird daraus mit der Zeit eine ausgewachsene Hündin, und es käme Ihnen herzlos vor, der Natur nicht ihren Lauf zu lassen, und über kurz oder lang haben Sie neun weitere Welpen und können gar nicht für alle ein Zuhause finden, weil der Vater unbekannt ist (offenbar braucht so ein Hundevater keinen Stammbaum, dafür aber eine Adresse), also behalten Sie zwei.

Und Katzen. Alle Leute lieben Katzen. Und Hühner. Küken sind etwas ganz Süßes. Enten sind urkomisch. Gänse sind dumm, aber mutig. Und alle vermehren sich.

»Wollen Sie nicht doch über Nacht dableiben?« fragte Wendy. Sie hatte nicht einmal eine Katze. Sie mochte den Geruch von Tieren nicht, sagte sie. Mit einem Wellensittich konnte sie es gerade noch aushalten, aber das war es auch schon.

Und Hunde hüpfen an Ihnen hoch und legen ihre dreckigen Pfoten auf Ihre sauberen Hosen, und neuerdings ließ Casey seine guten Anzüge im Büro und zog sich dort immer erst um. Er hielt es für besser, ein paar Tage hintereinander in der Stadt zu bleiben. Es war viel los in der Firma.

»Nein, danke«, sagte Casey zu Wendy und übernachtete bei seinen Tanten. Aber er gab ihr einen Klaps auf den Hintern (nein, sie war keine Feministin) und setzte hinzu: »Wendy, Sie sind eine ganz Schlimme.«

Miranda hatte kein Interesse mehr an den Rechten der Frauen, am vaginalen Orgasmus, der indischen Kochkunst und all den anderen Themen, die ihr früher wichtig und vertraut gewesen waren. Jetzt las sie »Schweinepflege leicht gemacht« und »Der fröhliche Hühnerhalter«, und wenn Casey sein Frühstücksei aufschlug (so viele Eier!), fand er des öfteren ein kleines Küken darin.

»Hör mal, Miranda«, sagte er. »Laß uns in Urlaub fahren. Nach China oder so.«

»Ich kann nicht«, sagte sie kurz angebunden. »Ich kann die Tiere nicht allein lassen.«

»Bleib doch über Nacht«, bat Wendy. »Du weißt, daß du es auch willst.«

»Ich kann nicht«, sagte Casey kurz und bündig. »Ich liebe Miranda.«

Dann bekam Miranda eine Ziege. Es war eine Geiß. Sie hieß

Belinda. Sie war ein empfindliches Tier. Von kaltem Wind bekam sie Husten. Also wurde sie hereingeholt und durfte am Kamin liegen, neben den vier Hunden. Sie stank.

»Miranda –«, sagte Casey.

»Ich weiß, was du sagen willst«, sagte Miranda. »Aber im Ziegenstall zieht es. Ich bin noch nicht dazu gekommen, ihn zu reparieren. Ich hatte mit den Sandsäcken zu tun.«

»Highwater House« hieß nicht umsonst so. In einem niederschlagsreichen Winter kam es hier leicht zu Überschwemmungen.

»Ich bin schwanger«, sagte Hattie. »Und da sowieso nie einer an mich denkt, heirate ich jetzt halt.«

Und so heiratete sie den jungen Mann mit den roten Fingerknöcheln und versank im Torfmoor, ohne eine Spur zu hinterlassen, abgesehen von drei Kindern in drei Jahren: sie wohnten in einem kleinen Haus zur Miete und lasen die »Sun« und hielten sich Hühner im Garten und waren recht glücklich, wenn man Miranda glauben durfte. Casey war entsetzt.

»Tja«, sagte Wendy, »bei Mädchen muß man vorsichtig sein. Die heiraten da, wo es sie hinverschlägt. Kommst du mit zu mir nach Hause?«

»Nein«, sagte Casey.

Die Ziege brauchte einen Ziegenbock. Miranda kaufte einen. Er war sehr störrisch, und bald waren Mirandas Schenkel grün und blau, weil er sie immer stieß, wenn sie ihn ziehen wollte, und deshalb konnten sie und Casey nur selten miteinander schlafen. Eines Abends fiel die Zentralheizung aus, und Casey kam spät aus London zurück – es war fast Mitternacht – und fand Miranda schlafend in einem Sessel am Kamin und die beiden Ziegen auf dem Ehebett.

»Ich würde sie ja aus dem Bett werfen«, sagte Miranda, als sie wach wurde, »wenn ich nur könnte. Aber du weißt doch, wie störrisch Ziegen sind.«

»Ich werde sie gleich richtig rauswerfen«, sagte Casey und packte die Heimwerker-Axt.

»Sei doch nicht so primitiv«, sagte Miranda. »Und außerdem

– wo sollen sie denn sonst bleiben? Ich lasse im Ziegenstall eine Heizung einbauen, aber sie ist noch nicht fertig.«

Als Wendy ihn das nächste Mal fragte, sagte Casey »ja«, und er blieb auch gleich ganz da. Wie blitzblank Wendys Haus doch war: es roch nach Möbelpolitur und Parfüm: sie besprühte ihre einzige Topfpflanze mit Insektengift. Im ganzen Haus gab es nichts Lebendiges, außer ihm und ihr und einem pflegeleichten Fleißigen Lieschen.

Miranda hat neuerdings eine ganze Ziegenherde, die nur organisches Futter bekommt, und vertreibt ihren vorzüglichen, fettarmen Ziegenjoghurt über eine Bioladenkette: ihr Ziegenkäse ist ebenfalls ausgezeichnet. Und die wenigen Freunde, die immer noch anrufen, erzählen einander: »Aber sieht sie nicht allmählich wie eine Ziege aus – kleine böse Augen und stämmige Beine und ein Bärtchen am Kinn!« Und ich fürchte, sie haben recht. Doch Miranda ist vollkommen glücklich, das dürfen wir nicht vergessen.

Fay Weldon
Trio in Twinsets
Roman

Marjorie, Chloe und Grace kennen sich seit ihrem zehnten Lebensjahr. Grace' Eltern haben Marjorie und Chloe aufgenommen, als sie während des Krieges aus London evakuiert wurden. Und irgendwie sind sie in dem kleinen Ort auch nach dem Krieg hängen- und zusammengeblieben, Freundinnen geworden. Die Freundschaft, die sie verbindet, ist ungewöhnlich und hat nicht nur die turbulenten Ehen und anstrengenden Kinder überstanden – auch ein gemeinsamer Liebhaber hat sie nicht auseinandergebracht. Nun sind sie Anfang vierzig und an einem Punkt angelangt, wo ihnen die prägenden Erfahrungen und Erlebnisse ihres Lebens klar und die Weichen vielleicht noch einmal anders gestellt werden. Auf unterschiedliche Weise sind sie beschäftigt mit Schwangerschaft, Abtreibung, und den beginnenden Wechseljahren, versuchen einen eigenen Platz zu finden in einer von Männern dominierten Welt, hin- und hergerissen zwischen Ehemännern, Liebhabern, Chefs und Söhnen, ganz zu schweigen von Müttern, Töchtern, Rivalinnen und Freundinnen.
Fay Weldon erzählt die Geschichte dieser Frauen ironisch und mit Sarkasmus und beschreibt eine Freundschaft, deren Qualität in der gegenseitigen Kritik ebenso liegt wie in der selbstverständlichen Solidarität.

Verlag Antje Kustmann

Fay Weldon

Die Klone der Joanna May

Roman

Joanna May, die ihren Mann betrogen hat und von ihm verstoßen wurde, hält sich für einmalig und unersetzbar, bis sie eines Tages entdeckt: es gibt sie fünfmal! Sie hat keine Kinder und ist Mutter, sie ist ein Einzelkind und hat Schwestern, halb so alt wie sie – Jane, Julie, Gina und Alice: die Klone der Joanna May. In diesem brisanten Roman erzählt Fay Weldon aus der Giftküche der Gentechnologie und konfrontiert ihre Leser mit der Frage nach der Natur des Menschen, nach der Besonderheit des Einzelnen, nach der Individualität.
»Fay Weldon überspitzt in ihrem Roman die Realität auf unterhaltsame Weise. Der Stoff liest sich leicht und locker, und doch bleibt einem nicht nur einmal das Amüsement sprichwörtlich im Halse stecken.«

Die Welt

Verlag Antje Kunstmann

Anita Brookner

Kurzes Leben

Roman

Nie wieder hat Fay Langdon dieses Gefühl von Geborgenheit und Liebe, das sie als Kind hatte, wenn sie am Sonntagnachmittag mit ihren Eltern zusammensaß und die Mutter beruhigende Geschichten vorlas, die sie aus der Leihbibliothek mitgebracht hatte und in denen es immer ein happy end gab. Jetzt, mit siebzig, stellt sie fest: »Ich war nie für ein happy end bestimmt, obwohl ich am Anfang so außerordentlich glücklich gewesen bin. Ich frage mich immer, wie es dazu gekommen ist, obwohl ich jetzt im Besitz aller Tatsachen bin.«
Die Menschen, die Fay etwas bedeutet haben, sind lange tot: die Eltern, der Ehemann, der Liebhaber. Und nun erfährt sie aus der Zeitung, daß auch Julia, mit der sie eine jahrzehntelange, eigenartige Freundschaft verbunden hat, gestorben ist. Mit großer Genauigkeit erzählt Anita Brookner die Geschichte zweier Frauen, deren Träume in den Fesseln gesellschaftlicher Konventionen steckengeblieben sind. Ein aufregend melancholisches Buch: über die Unmöglichkeit der Nähe und die Möglichkeiten von Liebe und Freundschaft.

Verlag Antje Kunstmann

Joy Williams

Sommer

11 Geschichten

Auf den ersten Blick haftet Joy Williams' Geschichten nichts Ungewöhnliches an: ein Ehepaar mit zwei zehnjährigen Töchtern verbringt die Sommerferien gemeinsam mit einem Junggesellen in einem Haus am Meer; ein Gärtnerjunge hält für reiche Villenbesitzer deren Parks in Ordnung; ein Schäferhund ertrinkt; ein Pfarrer bringt seine kranke Frau in die Klinik und wartet auf ihre Rückkehr.

Joy Williams' Geschichten haben einen hypnotischen Effekt. Die Welt, die sie beschreibt, erscheint ganz normal, aber plötzlich, durch einen kurzen Satz, bemerkt man, daß man sich die ganze Zeit am Rande eines Abgrunds bewegt hat. Man blickt in eine Welt, in der alles passieren kann, in der die Menschen einsam, verwirrt und verstört sind und voller Sehnsucht nach Geborgenheit und Vertrauen.

»Weil hienieden mit Ausnahme des Vorsitzenden des Literarischen Quartetts niemand mehr so genau weiß, was das ist, die Weltliteratur, vermag ich nicht zu entscheiden, ob den Geschichten der Joy Williams eine diesbezügliche Geltung zukommt; ich weiß nur, daß ihre lautlosen, tückischen, spätzündenden Geschichten direkt im schläfrigen Zentrum unseres westlichen Alltags aufschlagen: Ich kenne keine Geschichten, in denen die Sieger der Geschichte so gründlich und vollkommen leer ausgehen wie in denen der Joy Williams.«

Günter Franzen

Verlag Antje Kunstmann